"十二五"职业教育国家规划教材
经全国职业教育教材审定委员会审定

新编高职旅游大类精品教材

KEFANG GUANLI YU SHUZIHUA YUNYING

客房管理与数字化运营

主编◎汝勇健　杨 结

参编◎朱林生　尹洪弟　朱 靓
区雪娇　郑晓旭

旅游教育出版社
·北京·

图书在版编目（CIP）数据

客房管理与数字化运营 / 汝勇健，杨结主编. -- 北京 : 旅游教育出版社，2022.8
新编高职旅游大类精品教材
ISBN 978-7-5637-4415-2

Ⅰ. ①客… Ⅱ. ①汝… ②杨… Ⅲ. ①饭店－商业管理－高等职业教育－教材②客房－商业管理－高等职业教育－教材 Ⅳ. ①F719.2

中国版本图书馆CIP数据核字(2022)第104104号

新编高职旅游大类精品教材
客房管理与数字化运营
主编　汝勇健　杨结

责任编辑	巨瑛梅
出版单位	旅游教育出版社
地　　址	北京市朝阳区定福庄南里 1 号
邮　　编	100024
发行电话	（010）65778403　65728372　65767462（传真）
本社网址	www.tepcb.com
E - mail	tepfx@163.com
排版单位	北京旅教文化传播有限公司
印刷单位	北京泰锐印刷有限责任公司
经销单位	新华书店
开　　本	787 毫米 ×1092 毫米　1/16
印　　张	20
字　　数	340 千字
版　　次	2022 年 8 月第 1 版
印　　次	2022 年 8 月第 1 次印刷
定　　价	49.80 元

（图书如有装订差错请与发行部联系）

主编简介

汝勇健，工商管理硕士，南京旅游职业学院副教授，客房服务技师，国家技能鉴定高级考评员，江苏省星级饭店评定员，江苏省旅游行业培训专家，美国饭店协会CHI国际认证注册酒店专业讲师，多次担任省、市级及旅游行业服务技能大赛裁判工作。

主持《客房服务员国家基本职业培训包（指南包 课程包）》等多项课题研究，参与制订《客房服务员》国家职业标准及省级行业规范，人力资源社会保障部《客房服务员—国家基本职业培训包（指南包 课程包）》主要编写人员。参与多项省部级课题研究，曾获江苏省教育教学成果一等奖、全国职业院校技能比赛优秀指导教师等多项荣誉。

主编“十二五”职业教育国家规划教材《客房管理实务》、“十三五”职业教育国家规划教材《沟通技巧》、“十三五”江苏省高等学校重点教材《客房服务与管理实务》、国家职业技能等级认定培训教材《客房服务员》（基础知识／初级／中级／高级）等10余部专业教材，主持江苏省高校在线开放课程《客房服务与管理》。

杨　结，现任霍英东集团南沙大酒店总经理。历任中山大学管理学院酒店管理系讲师、中山大学酒店培训中心主任、全国旅游职业教育教学指导委员会委员、广东省职业院校旅游类专业指导委员会委员、广东省高水平中职学校建设专委会副主任、中山大学旅游学院专业硕士学位校外导师、暨南大学旅游硕士专业学位业界导师，华南师范大学、广东财经大学等十余所院校客座教授，全国现代学徒制专家委员会聘任的培训专家。

曾获国家教学成果二等奖1项、广东省教育教学成果特等奖1项、省级教育教学成果一等奖2项，公开发表论文30余篇，出版论著、教材9部。获评中国旅游职业教育2018年度突出贡献人物荣誉称号。

主要研究领域：酒店管理，旅游职教，旅游产教融合，校企合作。

前 言

2019 年 12 月 6 日教育部颁布的《职业院校教材管理办法》指出：职业院校专业课程教材要注重发挥行业企业、教研机构和学校的作用，更好地对接产业发展，服务学生成才和就业创业。2021 年 3 月教育部明确了高职类“酒店管理”专业更名为“酒店管理与数字化运营”专业，高等职业教育酒店管理专业升级为酒店管理与数字化运营专业。专业名称的修改，切合了酒店业数字化发展趋势，突出了行业对数字化运营岗位人才的迫切需求。

各地高职院校都在探索如何在原先酒店管理专业基础上构建数字化的思维、数字化运营的能力，更好地推动酒店管理专业的信息化和数字化进程，培养具备现代酒店数字化运营思维和实践能力的高素质、高技能创新型人才。教材建设是专业人才培养的基础，是教育教学质量的保证。随着酒店业的数字化转型变革，酒店前厅管理、客房管理、市场营销管理、人力资源管理等已经和互联网技术深度融合，在酒店管理与数字化运营专业建设中，迫切需要对课程内容及教材进行改革，将数字化技术应用融入酒店管理的主干课程与专业教材中。

本教材编写基于对酒店企业及酒店管理专业升级数字化运营人才需求的深入调研，校企专家共同分析数字经济时代对酒店专业人才培养知识、技术与能力等方面的要求，在教材中融入当前酒店客房管理数字化技术的运用方法及要求。主要特点有：

1. 立德树人，以生为本

打破传统教材的固有教学模式，聚焦现代酒店企业，围绕现代酒店客房管理与数字化技术业务而展开，采用项目课程、模块教学法实施教学工作，注重以真实生产项目、工作任务、案例等为载体组织教学单元。在结构安排上以典型工作任务为主线，从技能入手，由简到繁、先易后难，符合技术技能人才成长规律和学生认知特点，突出理论和实践相统一。立德树人，有机融入思政元素；以生为本，注重学生职业能力与职业修养的培养。

2. 校企深度融合，紧贴行业实际

本教材的编写团队由行业背景深厚的酒店管理专业教师与资深行业企业专家共同组成，编写者大多在星级饭店从事过中高层管理岗位工作，主编长期从事酒店管理教学及酒店企业高层管理工作，参与制定《客房服务员国家职业技能标准》等国家及行业标准的制定。充分利用行业企业及院校的优势，产教融合、校企合作，融入住宿业的新技术、新工艺、新规范，选材突出数字化思维的培养及数字化技术的运用能力，内容具有前瞻性、科学性及实用性。

3. 编排科学合理，版式生动活泼

教材以学生为中心、职业能力为本位、学习成果为导向，按照促进自主学习思路进行开发设计，采用项目、模块式编写方式，内容编排科学合理、梯度明晰，图、文、表并茂，生动活泼，形式新颖。通过教材引领，构建深度学习体系，提供项目学习、案例学习、模块化学习等不同学习方式，有效激发学生的学习兴趣和创新潜能，充分满足教师教学和学生学习的个性化要求，适应职业岗位能力培养和发展的需要。

4. “岗课赛证”融通，开发融媒体教材

教材开发建设结合订单培养、学徒制等，将客房服务岗位技能要求、职业技能竞赛、职业技能等级证书标准的有关内容有机融入。推动教材配套资源和数字教材建设，探索纸质教材的数字化改造，形成更多可听、可视、可练、可互动的数字化教材，建设编排方式科学、配套资源丰富、呈现形式灵活、信息技术应用适当的融媒体教材。

本教材立足高等职业教育层次教学，主要供高等院校酒店管理与数字化运营专业、旅游管理专业及休闲服务与管理专业学生使用，也可作为酒店企业、民宿、游轮等住宿业员工培训及自学教材。

本教材编写由南京旅游职业学院教师汝勇健老师、广州南沙大酒店总经理杨结负责，广州南沙大酒店助理总经理朱靓、客房部经理区雪娇以及南京旅游职业学院朱林生、尹洪弟、郑晓旭老师参与编写工作。

本教材编写得到了南京旅游职业学院、广州南沙大酒店、广州蓝豆软件科技有限公司等单位的大力支持和帮助，在此表示衷心感谢。教材还参考了相关著述和文献，在此向相关作者一并表示感谢！

随着酒店业转型升级、酒店的数字化转型变革，我们相信这本校企合作、融入酒店数字化技术运用的教材一定会给酒店管理与数字化运营专业建设添加新的活力。

编者

2022年8月

目 录

项目一　入门与入职

项目二　客房清洁保养

项目四　公共区域清洁保养

项目五　布草房与洗衣房的运行

项目六 客房督导管理

项目一　入门与入职

❖引言

本项目分为三大模块:(1)客房产品认知。通过该模块的学习,使学生熟悉客房产品及其特性、客房产品的发展趋势。(2)智能客房与客房数字化运营。(3)客房职业认知。通过该模块的学习,使学生了解酒店数字化运营对人才的要求,帮助学生早日进入职业角色。

本项目为基础项目,技术性、体验性、知识性等要求都比较高。在教师分发工作任务书的基础上,学生通过酒店实地考察、自主收集资料、仿真软件、角色扮演、小组讨论等方法,培养职业意识、专业能力和数字化思维。

❖学习目标

1. 正确、全面认知现代酒店客房及客房产品。
2. 了解智能客房及酒店智能化的发展趋势。
3. 熟悉客房部的组织机构及岗位职责。
4. 熟悉智能客房及客房数字化运营系统。
5. 掌握客房服务礼仪及服务用语并能正确运用。

❖核心概念

1. 酒店

酒店是指以间（套）夜为单位出租客房，以住宿服务为主，并提供餐饮、商务、会议、休闲、度假等相应服务的设施。按不同习惯，可被称为宾馆、酒店、度假村、大厦、中心、旅馆、旅社等。

2. 客房

客房是酒店为客人准备用于住宿的场所。客房是酒店的基本设施与重要组成部分，客房是酒店的核心产品。

3. 智能酒店

智能酒店是指整合现代计算机技术、通信技术、控制技术等，致力于提供优质服务体验、降低人力与能耗成本，通过智能化设施，提高信息化体验，营造人本化环境，形成安全节能、高效舒适的酒店。在智能化技术支持下，酒店将更加强调对客人的个性化服务和信息化服务。

4. 智能客房

智能客房是指利用智能电子设备，由物联网（IoT）驱动的房间。这种物联网技术意味着原本客房的普通设备都具备了互联网连接能力，使它们能够发送和接收数据。

模块一　客房产品认知

教学设计

1. 分发工作任务书，要求学生分组考察本地智能酒店、智能客房。

2. 通过酒店实拍图片、网上收集图片，熟悉客房产品。

3. 参观实训宾馆，熟悉客房功能布局和设备用品。

4. 在实训宾馆，按一定规格标准，学生分组练习配备客房用品。

5. 各项目小组形成完整的项目报告，师生共同进行项目总结。

模块 1.1　客房产品

❖相关知识

一、客房类型

客房是酒店的基本设施，客房收入是酒店经济收入和利润的重要来源。客房是带动酒店一切经济活动的枢纽。客人住进客房，需在前台办理入住手续，去餐饮部用餐、宴请，到商务中心进行商务活动，还要健身、购物、娱乐，因而客房服务带动着酒店的各项综合服务设施的运转。

为更好地适应和满足不同类型、档次客人的需求，酒店需布置不同种类的客房。酒店客房通常有以下几种类型。

1. 单间客房

由一个房间、卫生间和其他设施组成。为了适应不同客人的要求，单间客房床的配备有以下几种：

（1）单人房（Single room）

单人房是放一张单人床的客房，适合从事商务旅游的单身客人租用（如图 1-1 所示）。酒店一般将面积较小或位置较偏僻的房间作为单人房。为了使客人住得更为舒适，许多酒店在单人房中放置一张小双人床（1.4 米 ×2 米或 1.5 米 ×2 米）。

（2）大床间（Double room）

在客房内配置一张双人床（1.8 米 ×2 米或 2 米 ×2 米），适合商务散客和家庭旅游者（如图 1-2 所示）。近年来，随着商务客人的日益增多，不少酒店将大床间改作商务房（Business room），房内配备相应的商务设施设备，如宽带上网、宽大的办公桌椅、小型传真机等。

图 1-1　单人房

图 1-2　大床间

（3）双床房（Twin room）

房间配有两张单人床，可住两位客人，又称为标准房（Standard room）。此类房间一般用来安排旅游团队或会议客人。为提高出租率，有些酒店配备了单双两便床。在双床房，两张单人床中间不放置床头柜（如图 1-3 所示）或者摆放活动的床头柜。在大床间供不应求时，可将两张床合并为大床，即可作为大床间出租。

为使客人住得更为舒适，一些酒店在标准双人房中放置两张双人床（如图 1-4 所示），称为双双人床房（Double-Double room），也有酒店称为豪华双人房。这种客房可供两个单身旅行者居住，也可供夫妇或家庭旅行客人居住。

图 1-3　标准双人房

图 1-4　双双人床房

2. 套间客房

套间客房由两间以上房间、卫生间和其他设施组成。套间客房种类有以下几种：

（1）普通套房（Junior suite）

普通套房又称双套房，一般是连通的两个房间，一间为客厅，另一间为卧室。卧室内配有一张双人床或两张单人床，房间内配有卫生间，适合家庭或散客租用。图 1-5、图 1-6 为南京某星级酒店的商务套房。

图 1-5　商务套房客厅

图 1-6　商务套房卧室

（2）组合套间（Combined suite）

组合套间是一种根据需要专门设计的房间。每个房间都有卫生间。有的由两间对门的房间组成，有的由可以上锁的相邻两个房间或三个房间组成，可以根据需要组成三套间、两套间、一个单间及三个单间。相邻的两个房间中间都有门和锁，需要连通时可以打开门；隔开时，则可两边同时关门加锁，既安全又隔音。

（3）豪华套房（Deluxe suite）

豪华套房由三至五间或更多的房间组成，有两个卧室，各带卫生间，还有会客室、客厅、工作室及厨房等（如图 1-7 至图 1-10 所示）。卧室内设特大号单人床或特大号双人床。与普通套房相比，豪华套房的室内布置、陈设更为豪华。

图 1-7　豪华套房的卧室（1）

图 1-8　豪华套房的卧室（2）

图 1-9　豪华套房的客厅

图 1-10　豪华套房的厨房

（4）总统套房（Presidential suite）

一般三星级以上的酒店才有总统套房。拥有总统套房，意味着酒店已具备接待总统的条件和能力，但总统套房并非总统才能入住，一般来说，只要付房租任何人都可以住。

总统套房由多间房间组成，有总统卧室、夫人卧室、随员卧室、警卫室、会议室、书房、餐厅和厨房等。总统套房内的装饰布置极为讲究，设备、用品十分豪华。

综上所述，由于客房种类较多，各家酒店应根据目标市场客源结构，设计客房类型。如城市商务型酒店，主要客源为商务客人，大床间的比例应多些。而一些会议型及度假型酒店，接待的大多是团队客人，应考虑多设计一些双床房，以更好地满足客人的需求和经营的需要。

特别提示

1. Double room 和 Twin room 的区别

Double room 和 Twin room 都是指双人房。两者的区别在于：Double room 是指 A room for two persons with a double bed（允许两个人住并配有一个双人床的房间），Twin room 则是指 A room with two beds for two people（允许两个人住并配有两张单人床的房间）。

2. Standard room 和 Twin room 的差别

在国内，这两种房间没太大区别；但在国外，这两种房型还是有区别的。Standard room 意为标准间，但不一定是双床房，有可能只有一张床（如大床）。Twin room 是双床房，是确定可以住两个人的房间，但 Standard room 不一定能住两个人。

二、客房功能布局

“客房是客人在异乡的家”很准确地确定了客房功能设计的原则。客房应该是私密的、放松的、舒适的，应该是一个浓缩了休息、私人办公、娱乐等诸多使用要求的功能性空间。下面以标准双人房为例，介绍客房的主要功能布局。

1. **睡眠区域**

睡眠区域是整个客房中面积最大的功能区域，主要家具是床和床头柜。床头板与床头柜成为设计的核心问题。为了适应不同客人的使用需要，同时也方便酒店销售，不少酒店在两床之间不设床头柜或设可移动的床头柜（如图 1–3 所示）。

床头集中控制面板逐渐被酒店所淘汰，而采用单个开关控制，方便客人使用。床水平面以上 70 厘米左右的区域（客人的头部位置）易脏，不少酒店采用了防污性的材料（如图 1–11 所示）。

2. **工作区域**

工作区域以书桌为中心。传统的客房设计将书桌、行李柜、电视机柜设计为一体，称为“三连柜”。近几年，三连柜逐渐被独立的橱柜取代。随着酒店商务客人的日益增多，书写空间的功能设计也越来越受到酒店的重视。出于采光与视线的考虑，不少酒店的客房书桌不再靠墙摆放了（如图 1–12 所示）。

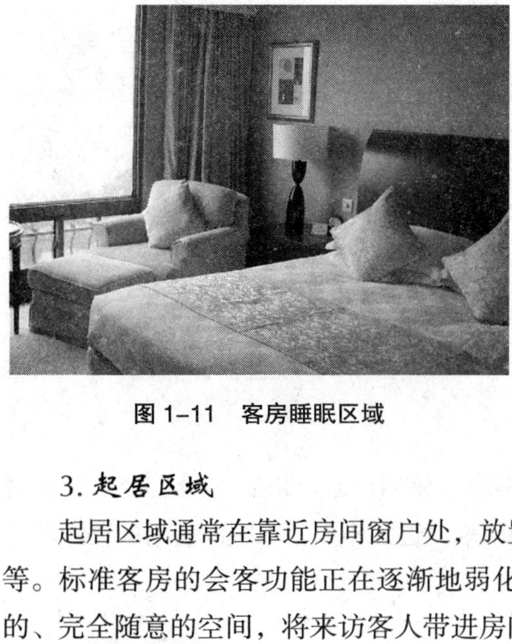

图 1–11　客房睡眠区域

图 1–12　客房书桌

3. **起居区域**

起居区域通常在靠近房间窗户处，放置沙发椅、茶几，供客人休息、会客、看电视等。标准客房的会客功能正在逐渐地弱化。因为从住店客人角度讲，希望客房是私人的、完全随意的空间，将来访客人带进房间有诸多不便。从酒店经营者角度考虑，也希望住客使用酒店的经营场所会客，以获取经济效益。

这一转变为客房向着更舒适、愉快的功能完善和前进创造了空间条件。在起居区域设计中，可将诸如阅读、欣赏音乐等诸多功能增加进去，以改变客人在房间只能躺在床上看电视的单一局面。

4. **房内门廊区域**

常规的客房入口处有一个 1.0~1.2 米宽的小走廊，房门后一侧是入墙式衣橱。有条件的酒店，设计时应尽可能将衣橱安排在就寝区的一侧，以方便客人。如客房面积较大，可以在入口处设计一个更衣间，集更衣、衣橱、行李存放等功能于一体。高档的商务型客房，可在此区域增加理容整装台，台面进深30厘米即可，客人还可以放一些小件物品。而一些投资小的经济型酒店，连衣橱都省去不装，只留出一个使用“空腔”，可直接放入行李，这样既方便又经济。

5. 盥洗区域（卫生间）

卫生间空间独立，风、水、电系统交错复杂，设备多，面积小。设计时，应处处遵循人体工学原理，做到人性化。不少酒店卫生间干湿区分开，避免了功能交叉和干扰。

（1）脸盆区

台面与梳妆镜是卫生间造型设计的重点（如图1-13所示）。设计时，注意脸盆上方配的石英灯照明和镜面两侧或单侧的壁灯照明，两者最好都配备。

（2）坐便区

坐便区要求通风、照明良好。此外，坐便区可以设计小书报架（如图1-14所示），以方便客人。

图1-13 脸盆与梳妆镜

图1-14 卫生间小书报架

（3）洗浴区

酒店需考虑浴缸是否保留。大多数客人不愿意使用浴缸。浴缸本身也带来荷载增大、投入增多、清扫客房时间延长等诸多不利因素。近几年来，不少酒店用精致的淋浴间代替浴缸，以节省空间，减少投入。

三、客房设备

根据用途，客房设备分为电器类、家具类、卫生洁具类、安全装置、地毯等。

1. 电器

客房内配备的电器设备主要有空调、电视机、电冰箱、灯具、音响等。空调有中央空调和分体空调之分。酒店大多使用中央空调，房内配有控制器，以调节室内温度；而经济型酒店多配备分体空调。一些高档客房配有熨斗、熨板等，方便客人熨烫衣物；还配有胶囊咖啡机等。

2. 家具

客房内主要配有床、床头柜、写字台、靠背椅、沙发（沙发躺椅）、电视机柜、行李柜（活动行李架）、衣橱等家具。

3. 卫生洁具

客房卫生洁具主要有浴缸 / 淋浴间、坐便器、洗脸盆。高档客房内还装有净身器，卫生间干湿分区。

4. 安全装置

为了保证客人和酒店的安全，客房内必须配备安全装置。如消防报警装置：烟感器、温感器及自动喷淋等，其他安全装置还有防毒面罩、门镜、防盗链、电子保险箱、紧急呼救按钮拉绳等。

5. 地毯

地毯具有保暖、隔音、装饰等作用。星级酒店通常将地毯作为客房地面的主要装饰材料。

四、客房用品

客房客用物品的品种较多，通常分为两大类：客用固定物品和客用消耗物品。

1. 客用固定物品

客用固定物品是指客房内配置的可连续多次供客人使用、正常情况下短期内不会损坏或消耗的物品。这类用品仅供客人在住店期间使用，不能在离店时带走，如各类布草、杯具、衣架、文具夹等。

2. 客用消耗物品

客用消耗物品是指供客人在住店期间使用消耗，也可在离店时带走的物品。此类用品价格相对较低、容易消耗，所以，也称为一次性消耗品，如火柴、茶叶、信封、信笺、肥皂、牙膏与牙刷等。

❖实训项目1-1

普通标准房客用品的配备

一、操作准备

房务工作车（工作车物品配备齐全）。

二、操作程序

1. 卧室客用品的配备

摆放位置	物品名称	数量	摆放要求	备注
门后把手	“请勿打扰”牌	1张	挂在门把上。	做夜床时，可将“请勿打扰”牌放在床头柜上。
	“请即清扫”牌	1张		
壁橱	防毒面具	2个	各种用品摆放需整齐有序，方便客人取用。	高档客房配有浴袍或浴衣。
	备用被子	2条		
	备用枕头	2个		
	衣架	8~12个		
	鞋篮	1只		
	拖鞋	2双		
	擦鞋布	2块		
	鞋拔	1个		
	衣刷	1把		
	洗衣袋	2个		
	洗衣单	2份		
电冰箱	软饮料	若干种		
	食品	若干种		
吧台或茶具柜	酒杯	若干个		
	杯垫	每杯1张		
	调酒棒	2根		
	餐巾纸	若干张		
	冰桶	1个		
	冰桶夹	1把		
	食品	若干种		
	账单	1份		
	立卡	1张		
茶具柜	电热水壶	1个	柜面整洁。	高档客房还可配袋装咖啡。
	茶盘	1个		
	茶杯	2个		
	茶叶盅	1个		
	茶叶	红、绿茶叶各2包		

续表

摆放位置	物品名称	数量	摆放要求	备注
写字台上	台灯	1 个		服务指南可放在文具夹内或抽屉内。
	服务指南	1 本		
写字台抽屉内	文具夹	1 个	各种用品需分类摆放，整齐有序，方便客人取用。	为摆放整齐，大部分的文具用品放在文具夹内。
	酒店介绍	1 本		
	安全须知	1 本		
	早餐牌	1 张		
	信封	4 个		
	信纸	5 张		
	明信片	2~5 张		
	行李箱标贴	2 张		
	宾客意见书	2 份		
	针线包	1 个		
	圆珠笔	1 支		
	礼品袋	2 个		
写字台旁	垃圾桶	1 个（配垃圾袋）		
电视机柜	电视机节目单	1 份	放置在电视机柜上。	挂壁式电视机放在床头柜上。
	遥控器	1 个		
圆桌（茶几）	茶具	若干		
床上（每床）	被子	1 条	床上用品须按床铺整理要求和规格布置。	
	被套	1 条		
	枕芯	1 对		
	枕套	1 对		
	床单	1 条		
	褥垫（席梦思保护垫）	1 条		
	床裙	1 条		
床头柜	便笺夹	1 个		
	便笺纸	5 张		
	笔（多为铅笔）	1 支		
	电话机	1 个		

2. 卫生间客用品的配备

摆放位置	物品名称	数量	摆放要求	备注
洗脸台上	漱口杯	2个	各种用品摆放需整齐有序，摆放位置要顾及大多数客人的使用习惯。	为避免用品占据台面过多的位置，卫生间洗漱用品最好放在专用的盛器内或大理石台面抽屉内。
	小香皂	2块		
	肥皂碟	1个		
	小方巾	2条		
	牙具	2套		
	沐浴液	2瓶		
	洗发液	2瓶		
	浴帽	2个		
	梳子	2把		
	棉签	2盒		
	润肤露	2瓶		
	剃须刀	2把		
	面巾纸	1盒		
洗脸台下	垃圾桶	1个	垃圾桶应靠近坐便器。	
	体重秤	1个		
毛巾架（洗脸台旁）	洗脸巾	2条	洗脸巾悬挂端正，正面向上。	
毛巾架（浴缸上方）	小浴巾	2条	小浴巾悬挂、大浴巾折叠摆放。	
	大浴巾	2条		
淋浴间	地巾	1条	折叠挂放。	
坐便器（旁）	备用手纸	1卷		
	卫生袋	2个		
	手纸架	1个		
	手纸	1卷		

特别提示

不同星级酒店、档次类型的客房，客用物品配置的种类、规格不尽相同。酒店应根据自身的情况及有关行业标准，合理配置。

为促进绿色消费和资源再利用，一些地区的酒店不再主动在客房提供一次性替代消耗品。如上海市内酒店自2019年7月1日起，不再主动提供一次性替代消耗品，包括一次性牙刷、梳子、浴擦、剃须刀、指甲锉、鞋擦等“六小件”，住客有需求再送入客房。

模块1.2　客房产品的发展趋势

❖相关知识

客房是酒店的主要产品。体现人性化关怀，打造客房特色，创建智能化、绿色化客房是总体的发展趋势。

一、智能化

随着科学技术的不断进步，各种智能化客房产品不断投入使用，成为现代化酒店的特色配置。智能化产品不仅为宾客提供便捷的服务、提高酒店运行效率，同时也是酒店吸引宾客入住的一大亮点。

1. 智能门锁系统

目前，酒店常用的智能门锁主要有IC卡、磁卡门锁、TM卡门锁和射频门锁。智能门锁卡还能一卡多用，不仅可以开门锁，还可以开保险箱、取电、付费和乘电梯等。除此之外，为了实现酒店信息资源统一、方便网络管理，智能门锁还可与酒店管理系统接通使用，具备安全、方便、易管理的特点。

2. 智能保险箱

智能保险箱有密码、IC卡、TM卡、液晶显示等多种规格。智能保险箱的钥匙采用与开门卡统一的智能卡，而且可以与房间智能控制器、门锁一起联网到中央监控系统，一旦遭到非法侵犯便会自动报警，安全性高、管理方便。

3. 智能客房中心

智能客房中心由智能门锁、智能卡、智能身份识别器、联网组件、门磁开关和智能管理软件系统组成。通过智能客房中心，酒店可以提升服务品质，用细节打动客人。例如，客人到前台登记入住时，前台员工可以通过远程控制系统打开房间的灯光和空调。智能管理系统控制中心界面还可以显示维修申请、客房清洁请求等多项状态，并可实时处理和跟进，最大限度地关注客人的需求。

4. 自助入住系统

随着信息化趋势的发展，大多数酒店都为宾客配备了自助入住机。通过酒店自助入住系统，可以节省宾客排队等待前台办理的时间，自助选房、自助结账的方式也能在一定程度上提升入住体验感，还可以提高酒店的工作效率，节省成本。

5. 客房服务机器人（机器人管家）

大多数中高端酒店已将机器人（如图 1-15 所示）投入客房服务中。智能配送服务机器人拥有定点送物、讲解引领、自助零售、巡逻安防、无接触测温等功能。在接到配送需求的时候，酒店工作人员只需将宾客需要的物品放入机器人的储物仓中，输入对应的房号，机器人即可自主前往。

图 1-15　机器人管家

二、个性化

由于酒店客人的需求多种多样，传统的客房不能完全满足客人的多样化需求，所以客房用品更加趋于个性化。客房产品的个性化逐渐成为酒店发展的一种趋势。

1. 睡床

随着社会压力的增大，越来越多的客人更加关注睡眠的质量，对床的要求逐渐变高。保健床、水床等用品的投入使用，很好地适应了客人的睡眠需求。酒店提倡“健康客房”的理念，并为客户提供健康、舒适、人文的休息环境，从而使酒店具有很大的竞争力和吸引力。

2. 女性客房

在客房产品更新换代的过程中，酒店更加重视女性的需求，推出了“女性客房”。“女性客房”在设计上更加注重私密性，硬件配备和软件服务都更加贴近女性，注重个人人身、财物、心理与隐私方面的安全。

3. 夜晚模式灯光

在客房产品的设计上，酒店从客人的角度出发，对灯光模式加以调控。当客人夜晚如厕时，灯光自动调节为夜晚模式，避免刺眼的灯光影响睡意。

从整体上来说，个性化的客房提供以满足用户个性化需求为目的的全方位客房服务产品。酒店经营者应不断研究客人的需求，并按客人的需求改进和调整酒店产品和服务项目，以创造新的赢利机会。

三、绿色化

绿色酒店是指在经营管理过程中通过采取一定的措施，提高酒店资源利用效率，以最少的资源消耗获得最大的经济效益和社会效益的酒店。为了贯彻落实可持续发展战略，同时节能降耗以降低经营成本，各大酒店将建设节能型酒店设定为经营目标之一。

1. 环保节能型洁具

各大酒店普遍采用各种节能型卫生洁具，如将坐便器注明用水量或者在水箱内安装节水芯，以节约水资源消耗，建设绿色环保型酒店。

2. 自动照明系统

酒店设置红外线与空调一体化的控制器。当房间、卫生间无人时，灯就自动熄灭；有人时，则保持正常的照明状态。

3. 减少一次性用品的使用

基于卫生和便利的需求，酒店为宾客提供一次性毛巾、牙刷、牙膏、梳子等用品，但这样也带来了污染隐患。在保证服务质量的情况下，不少酒店开始减少这些不必要的一次性用品，或者使用可降解的材质。绿色环保的理念得到了重视。

四、系统化

1. 客房产品系统化的原则

客房产品系统化原则要求“安全、高效、经济”，以“减少消耗、优质服务、智能高效”为主要目标，还需要具有一定的智能性和实用性。在保证系统智能、高效的前提下，酒店还应选用经过反复验证的客房产品。

2. 客房产品系统化功能

（1）客房产品高效管理

客房产品通过系统与酒店内部客房部、工程部和保安部等部门紧密联系在一起，并且各个部门通过系统都可了解相应客房产品的状态，方便做到客房产品的高效管理。

（2）客房状态的准确识别

采用客房产品的智能系统化，可以控制所有客房内的客房产品，并通过这些客房产品的使用情况判断客房是否有人。此外，在确定宾客离开房间的情况下，如果宾客忘记拔出取电卡，还可根据系统对房间内正在运行的电器进行管理而达到节能的效果。等宾客回来打开房门后，系统再次点亮房间欢迎宾客。

（3）客房产品使用记录

系统记录每个房间客房产品的使用时间及频率，这对客房产品的维护和保养具有重要的意义。酒店对使用时间最长和频数最多的客房设备，可适当缩短维修保养的周期。

❖工作评估

模块名称＿＿＿＿＿＿　小组＿＿＿＿＿＿　组员＿＿＿＿＿＿　评估日期＿＿＿＿＿＿

项　目		等　第			
		超过标准（A）	达到标准（B）	稍低于标准（C）	与标准差距大（D）
知识掌握	客房类型				
	客房功能布局				
	客房产品的发展趋势				
技能训练	客房卧室客用品配备				
	客房卫生间用品配备				
	安全操作				
协同作业	资料收集整理				
	参与小组讨论				
	团队合作精神				
	任务完成时间				

模块二　智能客房与客房数字化运营

教学设计

1. 学生分组参观本地 1~2 家智能酒店及智能客房，拍摄照片、收集资料。
2. 邀请相关人员演示酒店数字化运营在客房管理中的运用。
3. 学生网络搜集酒店数字化运营的相关案例，并进行课堂演示。
4. 教师点评，讲解必要的知识点。

模块 2.1　智能酒店与智能客房

❖相关知识

随着移动技术的发展，客人不用在酒店前台等候就可以办理登记入住手续；用房卡打开房门，房间内的灯会自动开启、优美的轻音乐随即响起、电视屏幕显示欢迎词（如图 1-16 所示）；当客人在餐厅点菜，iPad 菜谱的智能化点单会让客人更加方便……这些都是酒店智能化管理的缩影，智能化已经成为酒店发展新动向。

图 1-16　电视欢迎入住界面

一、智能酒店

智能酒店是指整合现代计算机技术、通信技术、控制技术等，致力于提供优质服务体验、降低人力与能耗成本，通过智能化设施，提高信息化体验，营造人本化环境，形成安全节能、高效舒适的酒店。在智能化技术支持下，酒店将更加强调对客人的个性化服务和信息化服务。有业内专家认为，未来的酒店竞争，不是比酒店的设施与装潢，而是比酒店智能化系统的完善与发展程度。拥有一个完善的智能化系统的酒店，本身就是一个极大的卖点。

二、酒店智能客房

智能客房是指利用智能电子设备，由物联网（IoT）驱动的房间。酒店客房智能控制系统是指利用计算机控制、通信、管理等技术，基于客房内的 RCU（客房智能控制器）构成专用的网络，对酒店客房的安防系统、门禁系统、中央空调系统、智能灯光系统、服务系统、背景音乐系统等进行智能化管理与控制，实时监测客房状态、宾客需求、服务状况以及设备情况等，协助酒店对客房设备及内部资源进行实时控制分析的综合服务管理控制系统。

1. 智能电视系统

突破传统电视应用，融合了传统的 VOD（视频点播）、酒店管理、PC 等功能。将客房电视机升级为集高清电视、品牌展示、投影机投屏、信息发布、视频点播、酒店介绍、酒店服务、客房服务、快速退房、账单查询、更换客房、客房延住、客房清扫等互动功能于一体的客房智能终端。

2. 灯光空调智能化

利用智能客房系统的空调编程功能设置客房开房插卡默认温度、客房拔卡温度、空房温度以及相应的风速。客人未住店时，酒店可以以默认的形式给每间客房一个节能的温度。客人办理入住登记手续时，前台员工可通过远程控制功能，打开房间的灯光和空调；当客人开门进入房间时，舒适的温度与灯光，令客人有宾至如归的感觉。

3. 门禁安防系统

如果客房长时间未关闭，门磁自动检测报警提示，告知值班服务员，可对客人进行提醒。当客人不在客房，如有非法人员闯入客房，门禁安防系统则会自动报警。如客人不在客房，客房内的保险箱被非法打开时系统会自动报警。客人退房时，前台可查询保险箱的开关状态，并及时提醒客人是否有遗留物品。

4. 客房管理系统

电脑系统会将客房有人无人、灯光开启状态、空调运行状态、紧急呼叫、请勿打扰、请即清理，以及房内无人未关好门、有人未关好门与保险箱等状态及时显示在电脑上。房间中的电子产品可以让客人自己联系服务员，做到一对一服务，大大提高了人员的利用率。

模块 2.2 客房数字化运营

一、数字化的表现形式与运用

1. 酒店数字化的表现形式

酒店数字化运营与管理是随着技术发展逐步发展而成的。从技术发展历史来看，酒店管理在技术进步的驱动下，管理方法与手段不断更新，管理内容也不断丰富。进入了互联网阶段，酒店数据可以通过一定的连接和外部互联互通。最具特征的是与线上旅游代理商（Online Travel Agency，简称 OTA）的连接。数据互联互通可以做到无障碍。

移动互联网、智能手机的出现，推动了酒店信息化的发展。移动互联网及智能手机使得在任何工作场景都可以进行操作。2010 年前后，有技术公司开始开发基于智能手机的酒店管理应用软件，酒店信息化进入一个新的阶段。

移动互联网，使客人、员工都成为信息的提供者和使用者。酒店管理信息化、数据化的广度，延伸到酒店管理的各个方面。智能手机代替以往的表单，取代了电话、对讲机的功能，绝大部分的服务行为、管理行为都可以通过智能手机实现。由于系统的应用，根据一定的逻辑关系，各种输入的信息、数据转化为有价值的数字，生成各种表格，给管理与服务带来极大的便利。技术进步在酒店前台服务方面显得特别引人注目，如刷脸技术、无人登记入住、自助结账等。

2. 酒店数字化的运用

酒店管理数字化运营是一个新的概念，但它也是承前启后的，是在原有的基础上不断发展而来的。数字化转型（Digital transformation）是建立在数字化转换（Digitization）、数字化升级（Digitalization）基础上，进一步触及公司核心业务，以新建一种商业模式为目标的高层次转型。通俗一点来理解，就是要将生产经营管理的各种要素进行数字化，处理生成管理所需的形式，帮助经营管理决策，建立一个有活力的数字化商业模式，帮助酒店运营从经验主义向数据驱动转型。

图 1-17 为一家五星级酒店某个月的主管客房检查问题汇总示意图。酒店管理者可以非常清楚地发现客房检查中高频返工问题（如图 1-18 所示），可以选取床上布草不干净、少配地巾等客用品、地板有毛发、漱口杯与玻璃门有水印等列在前五的高频问题进行深入分析：是员工培训不到位还是其他原因，以利管理者及时采取措施，提高客房清扫质量（如图 1-19 所示）。

图 1-17　主管客房检查情况数据

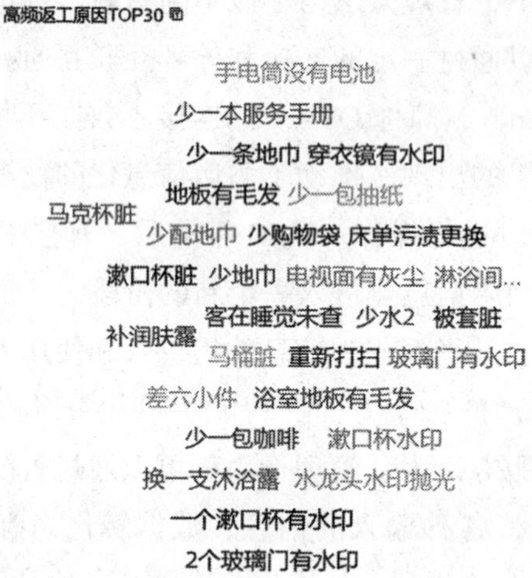

图 1-18　主管客房检查返工原因汇总

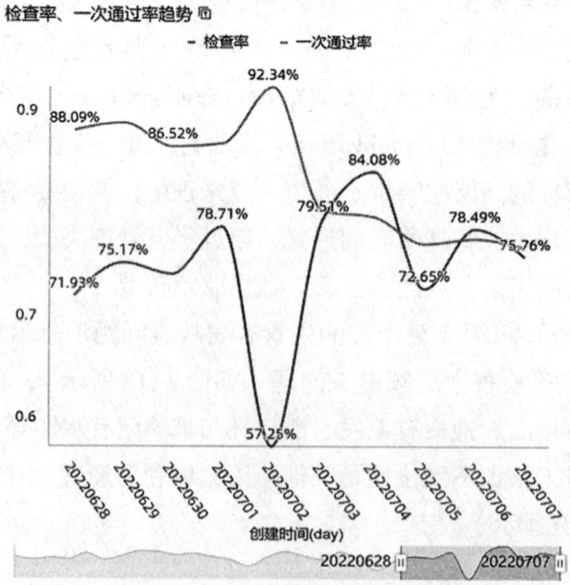

图 1-19　主管客房检查率、一次性通过率

通过系统中生成的对客服务需求时段数据分析（如图 1-20、图 1-21 所示）及客房高频服务项数据分析（如图 1-22、图 1-23 所示），管理者可以采取相关措施，未雨绸缪。在对客服务的高峰时段增派人手；对客房高频服务项目进行分析：是门锁问题还是因为客人不会使用房卡，然后采取相关措施。

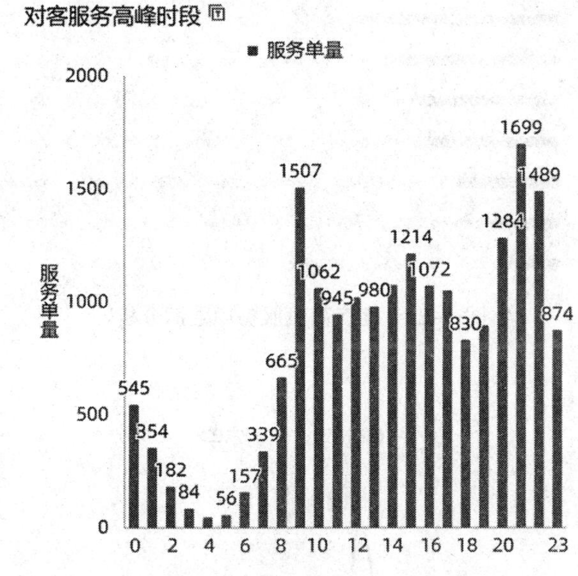

图 1-20　对客服务需求时段分析

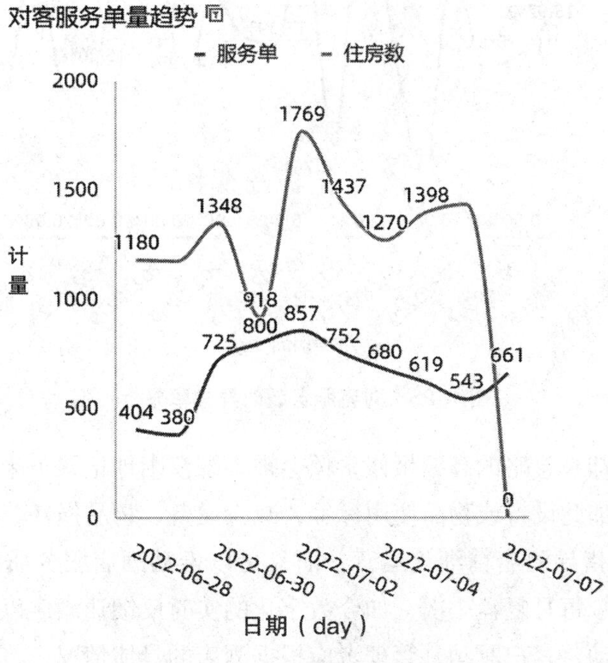

图 1-21　对客服务单量趋势

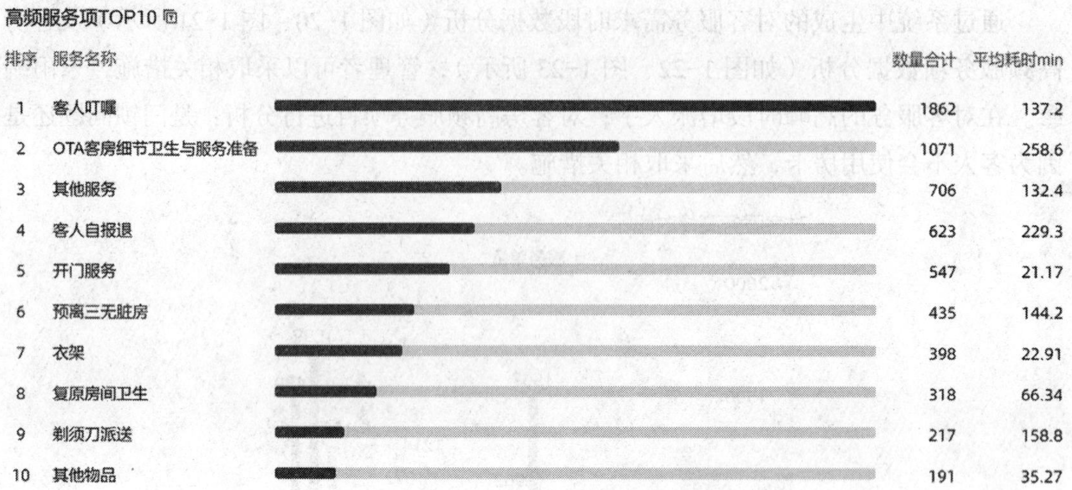

图 1–22 客房高频服务项数据分析

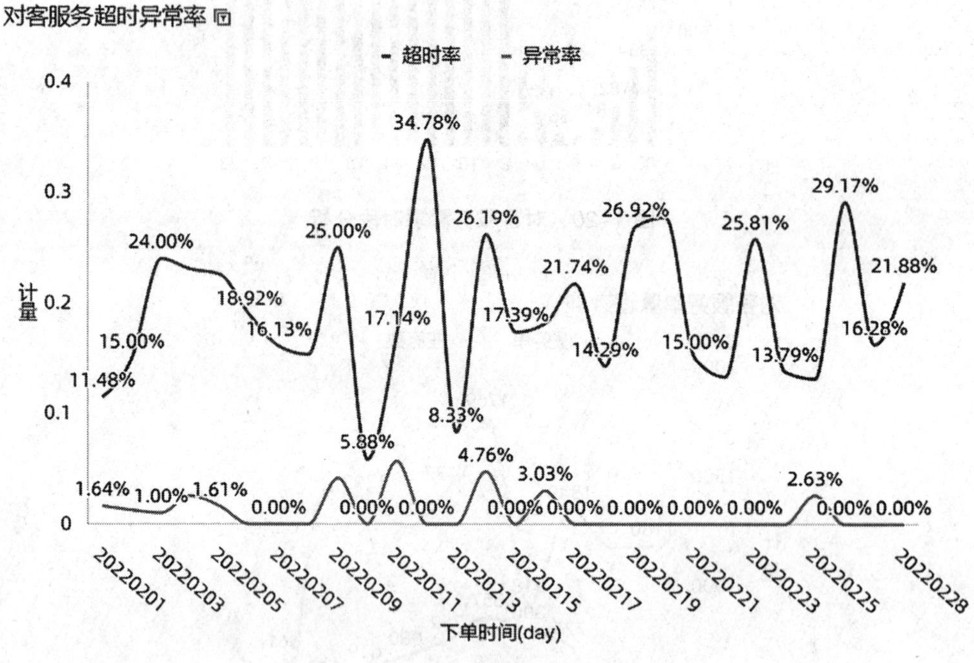

图 1–23 对客服务超时异常率分析

那些经常出现却被忽略的高频报修事项会被系统清晰地记录下来，以便酒店排查供应商，并在客房添加此设备或物品使用标签，减少设备、物品损耗。

数据不仅能够指导酒店精细化运营，而且可以推动酒店服务质量的快速提升。从前，酒店可能每周、每月复盘一次，如今数字化的实时反馈让酒店以天为校验周期。从产品驱动到数据驱动、客户驱动，管理者应根据酒店的具体情况，将搜集到的信息按其特点进行分类，统计分析归档，为酒店经营决策、改进服务提供原始的数据资料。

二、酒店数字化运营过程

酒店数字化运营即为酒店企业基于数字化管理模式下的整个运作流程。其中包括使用互联网技术，通过全方位精细化数据分析，对酒店实现有效的管理，从而提高酒店的营收和顾客满意度。

数字化的特征是信息化、在线化、智能化。如何用数字化、信息化的手段，如何在酒店的工作场景中实操落地，主要分为三个步骤：运营在线化、数据体系化和管理智能化（如图 1–24 所示）。

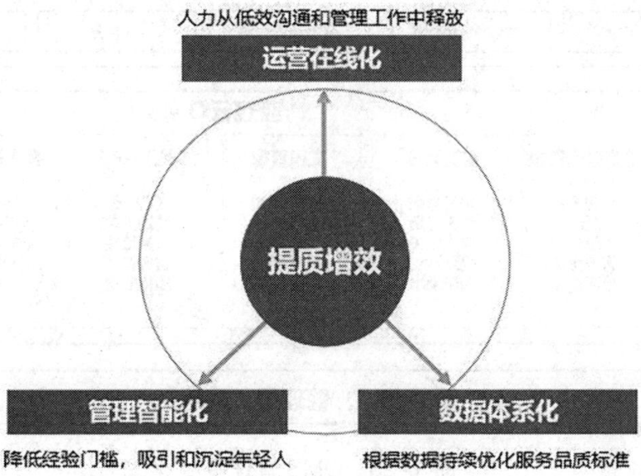

图 1–24　酒店数字化运营步骤

1. 运营在线化

指将酒店的所有运营流程的运作通过线上进行管理，如对客服务、客房管理、工程管理、物耗管理等。这些运营流程在酒店里非常多、非常烦琐，所有流程也都有标准作业程序（Standard Operating Procedure，简称 SOP）来规范，那么最基础的就是要做到这些流程全部在线化。

2. 数据体系化

利用数字化工具，帮助酒店以客人体验为中心，实现酒店运营全面数字化。在提升客人体验的同时，提升运营效率、降低成本，帮助企业构筑持续的竞争力。

3. 管理智能化

数字化转型的核心是数据，通过数字技术挖掘数据的价值，从而应用到酒店营销、服务、运营及管理等过程中，实现酒店企业的数字化转型。

近年来，行业内出现了酒店运营管理系统（Operation Management System，简称 OMS），它通过将酒店前厅、客房、工程等各部门的工作内容全面线上化，帮助酒店提升管理能力（如图 1–25 所示）。一方面，它通过将酒店的运营 SOP 数字化，使酒店能够更好地实现标准化运营，即通过数字化的手段提升运营执行力，保障品质。另一方面，在日常运营中，系统自动产生的全量的运营过程数据，能帮助酒店实时发现问题，快速迭代优化运营。

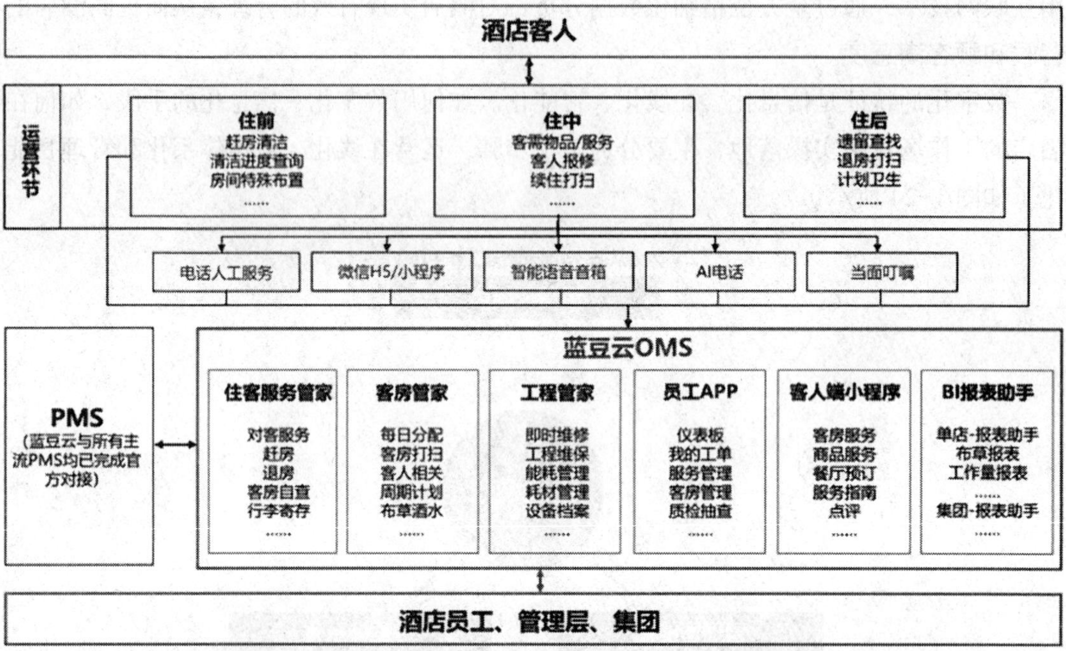

图 1–25　OMS 管理平台

以客房清扫为例，传统的流程需要将清扫任务每天做成工作报表再发放给员工去做，所有相关的内容如清扫时间、布草更换等均在纸质报表上手写完成。楼层主管（领班）需要对服务员清扫的房间进行检查，查看表上哪间房做完了去检查，如果是走客房则需要通过客房电话按一堆代码来更改酒店管理系统（Property Management System，简称 PMS）的房态，或者需要打电话给客房文员在电脑上操作。将客房分房、做房、查房、放房这个流程全部做到移动化在线后，将大大提高工作效率，减少大量因信息不同步而造成的时间浪费，并且所有的数据都可在系统留存用于后续的人员管理。

三、数字化运营在客房管理中的运用

以某数字化系统为例，在线管理覆盖三大模块——住客服务管家、客房管家、工程管家，连接客人、一线员工、酒店管理层、集团运营管理人员。

1. 住客服务管家

一个以客人需求为中心的跨部门协作工具，覆盖客人在店期间全场景的服务需求。系统通过智能派单、自动跟催等方式帮助酒店减少内部沟通中转，从而提升运营效率，使客房服务更加便捷、高效（如图 1–26 所示）。

图 1–26 住客服务管家在线管理模块

2. 客房管家

将客房部的工作流程进行在线管理，通过实时房态、智能排班、工作任务自动提醒等方式帮助酒店解决分房慢、房态不同步打扰客人、OK 房放房不及时、人工统计数据工作量大等问题，最大限度提升出房效率和用户体验（如图 1–27 所示）。

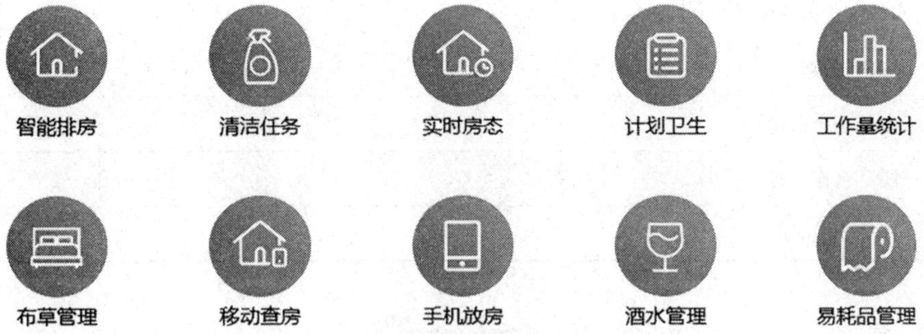

图 1–27 客房管家在线管理模块

3. 工程管家

通过对维修、能耗、维保及设备管理的在线化管理，使工程部实现全方位在线化管理，解决维修不及时、维保难管理、大型设备历史记录难追踪、工作数据难统计等问题，助力酒店降本增效（如图 1–28 所示）。

图 1–28 工程管家在线管理模块

综上所述，用技术驱动酒店运营，以酒店的发展需求为导向，通过信息技术实现服务运营管理在线化，可以为客人提供更好的服务体验，为管理层决策提供数据。

（资料摘选自 http：//www.landow.cn/products/guestexperience

https：//baijiahao.baidu.com/s?id=1685023616556281068&wfr=spider&for=pc）

❖工作评估

模块名称__________ 小组__________ 组员__________ 评估日期__________

项　目		等　第			
		超过标准（A）	达到标准（B）	稍低于标准（C）	与标准差距大（D）
知识掌握	智能酒店与智能客房				
	智能客房的优势				
	客房数字化运营体系				
协同作业	资料收集整理				
	参与小组讨论				
	团队合作精神				
	任务完成时间				

拓展知识
酒店数字化基础：
从 PMS 到 OMS

模块三　客房职业认知

教学设计

1. 学生通过查找相关资料、参观酒店，熟悉客房部工作。
2. 在实训宾馆跟班见习，熟悉客房部组织机构及岗位职责。
3. 邀请客房部相关人员或往届优秀毕业生与学生进行座谈。
4. 学生讨论收集成果，并进行课堂演示。
5. 教师点评，讲解必要的知识点。

模块 3.1　客房部组织机构

❖相关知识

一、客房部机构设置

科学合理地设置客房部组织机构，能保证整个组织分工明确、职责清晰，保证部门工作的正常运行。由于各家酒店的性质、规模、档次、客源结构、服务方式等具体情况都不同，客房部的组织机构设置也不尽相同。

1. 大中型酒店客房部组织架构

大中型酒店客房部业务范围比较广，其组织的规模也比较大，分工比较细（如图 1-29 所示）。

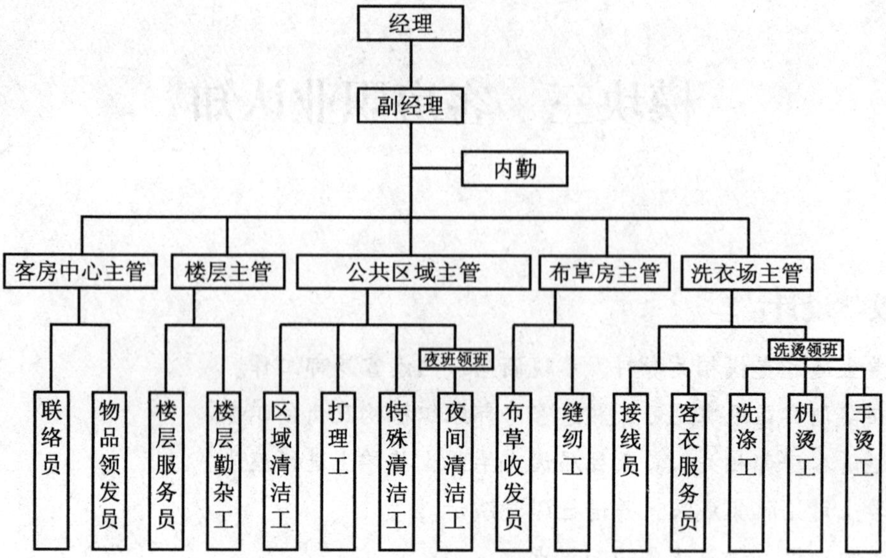

图 1–29　大中型酒店客房部组织架构图

2. 小型酒店客房部组织架构

小型酒店客房部管理范围比较小，客房部一部分业务可采取外包制，如洗涤业务、公共区域清洁保养业务。客房部组织机构的层次和分支机构也比较少，一些岗位的工种往往是分工不分家，要求员工一专多能（如图 1–30 所示）。

考虑到酒店前厅部与客房部的联系极为密切，小型酒店通常将前厅部和客房部合二为一，称为“客务部”或“房务部”。

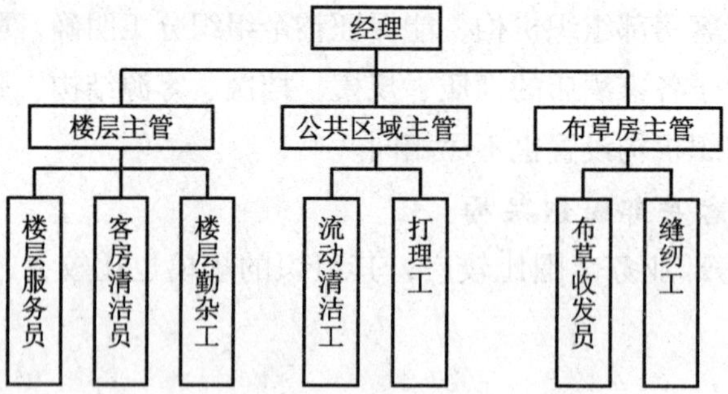

图 1–30　小型酒店客房部组织架构图

二、客房部各分支机构的职能

1. 经理室

客房部经理室主要负责处理客房部的日常事务，以及与其他部门的沟通协调等事宜。大多数酒店客房部经理室都与客房服务中心安排在一起，这样既可以节省空间，又方便管理。经理室的一些日常事务可以由客房服务中心的人员来承担，而无须再设专职内勤或文员的岗位。

2. 客房服务中心

我国大部分中高档酒店都采用客房服务中心的服务模式，在客房部设有客房服务中心。客房服务中心既是客房部的信息中心，又是对客服务中心。主要职责：负责统一调度对客服务工作，掌握和控制客房状况，负责失物招领、发放客房用品、管理楼层钥匙，以及与其他部门的联络与协调等。

3. 楼面客房

楼面客房由各种类型的客房组成，是客人休息的场所。每一层楼都设有供服务员使用的工作间。楼面人员负责全部客房及楼层走廊的清洁卫生，客房内用品的替换、设备的保养和简单的维修工作，为住客和来访客人提供相应的服务。

4. 公共区域

负责酒店各部门办公室、餐厅、公共洗手间、衣帽间、大堂、电梯、各通道、楼梯等公共区域的清洁保养工作。在部分酒店，公共区域还需负责酒店的园林绿化工作。一些大中型酒店成立可以对外服务的专业清洁公司，开展对外经营服务，为酒店增加收入。而一些中小型酒店则将公共区域清洁保养工作外包。

5. 布草房

布草房又称棉织品房。布草属于酒店专业用语，是对酒店毛巾类、台布、床单、枕套等的通称，泛指现代酒店里差不多一切跟布有关的东西，包含客房布草、餐厅布草及员工制服等。布草房主要负责酒店餐厅布草、客房布草和员工制服的收发、分类、保管和缝补，并储备足够的制服和布草以供周转使用。

6. 洗衣房

负责酒店布草、住客衣物、员工制服的洗烫工作。有条件的酒店还可承揽对外营业项目。在大部分酒店，洗衣房归属于客房部。但在一些大型酒店，洗衣房独立成为一个部门。小型酒店规模小，洗涤业务量不大，通常不设洗衣房，洗涤业务可委托店外的洗涤公司。

三、岗位职责描述

岗位职责通常由岗位名称、管理层级关系、基本职责、工作内容和任职资格等内容组成。本模块提供两个管理岗位及一个员工岗位作为范例，供学习和参考。

拓展知识
岗位职责描述规范

范例1　客房部经理岗位职责

岗位名称

客房部经理

管理层级关系

直接上级：分管客房的总经理

直接下级：客房部经理助理

基本职责

全面负责客房部的经营管理，制订并监督实施本部门的工作计划，确保实现客房部的经营目标和质量标准，为住客提供符合星级标准的客房服务及清洁、美观、舒适、安全的住宿环境。

工作内容

（1）根据酒店的总体目标，制订客房部年度工作计划并负责实施。

（2）负责制定本部门的岗位职责、工作程序、规章制度、运转表格，定期评估客房部组织机构，并提出相应的调整方案。

（3）参与本部门员工的招聘，负责本部门员工的培训、评估与激励等工作。

（4）处理宾客及员工投诉并负责改进。

（5）巡视检查并督导下属工作。

（6）负责客房部的安全工作，保证宾客和员工人身和财产安全。

（7）负责与店内其他部门及店外有关方面的联络协调。

（8）负责本部门经营物资的管理与控制。在不降低标准的前提下，努力控制客房部成本。

（9）研究客房装修布置、住宿业的发展趋势，根据酒店具体情况提出改进建议。

（10）注重学习、不断创新，不断提高自己的业务能力和客房部的经营管理水平，持续改进部门工作。

（11）完成上级布置的其他各项工作。

任职资格

（1）有强烈的事业心、责任感与协作精神，工作细致、踏实，顾全大局。

（2）熟悉客房部的经营管理，掌握客房装饰布置、清洁保养、对客服务及安全、消防知识，具有一定的财务管理、市场营销、人事管理、旅游心理学及公共关系等方面的知识。

（3）具有较强的计划、组织、指挥、督导和协调能力，能较好地处理人际关系；有较强的口头及书面表达能力，熟悉一门外语，并能进行日常会话。

（4）熟悉管理系统各项操作，具备一定的数字化的思维、数字化运营的能力。

（5）大专以上学历或同等学力，从事客房部管理工作至少两年。

（6）身体健康，精力充沛，仪表端庄。

范例2　楼层主管岗位职责

岗位名称

楼层主管

管理层级关系

直接上级：分管客房的经理

直接下级：客房清扫员、对客服务员

基本职责

协助客房部经理处理客房的日常事务，检查、指导服务员的工作，保证出租给宾客的每一间房都是干净的、卫生的、合格的。楼层主管是确保客房服务质量和卫生质量的关键人物。

工作内容

（1）根据酒店的规定和客房部经理的要求，在系统上确定各项程序和任务以开展工作。

（2）按照客房清洁卫生标准检查房间的清洁及维修状况，确保客房保持在最佳的出租状态。

（3）依据客房清洁状况和设施设备运行状况，负责在系统上对房态进行修改更新。

（4）根据系统上显示的工作内容，检查员工的出勤情况、工作表现和工作分配状况，确保每个班次有足够的工作人员。

（5）负责具体调查客人的投诉原因，提出改进措施。

（6）检查各项计划卫生清洁项目的分配和执行情况。

（7）确保每日检查 VIP 房，使之保持接待 VIP 的标准，同时抽查一定数量的走客房、空房及住客房。

（8）检查并安排员工处理公共区域、后勤区域以及消防通道的卫生。

（9）接收对客服务通知，为员工分配各项服务任务，检查完成的效率和质量。

（10）检查、督导服务员按操作程序和酒店标准开展工作。

（11）完成上级布置的其他各项任务。

任职资格

（1）责任感强、事业心重，对部门经理负责，按要求完成上级布置的工作任务。

（2）业务技能强，熟悉管理系统各项操作，熟悉酒店客房的清扫整理程序，掌握客房检查要求和标准。

（3）工作细致认真、目光敏锐，能够发现客房服务员的遗漏和疏忽之处，及时督促服务员改进。

（4）具有良好的沟通、协调等管理能力，能够妥善地处理与下属的关系，合理安排客房清扫与对客服务员的工作任务。

（5）精力充沛，抗压能力强。

范例3　客房清扫员岗位职责

岗位名称

客房清扫员

管理层级关系

直接上级：楼层主管

基本职责

负责客房清洁保养工作，确保客房清洁保养的质量标准。

工作内容

（1）负责客房的日常清扫工作，保证客房清洁水准、物品配备、设备完好状况均达到酒店的标准。

（2）正确使用清洁器具，并做好日常保养工作。

（3）做好客房消耗品及棉织品的消/损耗记录，协助楼层服务员做好楼层物资管理。

（4）注意客房安全，发现异常情况，立即向上级报告。

（5）保持楼层公共区域的整洁。

（6）检查报告待修项目。

（7）协助楼层服务员做好对客服务等工作。

（8）完成上级布置的其他各项任务。

任职资格

（1）热爱本职工作，品行端正，工作认真、踏实，富有责任心和敬业精神。

（2）掌握客房清扫的标准和程序，具有客房安全保卫基本常识，了解客房各类清洁器具的性能特点、使用方法和日常保养基本知识。

（3）熟练掌握客房清扫技能，能用一门外语进行简单的会话。

（4）初中文化程度或同等学力，接受过客房清扫培训。

（5）五官端正，身体健康，精力充沛。

模块 3.2 客房服务礼仪规范

❖相关知识

一、服务礼仪

礼仪是在人际交往中，以一定的、约定俗成的程序、方式来表现的律己、敬人的过程。服务礼仪就是服务人员在工作岗位上，通过言谈、举止、行为等，对客人表示尊重和友好的行为规范和惯例。简单而言就是服务人员在工作场合适用的礼仪规范和工作艺术。

客房是客人的主要休息场所，客房服务员要承担住客的日常生活服务，与住客接触的机会最多。了解基本的礼仪常识，提供有形、规范、系统的服务礼仪，可以使服务员在和客人交往中赢得理解、好感和信任。

服务礼仪要求：举止大方，站立服务；表情真切，微笑服务；说话和气，敬语服务；态度和蔼，真诚服务。

1. 站立服务

站立服务是酒店员工的基本功之一。要求员工站立端正、自然，切忌双手抱胸或叉腰，也不可将手插在衣裤袋内——这些动作会给客人傲慢和懒散的感觉。因此，在酒店服务中，要求员工有良好的站姿，给人舒展俊美、精神饱满、信心十足、积极向上的印象。

2. 微笑服务

酒店员工的微笑是对客人热情友好的表示，是一种健康有益的表情。微笑迎客，是员工尽心尽职的表现，是服务员对宾客的尊重之情的表达，也是酒店“宾客至上，优质服务”宗旨在员工身上的具体体现。

酒店员工的真诚微笑，可使宾客感到旅途中处处有亲人：宾客光临，微笑是欢迎曲；初次见面，微笑是问候语；客人过节，微笑是祝贺歌；客人离店，微笑是欢送词。

3. 敬语服务

酒店服务员接待服务的过程，就是从问候客人开始，到告别客人结束。语言是完成各项接待工作的重要手段。俗话说“言为心声”，作为酒店服务员，在工作中讲究语言艺术、使用礼貌用语是十分重要的。敬语服务的基本要求如下：

（1）声音优美。语音要标准，嗓音要动听，音量要适度，以客人听清为准，切忌大声说话；语调要婉转、抑扬顿挫有情感，会让客人感到愉快；语速适中，轻柔甜润的说话，定会使客人满意。

（2）表达恰当。说话力求语言完整、准确、贴切，注意选择词句，使宾客满意。

（3）言简意赅，切忌喋喋不休。如客人谈兴正浓，不喜欢被别人打扰，这时服务员过分殷勤，会令客人反感。

（4）表情自然。面对客人说话时，要与客人保持适当的距离。面带微笑，目视客人眼鼻三角区，以示尊重有礼貌。

（5）举止文雅。在服务过程中能用言语表达的，尽量不用动作，更不能指手画脚、手舞足蹈。

（6）保持口腔卫生，以免口出异味引起客人的不满。

4. 真诚服务

真诚服务要求员工怀有爱心。接待服务主动、热情、耐心、周到，这是员工基本服务精神的集中体现，也是酒店“宾客至上，优质服务”宗旨的具体表现。

二、客房服务礼仪要求

1. 客人来访时

目视对方，面带微笑，行鞠躬礼。礼貌用语：“您好”“早上好”“欢迎光临”。

2. 询问客人姓名

确认来访者的姓名，应重复“您是 ×× 公司 × 先生”。礼貌用语：“请问您是……”“请问您贵姓？找哪一位？”等。

3. 为客人引路

在客人的左（右）前方 2~3 步前引路，让客人走在路中央。与客人的步伐保持一致。礼貌用语：“这边请”等。

4. 送茶水

保持茶具清洁，轻拿轻放。礼貌用语：“请”“请慢用”。行礼后退出。

5. 送客

目送客人，表达出对客人的尊敬；道别时，招手或行鞠躬礼。礼貌用语：“欢迎您下次再来”“再见”“再会”“非常感谢”等。

6. 在走廊、楼梯、电梯间

（1）行走时，要舒展肩背。与客人相遇，应主动问好和让路。同一方向行走时，如无急事不要超越客人；因急事超越时，要先致歉，然后加快步伐超越。

（2）遇急事不能跑步，可快步行走。

（3）按照右侧通行的原则行走。如在反方行走遇到迎面来人时，应主动让路。

（4）遇到客人问路时，应主动为其指路或引路。

（5）在电梯内为客人提供正确引导。

（6）宾客交谈时，不能插话或以其他形式干扰。

三、某酒店集团员工行为准则

员工的礼貌礼节及行为直接影响客人对酒店服务水准的评价。下面摘录某品牌酒店集团客房服务员的员工行为准则。

（1）员工不可公开谈论任何与客人有关的话题，不应透露客人的行踪及个人资料。

（2）本着以客为先的守则，不应让客人等候超过 30 秒。

（3）需个别称呼年幼宾客时，在可行的情况下弯下身，在和他（她）相同的视线水平下沟通。

（4）与客人交谈时，要小心谨慎，以免让其他人听到谈话内容。

（5）即使受到客人鼓励，与客人谈话也不宜过长，要适可而止。

（6）当必要时在客人前选用非客人善用之语言（母语）与同事沟通时，需先向客人表示歉意，与同事的谈话内容应尽量简短。

（7）谨慎及诚恳地称呼客人。在同一次接触或谈话中，不应重复客人的名字超过两次。

（8）客人携带着行李、购物袋或笨重的物件时，员工应予以协助。

（9）需向客人致谢，如果客人已表示过谢意，员工亦需回谢。

（10）不应向客人说“不”，员工需灵活地配合，随时为客人提供其他可行的服务。

（11）所有员工都有责任照顾客人的需要，而不应将客人转介到其他部门；如必须转介，需亲自带领客人到有关部门，并向该部门员工讲述客人的需要。

（12）若遇到投诉，员工需小心聆听，诚恳道歉，不可将责任推到别人身上；同时需负责向有关部门详细转述投诉的内容，避免让客人复述经历及投诉内容。

❖工作评估

模块名称__________　小组__________　组员__________　评估日期__________

项　目		等　第			
		超过标准（A）	达到标准（B）	稍低于标准（C）	与标准差距大（D）
知识掌握	客房部机构设置				
	客房部岗位职责				
	客房服务礼仪规范				

续表

项　目		等　第			
		超过标准（A）	达到标准（B）	稍低于标准（C）	与标准差距大（D）
技能训练	客房服务礼仪				
	客房服务用语				
	客房服务情景演练				
协同作业	资料收集整理				
	参与小组讨论				
	团队合作精神				
	任务完成时间				

思考题

1. 画出一间双床房的功能布局图。

2. 整理一套客房常用设备及用品的中英文名称。

3. 什么是智能酒店与智能客房？

4. 未来的客房产品有哪些发展趋势？

5. 谈谈你对客房部及客房工作的认识。

实训练习

1. 在实训宾馆，分组练习配备客房客用品。

2. 在实训宾馆或教室，分组进行角色表演，练习客房服务用语。

3. 在实训教室，熟悉酒店仿真软件客房管理系统。

拓展训练

1. 考察本地不同规模及星级的酒店，加深对客房产品的了解和认知。

2. 参观、考察当地特色客房与智能客房，了解酒店及客房智能产品、数字化运营系统。

3. 分小组深入调研不同酒店客房部的组织机构及岗位设置，并按照一定的规范整理一套客房部岗位职责。

项目二　客房清洁保养

❖引言

做好客房清洁保养工作、保证客房产品的质量，是客房部的主要工作任务。本项目课程是整个项目课程的重点之一，技术性、体验性等的要求都比较高。

本项目采用任务驱动法，通过客房清扫整理、计划卫生等模块的反复训练，使学生掌握客房清洁保养的基本技能和技巧，并规范操作。

本项目引入数字化平台软件相关资料，进行模拟仿真练习，构建学生数字化思维。

通过小组学习、竞赛的方式，激发学生的潜能，使其主动学习、认真训练，善于分析问题和分工合作，培养学生团队合作意识、数字运营思维及分析问题和解决问题的能力。

❖学习目标

1. 掌握客房清洁保养工作的工作程序及质量标准。
2. 能独立完成客房日常清扫整理工作。
3. 熟悉楼层客房一日工作安排及工作重点。
4. 掌握客房计划卫生、消毒工作程序及质量标准。
5. 熟悉客房管家操作系统及在清洁保养工作中的运用。
6. 能处理客房清洁保养工作中的常见问题。

❖核心概念

1. 清洁

清洁有两个含义：清洁与卫生。

清洁：去脏，使被清洁的对象与环境处于无脏的状态。

酒店脏的形态可以分为四大类：（1）松散型，如灰尘、纸屑等；（2）粘附型，如液体污迹、口香胶等；（3）污渍，污迹如没有及时清洁，时间久了就会形成污渍；（4）锈蚀，如电镀器皿上的锈斑等。

卫生：指杀菌消毒，使物品及环境达到生化标准。

2. 保养

维护调养，使被保养的对象处于完好常新的状态，达到并延长其使用期限，减少维修的工作量及资金投入。

3. 计划卫生

计划卫生是指有计划地、周期性地对某些区域和卫生死角进行清洁，对家具设备进行保养。重视做好客房计划卫生工作，可以提高客房清洁保养的水准，保证客房设备设施处于良好的状态。

模块一　清扫客房前的准备工作

教学设计

1. 教师布置工作任务，讲解相关的知识点。

2. 分组考察酒店用品商店，熟悉客房常用的清洁剂和清洁器具。

3. 在实训宾馆，熟悉了解客房状态及清扫整理的要求。分组布置房务工作车，备齐清洁剂和清洁器具。

4. 在实训教室，模拟仿真客房清扫前准备工作的数字化运用。

5. 各项目小组提交完整的项目报告，师生共同进行项目总结。

模块 1.1　客房状态及清扫顺序

案例2-1

如何安排客房清扫顺序？

5 月的一天，南京 AB 饭店的客房服务员小王当天需要清扫的 12 间客房状态如下：

801 房	OCC	807 房	VD
802 房	OCC	808 房	VIP
808 房	LSG	809 房	OOO
804 房	MUR	810 房	DND
805 房	E/D	811 房	VD（总台急需房）
806 房	OOT	812 房	VC

问题：小王应该如何合理安排当天清扫房间的顺序？

参考答案

❖相关知识

客房清扫整理是客房服务员的主要工作，通常一个专职客房服务员一个早班班次需清扫整理 12 至 15 间客房。客房状态是动态的，处在变化中。不同的客房状态反映客人不同的需求，其清扫要求也不一样。客房服务员必须先了解核实自己所要清扫的客房状态，从而科学地安排客房清扫整理的顺序。

一、客房状态

为方便电脑输入及填写，酒店的客房状态采用英文缩写法。常见的客房状态有以下几种：

（1）住客房，OCC（Occupied），即客人正租用的房间。

（2）脏房，Vacant dirty（VD），即客人当天已经结账离店，但还未清扫整理的房间。有些脏房总台已预排给当天抵店的预订客人或临时急需清扫出来供出租，称为总台急需房。通常在报表中注明或由总台临时通知客房部。此类情况大多发生在旅游旺季。

（3）空房，VC（Vacant cleaned），表示前一天无人租用的可出租的房间。

（4）保留房，OOT（Out of the turn），表示该客房住客临时外出几天，但不退房。

（5）长住房，LSG（Long staying guest），即长期由客人租用的房间，又称“长包房”。

（6）贵宾房，VIP（Very important person），表示该客房住客是酒店的重要客人。

（7）待修房，OOO（Out of order），表示该房间因设施设备发生故障，暂不能出租。

（8）预期离店房，E/D（Expected departure），表示该房间住客当天应退房，但尚未办理退房手续。

（9）加床，E（Extra bed），该房间有加床。

（10）请勿打扰房，DND（Do not disturb），表示客人因个人原因不愿服务人员打扰（如图 2-1 所示）。

（11）请即清扫房，MUR（Make up room），表示客人需要服务员立即打扫的房间（如图 2-2 所示）。

图 2-1　请勿打扰

图 2-2　请即清扫

（12）无行李房，N/B（No baggage），该房间的住客无行李，应及时通知总台。

（13）轻便行李房，L/B（Light baggage），住客行李很少的房间，应及时通知总台。

（14）外宿房，S/O（Sleep out），表示该房已出租，但客人昨夜未归。为防止发生逃账等意外情况，服务员应及时通知总台。

二、客房清扫整理要求

不同的客房状态，清洁整理的要求也有所不同。

1. 简单清洁的房间

空房、保留房等房间因前一天没有客人住，只需进行简单清洁整理。一般只进行吸尘、擦拭灰尘、放水龙头积存的陈水等工作。

2. 一般清扫的房间

此类客房需要清洁整理卧室与卫生间、补充客用物品。住客房和长包房属于这一类房间。

3. 彻底清扫的房间

房间需要彻底地清扫整理，走客房属此类房间。

4. 临时性的简单整理

根据酒店接待规格和客人要求，客房部需提供临时性的简单整理，主要工作是：整理客人动用过的床铺和卫生间，必要时补充肥皂等客用消耗品。其目的是恢复客房的原状，保持客房处于良好的状态。贵宾房通常提供此项服务。

三、客房清扫顺序的安排

客房服务员在安排客房清扫顺序时，要考虑两方面的问题：一要满足客人的需要，二要尽可能加快客房的周转。针对旅游旺季、淡季及其他情况，客房清扫顺序安排要求也有所不同。

1. 旅游旺季客房清扫顺序

旅游旺季客房出租率比较高，房间往往供不应求。客房清扫的顺序一般安排如下：

（1）总台急需房（指总台已预排给当天抵店的预订客人或临时急需清扫出来供出租的客房）。

（2）空房。

（3）走客房。

（4）请即清扫房（挂有“Make up Room”的房间，或客人口头上提出要求打扫的房间）。

（5）VIP 房。

（6）普通住客房。

（7）待修房。

2. *旅游淡季客房清扫顺序*

旅游淡季客房出租率不高，房间需求量不大，应尽量先考虑满足客人的特殊需求。客房清扫顺序一般安排如下：

（1）请即清扫房（挂有“Make up Room”的房间，或客人口头上提出要求打扫的房间）。

（2）空房。

（3）走客房。

（4）VIP 房。

（5）住客房。

（6）待修房。

当然，在实际工作中，客房服务员还需根据客房出租率及客人的具体情况灵活调整客房清扫顺序。

案例分享
“不好意思，现在没有时间”

3. *其他客房*

（1）长包房客人起居生活有一定的规律性，清扫时间应与客人协商。

（2）当日预期离店房如客人没有特别需求，一般待客人退房后再安排清扫。

（3）请勿打扰房需要在酒店规定的时间进行处理。

模块 1.2　房务工作车的布置

❖实训项目2-1

房务工作车的布置

一、操作准备

（1）房务工作车 1 辆，干净布草袋和垃圾袋各 1 个。

（2）布草及其他客用物品。

（3）清洁剂：洁厕剂与浴缸清洁剂。必要时配备玻璃清洁剂（用于清洁淋浴房玻璃）和地毯除渍剂。

（4）清洁器具：干、湿抹布若干块，马桶刷 1 把、脸盆刷（浴缸刷）1 把，水勺 1 把（用于浴缸过水）。如果配有淋浴房，还需准备玻璃刮 1 个。

二、操作程序

步　骤	操作要领	质量标准
1. 检查工作车	(1) 检查工作车内外是否洁净。 (2) 检查工作车是否完好。	工作车整洁、完好。
2. 挂布草袋和垃圾袋	将布草袋和垃圾袋分别挂在车旁的挂钩上（如图 2–3 所示）。	布草袋和垃圾袋挂钩不能脱落。
3. 准备布草	(1) 按标准配备数量将布草放入工作车中。 (2) 床单、被套、枕套放下层，毛巾类放中层（如图 2–3 所示）。	布草单面朝外，方便取用。
4. 准备客用品	将各种客用物品（主要是客用消耗品）放在架顶，按规定位置摆放整齐。	客用物品摆放美观整齐、方便取用。
5. 准备清洁篮	(1) 将清洁剂、脸盆刷和马桶刷等清洁工具放入清洁篮中（如图 2–4 所示）。 (2) 清洁篮放在工作车上合适的位置。	清洁工具须分区摆放（如图 2–4 所示）。
6. 准备抹布	将抹布挂放在工作车上。	不同抹布分开挂放。
7. 停放工作车	将工作车推至规定的摆放位置。	按规定摆放。

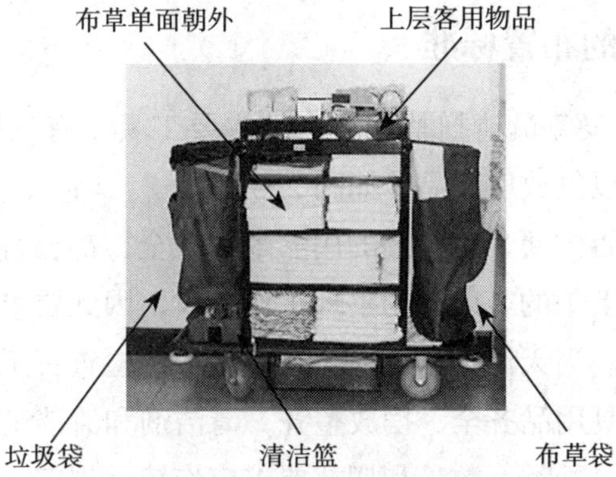

图 2–3　布置好的房务工作车

图 2–4　清洁篮

特别提示

（1）房务工作车四边应有防护带，以免碰坏门框、墙体（如图 2-5 所示）。

（2）推动工作车时应小心，尤其是拐角处，避免碰撞门框、墙体。

（3）大部分酒店的房务工作车是开放式的，工作车上的物品尤其是放在顶层的客用消耗品易流失。为避免物品的流失，房务工作车最好全封闭、能上锁。如不能全封闭，顶层最好加盖。

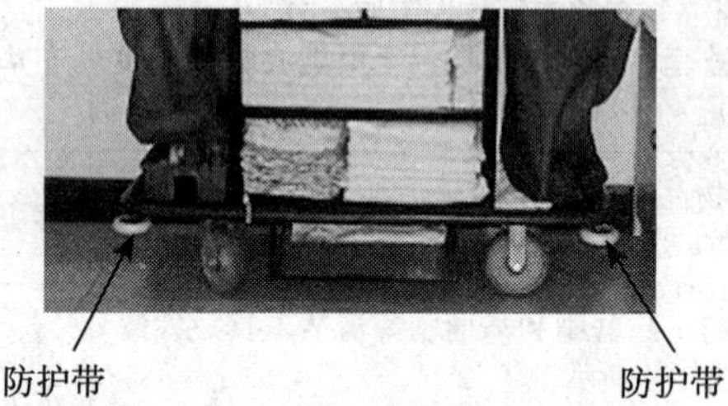

图 2-5　房务工作车四边的防护带

❖相关知识

一、房务工作车的布置标准

房务工作车是客房服务员清扫整理客房的主要工具，有三层或四层大小不同的规格，一般为一面开口，以供放取物品（如图 2-3 所示）。

房务工作车使用是否方便、工作上的用品是否齐全，都会直接影响客房清扫整理的工作效率。通常客房部上午的客房清扫整理工作量大，因此要求客房服务员在前一天下班前布置好房务工作车。当天清扫客房前，还需做一次检查：工作车车辆里外清洁、完好，布草、客用品和文具用品齐全、摆放整齐，清洁剂和清洁工具充足。

房务工作车物品配备种类、数量和摆放要求应作统一规定，通常配备一个班次所需的数量。客房部管理人员需为客房服务员提供一份物品清单（如图 2-6 所示），这些物品是维持客房清扫整理工作必不可少的。

（1）统一摆放位置。房务工作车通常分三至四层，底层摆放床单、被套和枕套，中间层摆放各类毛巾，上层隔若干个格，放置各类客用消耗品。摆放时，重物在下、轻物在上，高物在后、低物在前。

（2）布草单面朝外，方便取用。

（3）物品摆放美观整齐。

楼层工作车摆放标准平面图

<table>
<tr><td rowspan="8">左侧

垃圾回收袋
卷纸袋9卷
矿泉水1箱
礼品袋10个</td><td rowspan="2">浴帽10只
剃须刀10把</td><td rowspan="2">棉球10个；桶A放铅笔⑤
圆珠笔⑤；桶B放吸管⑤
搅棒⑤赠饮牌⑳</td><td colspan="2">擦鞋布20只</td><td rowspan="8">右侧

脏布草袋
回收袋</td></tr>
<tr><td rowspan="2">普通信封10只
大信纸10张
传真纸10张
小便签1本
各类宣传品
各3份</td><td rowspan="2">航空信封10只
晚安卡3张
洗衣单5份
湖风报5份
夜床DND卡
10张</td></tr>
<tr><td>指甲锉10只
梳子A 15把
梳子B 15把</td><td>香皂25块
火柴15盒
茶叶25袋</td></tr>
<tr><td rowspan="2">润肤露5瓶
洗发液20瓶
沐浴液20瓶</td><td rowspan="2">棉签10只
牙具A 15把
牙具B 15把</td><td>标垫白、绿各3个</td><td>蚊香片1盒</td></tr>
<tr><td>蓝色拖鞋
8双</td><td>绿色拖鞋
8双</td></tr>
<tr><td colspan="4">床单10条、小方巾蓝色15条、被套10条</td></tr>
<tr><td colspan="4">小浴巾蓝10条、小方巾绿色15条、枕套20对、小浴巾绿10条</td></tr>
<tr><td colspan="4">大浴巾8条、地巾6条</td></tr>
</table>

图 2–6　房务工作车物品清单

二、清洁剂物料的准备

工欲善其事，必先利其器。安全高效的清洁剂与精良适用的清洁器具，可以提高客房清扫整理工作的质量和效率。

1. 清洁剂

清洁剂是客房清扫整理必不可少的物品。通常需配备洁厕剂和浴缸清洁剂，必要时配备玻璃清洁剂和地毯除渍剂。

2. 清洁器具

清洁器具配备要求如下：

（1）配备齐全

清扫客房主要需配备抹布、脸盆刷、马桶刷、水勺和吸尘器等器具。如果配有淋浴房，还需准备玻璃刮。

抹布是清扫客房必备的工具，一般需配备 4~5 块。卧室一干一湿（半湿），干抹布用于擦拭电器和镜面，半湿抹布用来擦拭家具。卫生间一干一湿（半湿），干抹布擦拭电器和镜面，半湿抹布擦拭卫生洁具（马桶除外）。还应备有一块抹布，专用于擦拭马桶和地面。

（2）完好、有效

完好有效是发挥清洁器具功效的基本要求。所有清洁器具（尤其是机器设备如吸尘器）使用前都须认真检查，确保性能良好、使用正常。

（3）整洁、干净

清洁器具每天使用后应作必要的清洁工作，尤其是抹布，最好送洗衣房清洗；吸尘器应每天清洁集尘袋，保持整洁干净。

拓展知识
提篮操作法

模块 1.3　客房清扫准备工作的数字化运用

一、客房服务中心分配工作任务

1. 客房服务中心的功能定位

客房服务中心是客房部的信息中心，全面掌控酒店的客情和客房房态。除了信息传递与部门联络，客房服务中心还负责分配客房部楼层主管和客房清扫员的工作任务。

2. 工作分配依据

（1）房态图

数字化平台软件可以将酒店房态直观地呈现出来，包括客房布局、客房状态、客房类型等（如图 2-7 所示）。通过查询日期、宾客姓名或电话号码等信息，可以查看该条件下酒店的详细住房资料，包括入住人数、客户姓名和电话、入住时间和退房时间等。

房态和客情的可视化不仅为酒店掌握营业状况和调整营销方式提供数据支撑，同时也为客房服务中心分配工作任务带来极大的便捷。

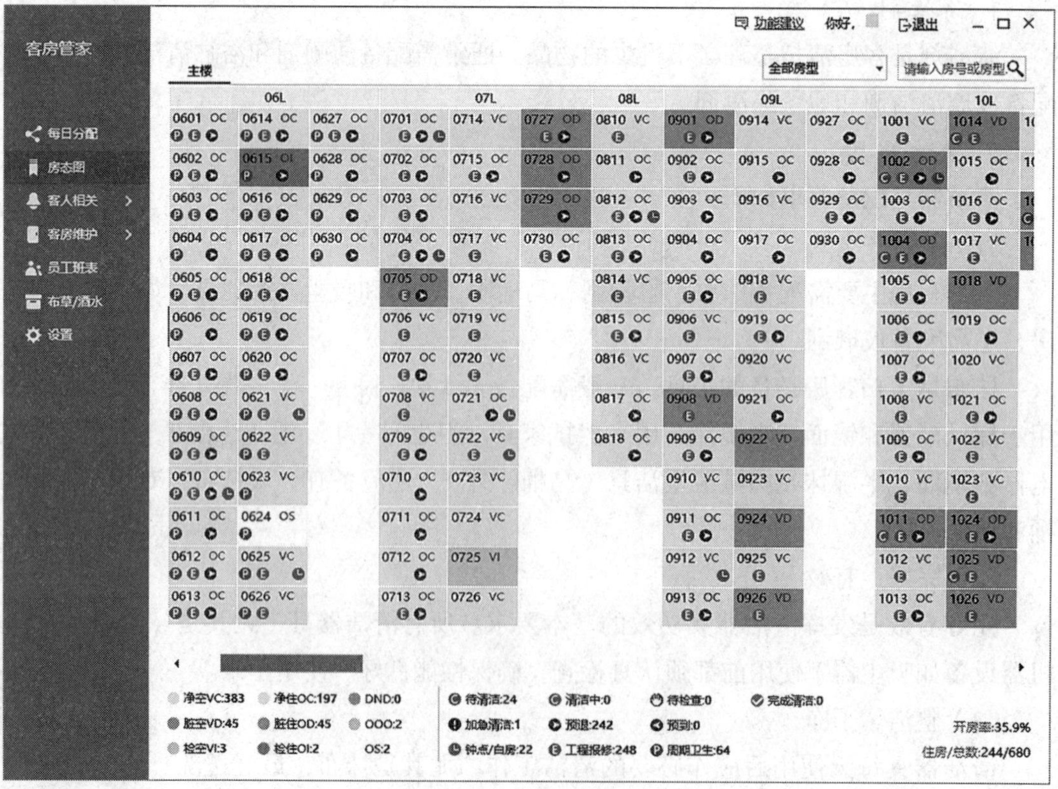

图 2-7　PC 端房态图

（2）标准工作时长

数字化时代通常采取统一工作时长的方式。准确掌握楼层主管和客房服务员各项工作的时长，以标准化时长为员工安排工作，科学搭配客房清洁、计划卫生和物品输送等工作任务。

根据旅游淡旺季的不同住客情况，服务中心提前分配主管需要负责的具体楼层，以及客房服务员应负责的房间数量。在标准工作时长内，相应的计划卫生工单和其他服务工单也会一并发送到对应主管与客房服务员的手机端。

二、楼层主管巡楼

楼层主管的工作内容包含检查楼层的清洁卫生状况和维修状况，并视情况向客房服务员派发清洁工单。

主管通常在收到客房服务中心派发的日常工单后，先明确自己负责跟进的楼层，在手机端实时查看房态信息（如图 2-8 所示）、核对更新情况后，再查看需要处理的清洁任务、设施设备维修保养任务和员工工作情况等。

1. 清洁任务派单

楼层主管还需要检查公共区域的清洁卫生，如走廊、楼梯需要处理的临时垃圾。

（1）通过系统填写待清洁的内容和地点。必要时，可拍照说明，并将该清洁任务单派发给特定的客房服务员。

（2）客房服务员接单。主管可在后台随时查看该项清洁任务的进度和完成情况。

这种使用系统将任务直接派发到个人、主管实时跟进的形式，有效避免了传统安排方式中工作处理不及时、客房服务员互相推卸责任和影响宾客体验的问题，大大提高了酒店清洁工作的效率和质量。

2. 设施设备维保

（1）查看楼层设施设备能否正常运行。出现故障时，通过系统及时向工程部提交报修单，保证客房处于正常出售状态。

（2）对于已经完成维修的设施设备，主管查看能否正常使用。复检不合格的，则向工程部返单，并在手机端持续跟进。

3. 客房服务员工作情况

（1）检查客房服务员的工作分配是否合理，确保各个楼层工作人员已经按时到岗并打开房务工作系统（如图 2-9 所示）。

（2）检查客房服务员是否按要求完成房务工作车布置、后台区域清洁等工作。

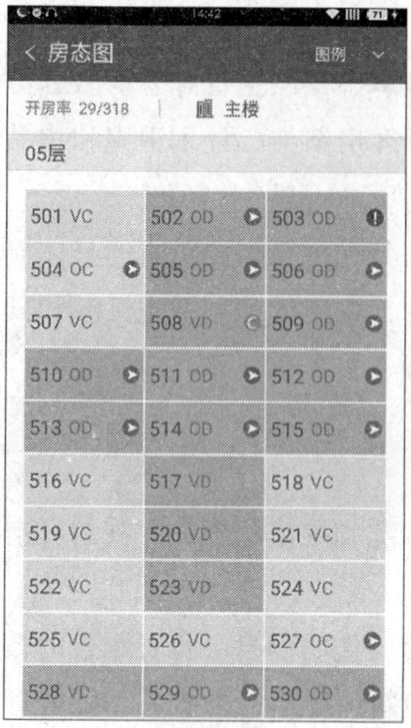

图 2-8　手机端房态图

图 2-9　客房服务员房务工作系统首页

三、客房服务员准备工作数字化

客房服务员是客房清洁整理的最终落实者，其工作效率和工作质量与酒店宾客的满意度直接挂钩。客房清洁前准备工作的数字化，从一定程度上可以精简工作流程、保证清洁质量，对酒店的高效运营有很大的促进作用。

1. 查看房态

客房服务员根据客房服务中心派发的日常工单开展工作。在手机端可以实时查看房态是否有更新、是否有宾客通过系统提交特殊需求等，随时确认房间情况。

2. 确认布草数量

客房服务员通过系统数据查看布草消耗数量，填写布草单并上报客房服务中心，由客房服务中心定期将布草单转交洗衣房，洗衣房备好所需布草后直接送到相应楼层（如图 2-10 所示）。

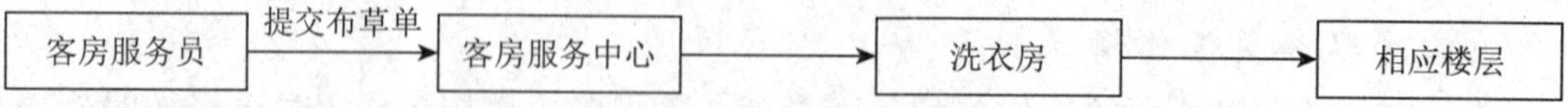

图 2-10　布草补充流程

3. 巡视楼层

巡楼查看客房状况，确认是否有挂牌显示“请勿打扰”或“请即清扫”。“请勿打扰”的房间需要通过系统记录宾客要求（如图 2-11 所示），“请即清扫”的房间要注意优先清洁。

4. 上报异常情况

开展准备工作过程中发现的其他异常情况（设施设备维修等），也可以立即通过系统上报（如图 2–12 所示）。

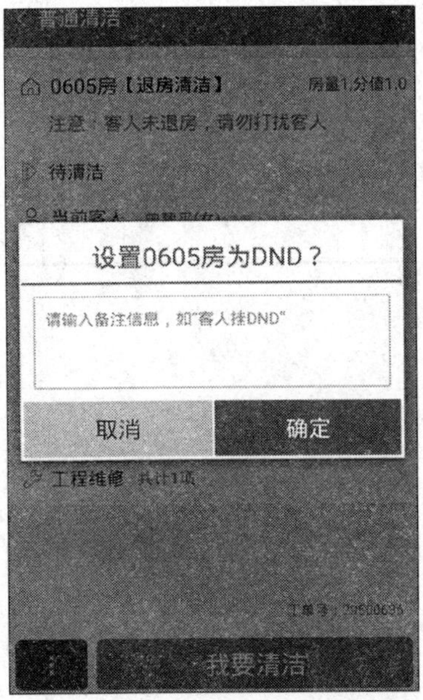

图 2–11　手机端设置“请勿打扰”

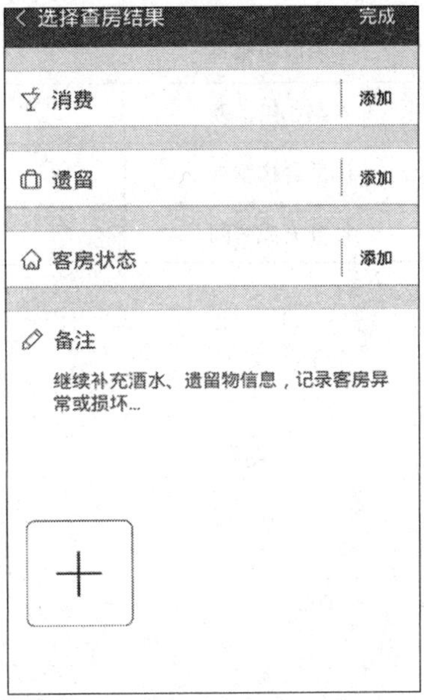

图 2–12　手机端上报房间异常信息

❖工作评估

模块名称＿＿＿＿＿＿　小组＿＿＿＿＿＿　组员＿＿＿＿＿＿　评估日期＿＿＿＿＿＿

项　目		等　第			
		超过标准（A）	达到标准（B）	稍低于标准（C）	与标准差距大（D）
知识掌握	客房状态中英文表达				
	各类客房清扫整理要求				
	房务工作车的布置要求				
	客房数字化的运用				
技能训练	客房清扫顺序安排				
	房务工作车布置				
	数字化平台软件模拟练习				
	安全操作意识				

续表

项　目		等　第			
		超过标准（A）	达到标准（B）	稍低于标准（C）	与标准差距大（D）
协同作业	资料收集整理				
	参与小组活动				
	团队合作精神				
	任务完成时间				

模块二　客房日常清扫整理

教学设计

1. 分组收集相关客房清扫整理的资料、案例。
2. 实训宾馆分组，在教师指导下进行客房清扫整理技能训练。
3. 在实训宾馆跟班见习，熟悉客房清扫整理工作程序。
4. 在实训教室，模拟仿真客房清扫整理工作数字化运用。
5. 各项目小组形成完整的项目报告，师生共同进行项目总结。

模块 2.1　进入客房的程序

❖实训项目2-2

进入一间客房

一、操作准备

了解需要进房清扫的房间状态。

二、操作程序

步　骤	操作要领	质量标准
1. 观察门外情况	（1）站在门前适当地方。 （2）注意有无“请勿打扰”标志；若有，则不能进入客房。 （3）有无客人在房的迹象，客人是否可能允许进房。	尽量避免打扰客人。
2. 按门铃（敲门）	（1）站立在门前适当位置，姿势要规范。 （2）按门铃或敲门（以左手或右手指的中关节在门上轻敲三下）。 （3）敲门时，轻重适当，声响适度，节奏不宜过快。	（1）用铃声（敲门声）通报客人。 （2）不能连续按门铃或敲门。
3. 等候	（1）注意房内有无发问声。如客人问：“谁？”可回答“服务员，可以进来吗？”外宾房，则用外语，如：“Housekeeping, May I coming?” （2）若房内无发问声，等候 3~5 秒钟后，第二次按门铃或敲门。	（1）切勿立即开门。 （2）给客人反应或准备时间。

续表

步　骤	操作要领	质量标准
4. 第二次按门铃（敲门）	（1）与第一次按门铃（敲门）应间隔 3~5 秒钟。 （2）敲门方法同第一次，只是适当加重一些。	不能连续按门铃（敲门）。
5. 第二次等候	同第一次等候。	给客人充足的时间。
6. 开门通报	（1）将门打开 30 度左右后，在门上轻敲三下。 （2）自报家门，征求客人意见。如：“早上好！我是客房服务员，可以进来吗？”说话声音要平稳、清晰。	（1）通知客人你已进房。 （2）开门后发现客人在睡觉或洗漱，则不能进房。
7. 进入客房	（1）将门打开并靠定。房内有客人，工作车挡住房门的 1/3；无人，则挡住房门。 （2）将工作车停放在房门口。 （3）将取电牌插入插钥匙取电处。 （4）轻步进入客房。	开门勿用力过猛。

特别提示

（1）客房出租给客人后，其使用权就是客人的。服务员若非因工作需要，不能随意进入客房。如工作需要，也需先敲门（按门铃）通报，房间无人方可进入房间。住客房应尽可能趁客人不在房内时清扫整理；如客人在房，则须征得客人同意后才能进房清扫。

（2）酒店通常要求服务员须开门清扫客房。为防止闲杂人员进入客房，保证客房安全，清扫住客房时工作车挡住门口的三分之一。清扫过程中，如有宾客要进入客房，服务员须核实其身份。其他无人租住的客房，工作车应挡住房门口。

❖相关知识

“客房是客人的”，客房出租给客人后，其使用权就属于客人。员工因工作需要进入客房需注意以下事项。

1. 妥善安排清扫客房的时间

服务员清扫整理客房时，尽量趁客人不在客房内时进行，以免打扰客人。

2. 养成先观察再按门铃（敲门）的习惯

客房是客人的，服务员进入客房前，要先观察房门上是否有“请勿打扰”的标志，房内有无客人讲话等声响，客人此时是否可能允许进入客房。

案例分享
一次令人尴尬的客房清扫经历

3. 养成先思索再按门铃（敲门）的习惯

服务员进客房前要养成先思索再敲门的习惯。考虑有无其他工作可以顺带一起完成，如住某间客房的客人平日访客多，或许在 20 分钟前曾向服务员要了几杯咖啡，而现在又有事叫服务员，此时服务员就应想到房间咖啡可能已喝完，进客房时，顺便带上抹布与托盘，将已用过的咖啡杯收出来，并清理干净桌子。

❖实训项目2-3

中式铺床 / 撤床

一、操作准备

1. 准备好中式铺床所需的干净布草

床单1条，被套1条，被子1条，枕套2条，枕芯2个。

2. 检查整理席梦思床垫

（1）将床垫放平，留意床垫角落所做标记是否符合本季度标记。

（2）注意床垫护褥是否干净、平整，四角松紧带是否套牢在床垫四角。床垫若有污染及时更换。

二、中式铺床操作程序

步　骤	做法及标准
1. 整理床垫	（1）将床垫放平，留意床垫角落所做标记是否符合本季度标记。 （2）注意床垫护褥是否干净、平整，四角松紧带是否套牢在床垫四角。床垫若有污染，须及时更换。
2. 抛单	（1）站在床侧（或床尾甩单），将折叠的床单正面朝上；两手分开，用拇指和食指捏住第一层，其余三指托住后三层；将床单向前抖开，待其降落时，利用空气浮力调整好位置。 （2）床单正面朝上，中折线居中，两侧下垂长度均等。
3. 包边包角	（1）用直角手法包紧床头、床尾四角，将床单塞至床垫下面。 （2）四角角式角度一致，包角均匀紧密。
4. 套被套	（1）将被套打开。 （2）将被子两头塞入被套两个角内并整理好。 （3）将被子另两头塞入被套尾内并整理好。 （4）抖动被子，使其平铺在床垫上。被子两侧下垂均等，被套四角饱满、平整。 （5）被头反折45厘米，被套开口在床尾。
5. 套枕套	将枕芯塞入枕套，并整理好。枕头四角饱满。
6. 放枕头	（1）将枕头放在与床头平齐的位置，与床两侧距离相等。 （2）枕头开口理顺，开口背向床头柜。
7. 放床尾垫	将床尾垫放在饭店规定之处。

三、撤床操作程序

步 骤	操作要领	质量标准
1. 卸下枕套	（1）双手执枕头套角，将枕芯抖出。 （2）注意检查有无夹带客人物品。 （3）检查枕芯是否干净，随脏随洗。	枕芯保持干净。
2. 卸下被子	一手执被套，一手拿住被子，将被子从被套中抽出。	注意勿用力过猛。
3. 撤床单	（1）将床单四个角拉出，撤下床单。 （2）注意检查床垫是否干净，随脏随洗。	床垫干净、平整。
4. 收脏布草	将撤下的布草放入布草袋中。	脏布草不能放在地上。

特别提示

（1）铺床是客房服务员操作技能的重要部分，铺床速度的快慢、质量的高低直接影响客房清扫的速度与质量。

案例分享
小挂件不见了

（2）铺床前应将用物备齐，按使用顺序放置。铺床时，身体应靠近床边，上身保持直立，两腿前后分开稍屈膝，有助于扩大支持面，增加身体稳定性，这样既省力又能适应不同方向的操作。同时手和臂的动作要协调，尽量用连续动作，避免过多地用抬起、放下、停止等动作，以节省体力消耗，缩短操作时间。

（3）撤床时，需注意查看撤下的布草中有无夹带客人的物品。

❖相关知识

一、铺床方法

住酒店主要是住客房。一张功能舒适、铺设美观的床铺，可以带给客人美好的视觉享受与使用享受。铺床方法可以分为西式与中式两种。

1. 西式铺床

西式铺床是用床单加毛毯在床垫上包边包角，再加盖床罩的一种铺床方式。这种铺床方式线条突出，造型规范，平整美观。然而，西式铺床也存在着不足：一是不方便。由于床单和毛毯包边包角后紧压在床垫下，睡觉时要费劲地将床单拉出来，用脚使劲蹬，才能钻进去，给客人带来不必要的麻烦。二是毛毯和床罩不能经常洗，容易沾染灰垢和细菌。三是服务员做床较费时间，影响工作效率。目前，绝大部分饭店取消了西式铺床的方法，采用中式铺床法。

2. 中式铺床

中式铺床将套好棉芯的被套直接铺在床上，客人将被子一掀，就可以入睡，非常方便。另外，中式铺床方便操作，可以提高服务员的工作效率，节约饭店的人力成本。

二、床上用品配置

客房床上用品主要有：床裙、保护垫、床单、被子及被套、枕芯及枕套、床尾垫。

（1）床裙：床裙的尺寸同床体的长、宽、高。

（2）保护垫：保护垫的尺寸与床体的长、宽相等。

（3）床单：床单的尺寸为床体的长和宽分别加席梦思垫高加 20 厘米，另外还需加 5% 的缩水率。

（4）被子：考虑到被子三边挂下的部分需要遮挡住床体与床垫的间缝，所以被子的尺寸：长 = 床体长度 + 席梦思垫高 + 加 5 厘米，宽 = 床体宽度 +（席梦思垫高 ×2）+（5 厘米 ×2）。

（5）被套：被套尺寸为被子的长、宽分别加上飞边的尺寸，另外还需加 5% 的缩水率。

（6）枕芯：常规有 70 厘米 ×40 厘米（700 克）、75 厘米 ×45 厘米（800 克）、70 厘米 ×50 厘米（800 克）三种。

（7）枕套：无飞边的枕套直接加 5% 的缩水率，四周飞边的枕套尺寸为枕芯的长、宽分别加上飞边的尺寸，另外还需要加 5% 的缩水率。

（8）床尾垫：床尾垫的宽度一般为 55 厘米，长度等于床体的宽度加 50 厘米（与被子等宽）。

三、布草的选择

随着竞争的激烈，饭店行业对使用的布草要求也越来越高，那么如何选择布草呢？

1. 布草颜色

视觉影响着人们的心情。饭店在选择床上用品时，需要注意与周围环境的搭配。目前很多饭店不再仅仅使用白色面料作为布草，用品花色也呈现多样化。客房布草需要经常清洗，对印染的要求也相对较高，现在新的印染技术很好地解决了此问题，做到不掉色、不串色，而且环保。

2. 布草面料

高档床上用品一般选用高密面料，中低档床上用品一般选用中密或低密面料。适用于四星级酒店的主流产品是 60×40 支纱的大提花和贡缎产品；此类产品属于高支高密产品，价格适中、质地细腻，既舒适又耐洗。五星级酒店的客房用品评分满分标准：纱支数不低于 80×60 支纱，质地必须为 100% 全棉等。

3. 床上用品填充料

中高档床上用品选用软棉、松棉、三维卷曲单孔棉、四孔棉、七孔棉、滑棉、太阳绒棉等，低档床上用品选用喷胶棉、普通涤纶棉等。用品填充料将直接影响到用品的使用效果和感受，不能马虎。

模块 2.2　走客房清扫整理

❖实训项目2-4

走客房的清扫整理

一、操作准备

准备好房务工作车、清洁篮、干净抹布、吸尘器。

二、操作程序

步　骤	操作要领	质量标准
1. 进入客房	按进房程序进入客房。	规范操作。
2. 停放工作车	工作车挡住房门，开口向着房内。	防止闲杂人员进入客房。
3. 检查电源开关	（1）检查灯具有无损坏。 （2）熄灭多余的灯。	发现损坏灯具及时更换。
4. 拉开窗帘	厚薄两层窗帘都需拉开。	注意窗帘挂钩有无脱落。
5. 打开窗户或开空调	风沙大或阴雨天不宜开窗，可将空调通风系统调至最高挡。	保证客房内空气清新，无异味。
6. 检查客房	检查客房是否有客人遗留物品、是否有被客人带走或损坏的物品。	检查需仔细。
7. 检查客房小酒吧	检查客房小酒吧有无消耗。若有，及时补充。	认真检查，无漏查。
8. 收集烟缸及杯具	杯具需采用更换的方式。	杯具采用更换的方式更为卫生。
9. 收集垃圾	（1）将垃圾倒入工作车上的大垃圾袋内。 （2）清洁垃圾桶。 （3）更换垃圾袋。	严格执行酒店有关节能降耗和绿色酒店的质量标准。
10. 撤床	按撤床程序撤床。	动作快捷。
11. 清洁卫生间	见卫生间清扫程序。	卫生间清洁，无异味。
12. 铺床	按铺床程序铺床。	床铺美观平整。
13. 除尘除迹	（1）按同一方向顺序，从上至下、从里至外擦拭房间浮灰。 （2）注意逐项检查设备是否完好。若有损坏，立即报修。 （3）记住需更换或补充的客用品。 （4）特别要注意抽屉、衣橱的清洁。	（1）注意边角处，避免遗漏。 （2）干湿抹布须分开使用。 （3）彻底清洁。

续表

步　骤	操作要领	质量标准
14. 补充房间用品	根据酒店规定的房间用品量和摆放位置补充用品。	一次性补齐放好。
15. 拉合窗帘	轻轻将纱窗帘拉上，将遮光窗帘拉至刚好遮住窗框的位置。	纱窗帘须合拢。
16. 吸尘	（1）由里到外进行吸尘。 （2）边吸边检查地毯有无破损、污迹。 （3）边吸边调整家具。 （4）注意边角处的吸尘。	地面干净，无杂物。
17. 自我检查	环视客房，检查有无遗漏之处。	确保客房清扫质量。
18. 关窗或空调	将窗户关上或关闭空调。	按照酒店有关规定操作。
19. 关门离房	关灯后退出。	关门后注意回推一下，确保房门锁上。
20. 填写“客房清扫工作报表”（见表 2-1）	按要求逐项填好。	填写及时、准确。

表 2-1　客房清扫工作报表

楼层＿＿＿＿＿　姓名＿＿＿＿＿＿　日期＿＿＿　月＿＿＿日

房号	状况	人数	清扫时间		维修项目	备　注	当天计划卫生：
			入	出			
01	OCC	2					
02	VIP	1					
03	OOO						
04	LSG	1					
05							上级指示：
06							
07							
08							
09							
10							其他事项：
11							

❖实训项目2-5

卫生间的清扫整理

一、操作准备

准备房务工作车、干净抹布、清洁篮。

二、操作程序

步　骤	操作要领	质量标准
1. 开灯、开排风扇，准备清扫	（1）检查灯具有无损坏。 （2）清洁篮放在卫生间适当之处。	（1）灯具完好。 （2）方便操作。
2. 马桶放水	（1）掀起马桶盖板，轻按放水按钮。 （2）待水抽完后，喷上清洁剂。	使清洁剂充分溶于水中。
3. 撤出垃圾	撤出垃圾，放进工作车上的大垃圾袋中。	严格执行酒店有关节能降耗和绿色酒店的质量标准。
4. 收布草	撤走用过的毛巾，放入工作车上的布草袋内。	脏布草不能放在地上。
5. 清洗垃圾桶、皂碟	用清水冲洗干净、擦干。	清洗干净、擦干。
6. 擦洗洗脸盆及水龙头等金属器件	（1）先用湿抹布擦洗，再用干抹布擦干。 （2）注意下水塞、下水口的清洁。	无污迹、无水迹，光亮。
7. 清洗浴缸	（1）关闭浴缸活塞。 （2）放少量热水和清洁剂在浴缸中，用浴缸刷清洗浴缸内外、墙壁、浴帘、金属器件。 （3）打开活塞，流走污水。 （4）用温水冲洗墙壁、浴缸。 （5）擦干、擦亮。	（1）无污迹、无水迹。 （2）设备完好有效。
8. 清洗马桶	（1）用马桶刷刷洗马桶内壁，冲洗干净。 （2）用专用的抹布将马桶内外壁及盖板擦干擦净。	须用专用的清洁工具、抹布清洁马桶。
9. 擦净电话机	将电话机听筒、机身、电话线擦干净，放好。	定期用酒精棉球消毒。
10. 除尘除迹	（1）用干抹布将洗脸台四周瓷壁擦干擦净。 （2）用干湿抹布擦拭镜面，再用干抹布擦净擦亮。	注意边角处，无遗漏。
11. 补充毛巾	补充干净毛巾，并按规定折叠、摆放。	补充齐全。
12. 补充用品	将用品按规定补齐，摆放整齐。	一次性补齐放好。
13. 擦拭地面	（1）用抹布从里到外，沿墙角平行擦净整个卫生间地面。 （2）注意边角和地漏处。	地面洁净。
14. 吸尘	用吸尘器从里到外吸尘。	地面干净，无杂物。
15. 自我检查	检查有无遗漏之处。	保证卫生质量。
16. 关灯、关排风扇、关门	（1）将卫生间门虚掩。 （2）撤走清洁用具。	便于卫生间通风透气。

特别提示

入住一家酒店的客人绝对不希望在自己的房间里看到有人曾在此处居住过的痕迹。一般来说，最令客人反感的痕迹包括：留在卫生间面盆和浴缸里、卫生间地面上的毛发丝，走道里凌乱摆放的客房送餐盘，有污渍的地毯和布草，抽屉、衣橱内前一位客人遗留的个人用品等。因此，走客房需彻底清扫，尤其是要注意床底下、衣橱抽屉里，不能有前一位客人留下的痕迹。

❖相关知识

走客房属于彻底清扫的客房，清扫整理需按照一定的方法进行，以求合理高效。

（1）走客房通常先清扫卫生间后清扫卧室，其目的是让卧室和席梦思床垫通风透气。住客房则相反，先清扫卧室后清扫卫生间，原因是在清扫过程中，如果客人中途回房，可以有一个整洁干净的卧室休息。

（2）环形整理。清扫客房时，应按同方向的顺序从左到右或从右到左环形进行，以免重复或遗留。

（3）清扫整理时，从上到下、从里到外，先铺（床）后抹（尘），循序进行。

（4）干、湿分开。干湿抹布分开使用，干抹布用于擦拭镜面、电器、床头柜上方等处，半湿抹布擦拭家具等处。

（5）客人特别注重卫生间的清洁卫生。客房服务员清扫卫生间时，抹布须分开使用，地漏和水龙头下水塞易藏污纳垢，须特别留意，每天洗刷干净。

案例分享
谁的名片?

模块 2.3　住客房清扫整理

❖实训项目2-6

住客房的清扫整理

一、操作准备

准备好房务工作车、清洁篮、干净抹布、吸尘器。

二、操作程序

步 骤	操作要领	质量标准
1. 进入客房	按进房程序进入客房。	规范操作。
2. 停放工作车	工作车挡住房门，开口向着房内。	防止闲杂人员进入客房。
3. 检查电源开关	（1）检查灯具有无损坏。 （2）熄灭多余的灯。	发现损坏灯具及时更换。
4. 拉开窗帘	厚薄两层窗帘都要拉开。	注意窗帘挂钩有无脱落。
5. 打开窗户或开空调	风沙大或阴雨天不宜开窗，可将空调通风系统调至最高挡。	保证客房内空气清新，无异味。
6. 检查客房	检查客房是否有异常。	检查认真。
7. 检查客房小酒吧	检查客房小酒吧有无消耗。若有，及时补充。	认真检查，无漏查。
8. 收集杯具	杯具最好采用更换的方式。	杯具采用更换的方式更为卫生。
9. 收集垃圾	（1）将垃圾倒入工作车上的大垃圾袋内。 （2）清洁垃圾桶。 （3）更换垃圾袋。	严格执行酒店有关节能降耗和绿色酒店的质量标准。
10. 撤床	按撤床程序撤床。	动作快捷。
11. 铺床	按铺床程序铺床。	床铺美观平整。
12. 除尘除迹	（1）按同一方向顺序，从上至下、从里至外擦拭房间浮灰。 （2）注意逐项检查设备是否完好。若有损坏，立即报修。 （3）记住需更换或补充的客用品。 （4）特别要注意抽屉、衣橱的清洁。	（1）注意边角处，避免遗漏。 （2）干湿抹布须分开使用。 （3）彻底清洁。
13. 补充房间用品	根据酒店规定的房间用品量和摆放位置补充用品。	一次性补齐放好。
14. 清洁卫生间	见卫生间清扫程序。	卫生间清洁，无异味。
15. 拉合窗帘	轻轻将纱窗帘拉上，将遮光窗帘拉至刚好遮住窗框的位置。	纱窗帘须合拢。
16. 吸尘	（1）由里到外进行吸尘。 （2）边吸边检查地毯有无破损、污迹。 （3）边吸边调整家具。 （4）注意边角处的吸尘。	地面干净，无杂物。
17. 自我检查	环视客房，检查有无遗漏之处。	确保客房清扫质量。
18. 关窗或调空调	（1）关上窗户。 （2）将空调调至酒店规定的温度。	温度适宜。
19. 关门离房	关灯后退出。	关门后注意回推一下，确保房门锁上。
20. 填写“客房清扫工作报表”（见表 2–1）	按要求逐项填好。	填写及时、准确。

特别提示

清扫住客房时，需小心整理客人物品，要特别留意，尽量不触动客人的物品，更不要随意触摸客人的照相机、计算器、笔记本和钱包等贵重物品。

（1）将客人的文件、杂志、书报稍加整理，注意不要弄错位置，更不准翻看。

（2）除放在纸篓里的东西外，即使是放在地上的东西也只能替客人做简单的整理，千万不要自行处理。

（3）客人放在床上或搭在椅子上的衣服，如不整齐，要挂到衣柜里，睡衣、内衣也要挂好或叠好放在床上。

（4）女性用的化妆品，稍加收拾，但不要随便挪动位置，即使化妆品用完了，也不得将空瓶或盒子扔掉。

❖相关知识

走客房清扫整理主要是为了尽快提供给前台出租，住客房清扫整理还要考虑住客的需要。一般需在客人外出时进行。如果客人整天都不出门，则需根据客人方便与否抽空清洁。住客房的清扫整理与走客房基本相同，但需要特别注意以下几点：

（1）清扫整理住客房时，尽量避免打扰客人，最好是客人外出时打扫或客人特别吩咐才去做，但必须控制时间，不要等到客人回来了，还未整理好。

（2）征求客人意见。进入客人房间前先按门铃或敲门。房间无人，方可直接进入房间；房间有人时，要得到客人允许。门开后应礼貌地说："对不起，打扰您了！我是服务员，来整理房间，现在可以整理吗？"

案例分享
客人的新茶给倒了

（3）先清理卧室，再清理卫生间。由于住客随时可能回来或住客在房间里，因此必须先把卧室整理好，让客人有一个清爽干净的环境。

（4）住客房的抽屉不需抽出清洁，衣橱平时只需做表面上的清洁，以免引起客人误会。

模块 2.4　其他客房的清扫整理

❖实训项目2-7

空房清洁整理

一、操作准备

准备好干抹布及半干抹布、吸尘器。

二、操作步骤

步　骤	操作要领	质量标准
1. 进入客房	根据进房程序进入客房。	规范操作。
2. 检查电源开关	（1）检查灯具有无损坏。 （2）关闭多余的灯。	发现损坏灯具及时更换。
3. 拉开窗帘	厚薄两层窗帘都要拉开。	注意窗帘挂钩有无脱落。
4. 打开窗户或开空调	风沙大或阴雨天不宜开窗，可将空调通风系统调至最高挡。	保证客房内空气清新，无异味。
5. 检查客房	检查客房是否有异常。·	检查认真。
6. 除尘除迹	（1）按顺时针或逆时针方向，从上到下、从里至外擦拭房间浮灰。 （2）注意逐项检查设备是否完好。若有损坏，立即报修。	（1）注意边角处，避免遗漏。 （2）干湿抹布须分开使用。
7. 清洁卫生间	（1）将卫生间的面盆、浴缸、马桶放一至两分钟的水。 （2）检查卫生洁具使用是否正常。 （3）卫生间除尘除迹。	水质洁净，设施完好。
8. 吸尘	（1）由里到外进行吸尘。 （2）边吸边检查地毯有无破损、污迹。	地面干净。
9. 自我检查	检查是否有遗漏之处。	确保卫生质量
10. 关窗或空调	将窗户关上或关闭空调。	按照酒店规定操作。
11. 关门离房	将门轻轻关上。	关门后注意回推一下，确保房门锁上。
12. 填写“客房清扫工作报表”（见表 2–1）	按要求逐项填好。	填写准确、及时。

特别提示

如果连续几天空房，需对地面进行吸尘工作；毛巾如果发硬失去弹性了，则需在新客人住前更换。

❖实训项目2-8

客房简单整理

一、操作准备

准备好房务工作车、清洁篮、吸尘器。

二、操作步骤

步　骤	操作要领	质量标准
1. 进入客房	按进房程序进入客房。	规范操作。
2. 检查电源开关	如果客人不在房间，打开电源开关，检查灯具。	发现损坏灯具及时更换。
3. 拉开窗帘	厚薄两层窗帘都要拉开。	注意窗帘挂钩有无脱落。
4. 打开窗户或开空调	风沙大或阴雨天不宜开窗，可将空调通风系统调至最高挡。	保证客房内空气清新，无异味。
5. 检查客房	检查客房是否有异常。	检查认真。
6. 收集垃圾	（1）将垃圾倒入工作车上的大垃圾袋内。 （2）清洁垃圾桶。 （3）更换垃圾袋。	严格执行酒店有关节能降耗和绿色酒店的质量标准。
7. 补充冷热饮用水	根据需要补充。	补充齐全。
8. 检查房内小酒吧	（1）检查房内小酒吧的消耗情况。如有消耗，及时补充。 （2）通过房内电话将账款输入电脑，填写账单。	检查仔细，无遗漏。
9. 整理床铺	重新铺好客人动用过的床铺。	保持床铺美观整洁。
10. 整理房间	对房间进行小整理。视情况擦拭浮灰、更换用过的杯具、补充饮用水等。	房间美观整洁，物品齐全。
11. 补充房间用品	按照酒店规定的房间用品量和摆放位置补充用品。	一次性补齐放好。
12. 清洁卫生间	（1）清洗并擦净客人用过的面盆、浴缸、马桶，擦亮镜子。 （2）擦净卫生间地面水迹、污渍。 （3）补充客用消耗品。	卫生间清洁，无异味。
13. 自我检查	检查有无遗漏之处。	保证卫生质量。
14. 调空调	将空调调至客人设定的温度。	温度适宜。

续表

步　骤	操作要领	质量标准
15. 关门离房	（1）如果客人不在，关灯后退出。 （2）如果客人在房间，向客人致谢后退出。	关门后注意回推一下，确保房门锁上。
16. 填写“客房清扫工作报表”（见表2-1）	按要求逐项填好。	填写及时、准确。

特别提示

通常 VIP 房或客人有要求，客房部需提供简单整理服务。

❖相关知识

一、空房整理要求

一些酒店可能忽视空房的整理，有些空房长期处于空闲的状态，可能地面上有脚印、房间有灰尘、卫生间有异味。为确保空房处于良好的、随时可出租的状态，客房部每天须对客房进行简单的清洁整理，主要工作：擦拭浮尘、检查房内设备设施、房间通风换气、水龙头放流水。如果连续几天空房，则需吸尘；卫生间毛巾若因干燥失去弹性，需在客人入住前进行更换。

案例分享
懈怠心理出差错

二、客房简单整理要求

VIP 客房通常需要提供客房简单整理服务。此项服务主要工作有：整理客人动用过的床铺和卫生间，必要时补充茶叶等客用消耗品，恢复客房的原状。对客房进行简单清洁整理，可以使客人每次外出回到房间，都有一个清洁舒适的环境，给客人留下良好的印象。

模块 2.5　客房清扫常见问题的处理

❖相关知识

客房服务员清扫整理客房时，经常会碰到一些问题。对经常出现的问题，客房部应统一处理的规范。

1. 进行客房整理时发现客房有“请勿打扰”标志，怎么办？

（1）发现房门有“请勿打扰”的标志或房间上了双锁，服务员应主动将相应告示卡从门缝中塞进客房或挂在门把上，以提示客人。

（2）在酒店规定时间前不打扰宾客；在规定勿扰时间过后，主动并礼貌地询问宾客意见，约定时间安排整理房间。

告示卡

尊敬的宾客： 非常抱歉，因为下列原因未能及时为您提供清扫 / 夜床服务： √□ 门上挂了“请勿打扰”牌 □ 双锁 □ 若您需要，请拨打电话 7 ，我们将随时为您服务。 谢谢！ 客房部

2. 准备进房清扫时，发现宾客在房间，怎么办？

礼貌问候，自报家门，说明来意，征求宾客意见；如果宾客同意清扫，则对宾客表示感谢，进行清扫工作；如果宾客不同意则表示歉意，同时询问何时可以清扫。

3. 服务员在客房清扫时，宾客要求进房，怎么办？

（1）停止手中的工作，礼貌问候。

（2）请宾客出示房卡，确认此人是该客房的住客。

（3）询问宾客是否方便继续清扫房间，如宾客表示不介意，则尽快清扫。如果宾客有事，应暂停清扫工作，并向宾客致歉，应按宾客要求时间来打扫或等宾客再次外出时打扫。

4. 发现宾客将贵重物品或现金留在房间内，怎么办？

（1）不能随便移动或清点贵重物品。

（2）按照程序及时通知上级管理人员处理这一情况。

（3）主动给宾客留言，说明情况，建议宾客将现金或贵重物品放在前厅免费保险箱内或客房私人保险箱内。

5. 宾客告诉服务员不会使用客房设备，怎么办？

（1）表示歉意，如“对不起，由于我们工作的疏忽，没有向您介绍客房设备的使用方法，给您带来很多不便”。

（2）根据宾客要求，清楚、耐心地告知宾客使用方法。

（3）根据宾客要求适当进行示范操作（如电子门锁开启、自动电热壶使用和电视机频道调整等）。

（4）告诉宾客如有疑难问题，及时通知客房服务中心。

6. 清扫整理住客房间时，发现房内有贵重物品，应如何处理？

（1）不能随便移动或清点贵重物品。

（2）按照饭店要求及时报告上级处理。

（3）主动给客人留言，说明情况，建议客人将贵重物品放在前台免费保险箱内或客房私人保险箱内。

7. 客人在楼层无房卡要求服务员开门时如何处理？

（1）礼貌用语，问候客人。

（2）请客人出示登记时的证件以便核对身份（如能百分之百确认是住客应立即为其开门）。

案例分享
“请勿打扰”
被打扰了

（3）客人出示证件后，使用就近电话与客房服务中心（总台）核对客人的身份；如果证件与登记信息一致，即可快速为客人开门，并感谢客人的配合。

（4）如证件与登记信息不一致，则不能为客人开门，并委婉告知客人证件与房间登记信息不符，为了客人的财产安全，请客人谅解。

模块 2.6　客房清扫整理流程的数字化

一、客房清扫整理的数字化操作

数字化时代客房清扫工作的内容并无大的变化，主要是在各种信息的获取和传递方式上有较大升级。不同类型的房间清洁整理程序会存在一定差异，但总的来说，数字化技术主要应用在以下几个方面。

1. 进入客房

进房前，首先通过手机端系统查看房态，确认房间情况。核对无误后，点击开始清洁（如图 2-13 所示），按照进房程序进入房间。

2. 检查客房

（1）检查门铃、门锁、电源开关等设施设备能否正常使用，是否出现漏水、卫生间堵塞等问题。发现故障情况，立即在系统的“新建工程单”界面向工程部报备（如图 2-14 所示）。

（2）确认房间内是否有宾客的遗留物品。发现遗留物品立即通过手机系统上报，详细填写物品类别、发现地点等（如图 2-15 所示）。

（3）统计房间内已使用的布草、酒水和易耗品等数量，并在系统上提交消耗物品清单。

3. 清洁客房

按照顺序开展清扫工作。为避免遗漏，可通过系统查看客房清洁各项任务流程，逐项检查完善。

4. 清洁完成

确保完成各项清洁任务后，点击完成清洁（如图 2-16 所示），即可结束“清洁中”状态，系统自动向相应的楼层主管提交待检查工单。

图 2-13 “开始清洁”界面

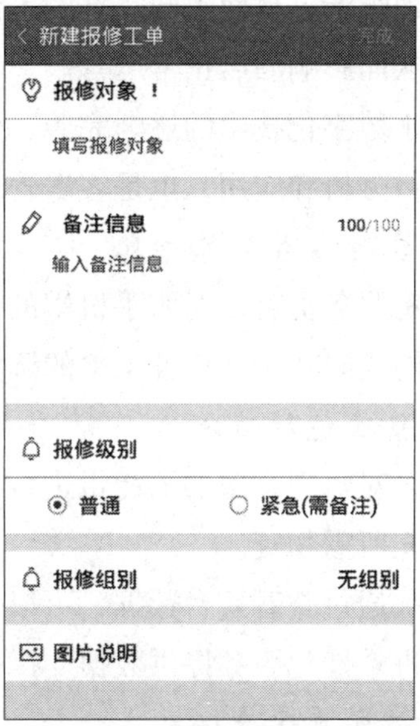

图 2-14 新建工程单

图 2-15 遗留物品登记

图 2-16 “完成清洁”界面

二、客房清扫整理的数字化运用

在客房清理的传统流程中，客房服务员通常对照固定的清扫报表开展工作，对于临时出现的续住、提前退房等造成的房态变化，难以及时准确地获悉详情，可能导致清洁工作出现纰漏，从而引起宾客的不满。此外，传统报修过程较为烦琐，容易造成维修不及时，从而影响酒店正常运营。

基于数字化技术的逐渐完善，信息的收发和处理方式不断升级。对系统记录的大量数据进行分析和应用，也是客房管理工作的重点。

1. 实时查看工作信息

客房服务员可以对照手机端的任务工单，系统地完成所有的工作任务，及时查看当日房态的实时状况和任务工单的调整情况，灵活处理工作任务（如图 2-17 所示）。

2. 精准统计消耗品

（1）对每间客房的消耗量进行统计。将消耗物品进行数字化管理，有助于酒店仓库精准补充所需物资。

（2）通过查看后台数据，可以分析不同季节易耗品、酒水和零食等的消耗情况，为酒店改进个性化服务提供数据支撑。

3. 落实具体责任人

（1）系统记录每间客房的清扫客房服务员、检查主管姓名，工作任务的实名制可以使客房服务员更加重视客房清扫质量。

（2）录入客房遗留物品时系统自动识别录入人账号，可以实现责任到人，避免后续纠纷。

4. 精简报修流程

（1）通过查看房间状态，可以了解各个客房的设施报修状况，避免重复报修（如图 2-18 所示）。

（2）根据客房类型判断新建普通工程单或紧急工程单（住客房一般选择紧急工程单），直接向工程部发送报修信息（如图 2-19、图 2-20 所示）

（3）报修人和检修主管可以实时接收工程修理信息，便于及时跟进处理。

5. 准确把控工作效率

（1）手机端准确记录每项清洁任务的开始与结束时间，后台可以生成客房服务员清扫客房量和清洁耗时等数据，有助于对其综合工作效率进行考核。

（2）实时掌握每位客房服务员的工作状态。当前台下达赶房（紧急清扫）通知时，可以根据客房服务员工作状态判断如何分配赶房任务。

（3）主管在手机端提交客房检查情况后，后台可自动生成客房服务员清洁任务一次性通过率，这样可以直观地呈现客房服务员工作质量和工作效率。

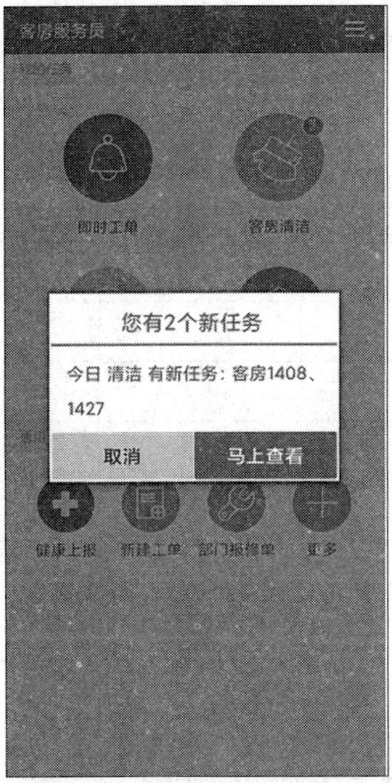

图 2-17 客房服务员接收新任务

图 2-18 工程维修历史查询

图 2-19 普通报修工单

图 2-20 紧急报修工单

❖工作评估

模块名称__________ 小组__________ 组员__________ 评估日期__________

项目		等第			
		超过标准（A）	达到标准（B）	稍低于标准（C）	与标准差距大（D）
知识掌握	客房清扫整理程序				
	客房清扫整理质量要求				
	清扫整理客房的注意事项				
	清洁整理流程的数字化				
技能训练	进入一间客房				
	中式铺床 / 撤床				
	不同房态客房的清扫整理				
	常见问题处理情景演练				
	安全操作意识				
协同作业	资料收集整理				
	参与小组讨论				
	团队合作精神				
	任务完成时间				

拓展知识
宾客客房
服务心理

模块三　客房计划卫生

教学设计

1. 教师下达工作任务书，要求学生分组收集客房计划卫生的资料、案例。
2. 在实训宾馆，熟悉客房计划卫生项目。
3. 学生分组制订“实训宾馆计划卫生项目书”。
4. 在教师指导下，每组学生完成实训宾馆 1~2 间客房的计划卫生工作。
5. 在实训教室，模拟仿真计划卫生实施的数字化运用。
6. 各项目小组形成完整的项目报告，师生共同进行项目总结。

模块 3.1　计划卫生的安排

❖相关知识

一、关于客房计划卫生

计划卫生，是指有计划地、周期性地对某些区域和卫生死角进行清洁，对家具设备进行保养。

客房日常工作量比较大，不可能每天将客房的每一处都彻底清扫干净，如天花板、高处的灯管、窗槽、床底等处。此外，一些区域和设备也没有必要每天都进行清扫，如水箱里部、出风口以及金属器具的除锈保养、家具设备的打蜡等，这些区域和设备通常被列入客房计划卫生项目。重视并做好客房计划卫生工作，可以提高客房清洁保养的水准，保证客房设备设施处于良好的状态。

二、确定客房计划卫生的项目

计划卫生项目的确定是计划卫生管理的第一步。就一间客房来说，究竟哪些区域应当划为计划卫生，哪些区域划为日常卫生，首先应加以确定。在实际工作中，各酒店对计划卫生项目的确定并没有统一的标准，但大多数酒店对计划卫生的理解是比较接近的。然而，也有一些酒店将部分计划卫生项目作为日常卫生去做，如床底每天吸尘、门框每天擦拭，从而导致客房清扫工作效率低下、劳动力成本增加。因此，合理确定计划卫生项目是非常必要的。在编制、确定计划卫生项目时，应当从各方面去考虑它的合理性和必要性，并以此作为确定计划卫生项目的依据，只有这样计划卫生工作才能有序地开展下去。

一般可以从以下六个方面确定计划卫生的项目：

（1）日常卫生工作难以触及的区域和卫生死角，如人体触及不到的四壁、天花板、房顶吊灯以及护墙板、卫生间地漏除尘等。

（2）需要移动大型家具设备方可进行清扫的区域，如床底、电冰箱底、组合柜、控制柜底除尘等。

（3）费时费工区域，如玻璃、窗、窗帘轨、电视机外壳散热孔除尘。

（4）金属器具的保养，包括水龙头、房号牌、门把手除尘除锈等。

（5）软面饰材的清洁保养，如地毯、墙布的定期清洗。

（6）客用棉织品的清洗，如床裙、床罩、床垫、毛毯、窗帘的定期清洗等。

当然，客房部还需根据酒店设备设施的配备情况、清洁保养的要求和客房出租率等情况，确定客房计划卫生的项目。表 2–2 为某星级酒店客房的计划卫生项目及质量标准。

表 2–2　× × 酒店客房计划卫生表

项　目	工　具	质量标准	注意事项
1. 吸房间边角地毯	吸尘器、抹布、毛刷	地毯疏松，无杂物	不能用扫把扫地毯
2. 清洁电话机并进行消毒	清洁剂、抹布、酒精棉球	清洁、无污迹	注意擦拭电话线
3. 擦窗户及窗台外	玻璃刮、抹布、毛刷	玻璃明亮无水渍、窗台框无尘	（1）注意窗帘挂钩（珠）不能掉在地上 （2）安全操作
4. 除墙面天花板浮尘	除尘扫把、鸡毛掸	无尘、无蛛网	安全操作
5. 清洁冰箱	水桶、中性洗涤剂、海绵、抹布	干净、无异味	（1）先切断电源 （2）走客房、空房将开关拧到“OFF”位
6. 擦拭空调	干湿抹布	干净、无灰	注意检查出风口
7. 翻床垫		定期翻转	四角编号，有记录备查
8. 清洁电源插座	洗涤剂、抹布	洁白、无污渍	切断总电源，防潮
9. 擦拭床头灯及金属部分	抹布、擦铜水	光亮、无污迹	勿用湿抹布擦拭
10. 擦拭地脚线	抹布	干净、无尘	注意衣柜后及门后踢脚线的擦拭

续表

项　目	工　具	质量标准	注意事项
11. 擦抽风机	抹布、刷子	干净、无尘、无污迹	先切断电源
12. 清洁马桶	马桶刷、清洁剂、	无水痕、无锈渍	（1）先关水按钮，将水位降到最低 （2）清洗每层盖缝、马桶外部及底座
13. 清洁浴缸	海绵、清洁剂	洁净、无水迹、无污迹	空房也需清洁
14. 刷洗瓷砖墙面	牙刷、海绵及中酸性洗涤剂、抹布	洁白、无水渍、无皂渍	注意瓷砖拼接缝处的清洁
15. 清洗卫生间地面	牙刷、清洁剂、抹布	干净、无污渍、无水渍	注意地漏、马桶后地面和洗面台下地面的清洁
16. 擦金属配件	擦铜水、抹布	光亮、无手印	包括浴帘杆、毛巾架、浴巾架、浴缸扶手、水龙头

三、确定客房计划卫生的循环周期

客房部管理人员需根据酒店设备设施的配备情况、清洁保养的要求和客房出租率等情况，确定客房计划卫生的周期。就一间房间而言，一般计划卫生项目多达二三十项，这些计划卫生有的打扫起来简单，也有的打扫起来比较复杂；有费时费工的，也有手到灰除的；有的清洁周期长，有的清洁周期短。在日常卫生清扫过程中，为了科学、合理、有条不紊地将计划卫生安排和落实下去，最好的办法就是先将计划卫生项目按清洁周期的长短进行分类，然后根据周期长短进行合理安排。

客房计划卫生项目较多，根据循环周期的不同，可分为短期、中期和长期计划卫生项目。

1. 短期计划卫生项目

短期计划卫生项目，是指循环周期为一个月以内的卫生项目，多数是一些日常不易清洁到的客房死角卫生。例如，床底、房门边框、地脚线、地漏、窗槽、坐便器水箱、排风扇、新风口、房间电线（包括电话线、电视线、电吹风及电脑线）清洁，电冰箱除尘，电视机机壳散热孔除尘等。

2. 中期计划卫生项目

中期计划卫生项目，是指以一个月以上半年以内为一个清洁周期的计划卫生项目。例如，沙发座椅上的坐垫、靠背与扶手的清洗，软墙面的清洁，家具打蜡保养，席梦思床垫翻转，金属器具除锈保养，空调新风口除尘，地毯干洗，窗帘轨除尘，墙面和天花板除尘等。

3. 长期计划卫生项目

长期计划卫生项目，通常是指循环周期在半年到一年的卫生项目。例如，厚窗帘、毛毯、床裙的清洗，地毯抽洗等。

四、科学安排计划卫生工作

当所有的计划卫生项目及清洁周期确定以后，剩下的最主要的工作就是如何将这些计划卫生有条不紊地落实下去，并实现有效的质量控制。各家酒店应当根据具体情况安排、落实计划卫生工作。

1. 短期计划卫生的安排

短期计划卫生可分月计划卫生和周计划卫生（见表 2-3、表 2-4）。短期计划卫生的最大特点就是周期短、项目多，但操作简单，大多可由楼层服务员或清扫员来完成。这里列举几种酒店常见的编排方式。

（1）单项计划卫生清洁方式

单项计划卫生清洁方式，就是将所有短期计划卫生项目排列出来以后，规定每天对客房的某一部位或区域进行彻底大扫除。除日常的清扫整理工作外，可规定客房服务员每天对客房的某一部位进行彻底清洁。这样，经过若干天对不同项目和区域的彻底清扫，即可完成全部房间的计划清洁。

（2）单间房间计划卫生方式

单间房间计划卫生方式，要求服务员每天大扫除 1 间客房。例如，某酒店客房部 1 名员工每天负责 13~16 间客房的清扫，要求该员工每天彻底大扫除其中 1 间客房，13~16 天即可对其所负责的所有客房做一次计划卫生。单间房间计划卫生，通常安排或选择空房，这样既不影响客房出租，也不影响正常的客房清扫。

（3）突击计划卫生方式

一般在两种情况下采用突击计划卫生：一是在特殊情况下，如遇到重要接待任务；二是旅游旺季常常会出现人手紧张，正常的计划卫生工作都难以实现。针对这两种特殊情况，酒店可采取突击计划卫生方式，即选择最有利的一天，动员包括部分行政人员在内的员工停止休息，对各项计划卫生项目进行突击清扫，速战速决。

表 2-3　客房周计划卫生安排表

星　期	项　目
一	
二	
三	
四	

续表

星　期	项　目
五	
六	
日	

表 2–4　客房月计划卫生安排表

项　目	月　份											
	1月	2月	3月	4月	5月	6月	7月	8月	9月	10月	11月	12月
擦套房铜器												
擦拭阳台玻璃												
清洁空调网												
房号牌擦铜												
清洁电话机												
清洁墙纸												
清洁冰箱												
吸灯罩浮尘												
吸房间边角位尘												
房间家具打蜡												
翻转床垫												
清洁电线板												
刷马桶污渍												
洗浴缸墙壁												
清洁卫生间地面												
清洁出风口												
……												

注：主管将计划完成的日期填在规定的格子里即可，注意保存和交接。

2. 中期计划卫生的安排

中期计划卫生的大多数项目由客房服务员来完成，也有部分项目如地毯、墙布的清洗需要相应的技术设备与专业的技术人员来完成，一般由 PA 组（公共区域小组）来完成。PA 组必须根据整个酒店的客情变化，结合客房部的实际情况，灵活安排。比如，地毯和墙布的清洗，必要的情况下也可以分片进行。

3. 长期计划卫生的安排

长期计划卫生大多数是房内装饰棉织品、客用棉织品的洗涤，一般主要由洗衣房承担。长期计划卫生由于时间跨度大，很难具体确定下来，可以根据具体情况灵活选择时间和方式。例如，每年选择在客情相对淡的月份进行；如果全年接待任务都非常紧张，也可以一个楼层一个楼层地安排。

4. 季节性大扫除或年度大扫除

此类大扫除集中在淡季，对所有客房的家具、设备和床上用品进行全面清洁保养。因所需时间较长，需要前厅部配合。对所选楼层实行封闭，工程部维修人员利用此机会对设施设备进行全面检查和维修保养。

五、实施客房计划卫生的注意事项

计划卫生涉及范围广，高空作业时间较长，实施时要注意以下几个问题。

1. 准备好清洁用具

计划卫生需要的工具包括干湿抹布、清洁剂、刷子、安全带等。具体的清洁用具要根据日程安排的项目来确定。

2. 注意安全

计划卫生工作如清扫门窗玻璃、天花板，以高空作业为主，站在窗台上擦外层玻璃要系好安全带。清扫天花板墙角或灯管，需用人字梯或凳子。注意安全，防止事故发生。

3. 保证质量

客房部分计划卫生间隔时间较长，清扫时必须保证质量。如客房四角的墙围、门窗玻璃、外檐等处。

表 2-5 为某酒店客房大清洁项目及要求。

表 2-5　××酒店客房大清洁项目及要求

项　目	要　求
1. 撤洗窗帘、浴帘	（1）将纱窗帘、厚窗帘、浴帘撤下。 （2）注意检查窗帘挂钩有无损坏。
2. 撤下被套、保护垫，翻转床垫	（1）将床垫按顺序翻转，擦净床脚。 （2）更换保护垫。 （3）翻转床垫。
3. 擦拭窗户玻璃、窗轨及窗锁，门轴上油	（1）用玻璃刮及清洁剂清洁窗户玻璃，并用玻璃刮刮净。 （2）用湿抹布擦干净窗轨、窗框。 （3）给窗锁、门轴上机油，将窗户关上。

续表

项 目	要 求
4. 擦干净电线、电插座，擦拭电话机、电视机	（1）用湿抹布将电线、电插座擦干净。 （2）用酒精棉球擦洗电话机，擦干净电视机。
5. 清洁房间的墙纸、地毯、天花板、出风口、挂画灯罩、冰箱	（1）将烟感器擦干净，将空调出风口取出并在卫生间冲洗。 （2）用吸尘器管吸天花板和死角蜘蛛网。 （3）将挂画、灯罩擦拭干净。 （4）用指定稀释清洁剂擦洗被污的墙纸，再用抹布抹干。 （5）用清水或地毯清洁剂对地毯污点进行局部清洁。 （6）清洁冰箱。
6. 房间家具抹尘、打蜡	（1）抹尘时，需注意死角位置。 （2）家具打蜡时，将蜡水喷洒均匀，用量适度。 （3）家具搬动后需恢复原状。
7. 清洁卫生间抽风机、金属龙头、浴帘杆等小五金以及水箱、卫生洁具	（1）用清洁剂将卫生间内的小五金件清洗干净，然后用干抹布擦干擦亮。 （2）使用专用清洁工具和清洁剂刷洗马桶、水箱内水垢。 （3）用酸性清洁剂清洁面盆、浴缸下水口黄渍，将卫生间内各边角的白胶刷洗干净。 （4）用清水冲洗卫生洁具。
8. 清洁卫生间的墙壁、镜子、大理石台面、卫生间地面	（1）用专用清洁剂及工具擦洗卫生间墙壁四周，用清水冲净。 （2）用同样的方法将大理台面洗净。 （3）用玻璃清洁剂将卫生间镜面刮洗干净。 （4）用指定清洁剂擦洗地面，然后用水冲净。
9. 擦干卫生间所有设施	（1）用干抹布按顺序将卫生间四周墙壁、门板、卫生洁具、地板擦干净。 （2）用干抹布再将卫生间金属器具擦拭干净。
10. 铺床	将床铺整理好。
11. 吸尘、补充物品	（1）将家具、床搬开吸尘，最后吸卫生间地面灰尘。 （2）补充房间、卫生间物品。

模块 3.2 家具的清洁保养

❖实训项目2-9

家具的清洁保养

一、操作准备

（1）工具准备：干净抹布 3 条（2 条软干抹布、1 条专用抹布）。

（2）物料准备：专用家具蜡 1 瓶，稀释好的清洁剂 1 瓶。

二、操作程序

步　骤	操作要领	质量标准
1. 清洁	（1）用干净抹布擦拭家具上的灰尘，按同一顺序方向进行。 （2）对擦抹不掉的油性污渍用抹布蘸少许清洁剂擦除，再用折叠好的干净干抹布擦除水迹，待干。	家具表面干净、无尘。
2. 喷蜡	将摇晃均匀的蜡剂均匀适量地喷在家具上。	均匀喷涂。
3. 擦拭	用专用干抹布在喷蜡范围内由上而下横向来回擦拭，边喷边擦，直至家具表层光亮。	家具光亮、干净。
4. 检查	（1）检查家具油漆是否完好，抽屉抽拉是否灵活，抽屉拉手是否完好、稳固。如有问题应立即报维修。 （2）检查抽屉内有无杂物和遗留物品。如有应立即清理杂物，将遗留物品交客房服务中心。	保证家具完好，使用正常。
5. 结束工作	用过的器具清洁后妥善存放。	收齐机器用品。

特别提示

（1）擦拭家具时需选择全绵、柔软的抹布，如用非全绵粗糙的抹布擦拭家具会产生划痕，影响美观和效果。

拓展知识
木质家具的保养

（2）喷蜡时需有合适的距离，均匀喷涂，距离远了雾状的蜡剂会飘落到不需要的地方，既造成浪费又产生污染。

（3）横向来回擦拭。不可画圈擦，画圈擦会使蜡剂变得模糊有圈痕。横向来回擦能避免圈痕，并产生最佳效果。

（4）避免硬物划伤。打扫卫生时，勿使清洁工具触及家具，不要让坚硬的金属制品或其他利器碰撞家具，保护其表面不出现碰伤痕迹。

❖实训项目2-10

房门的清洁保养

一、操作准备

（1）工具准备：干净抹布 3 条（2 条软干抹布、1 条专用抹布）。

（2）物料准备：专用家具蜡 1 瓶，稀释好的清洁剂 1 瓶，擦铜水 1 瓶。

二、操作程序

步 骤	操作要领	质量标准
1. 清洁房门	（1）用干抹布擦拭房门。 （2）将清洁剂喷洒在房门上。 （3）用干净抹布将房门擦净。	无尘、无污迹。
2. 清洁门下边角	将门框、门镜、门链等大门边角处的灰尘清洁干净。	无尘、无污迹。
3. 铜器抛光	用擦铜水抛光清洁房门上的铜器部件。	清洁光亮。
4. 打蜡	（1）将家具蜡喷在软抹布上，擦拭门面、门框各处。 （2）用干净抹布将房门擦净擦亮。	房门光亮、干净。
5. 检查	（1）检查房门开启是否轻松自如，房门油漆是否均匀，门锁、门镜是否完好。 （2）发现异常现象及时填写派工单。 （3）将需修理的房门房号在工作单上注明。	房门完好，使用正常。
6. 结束工作	用过的器具清洁后妥善存放。	收齐清洁用品。

❖实训项目2-11

床垫的保养

一、操作准备

（1）工具准备：吸尘器带家具吸嘴。

（2）物料准备：干净的席梦思保护垫。

二、操作程序

步 骤	操作要领	质量标准
1. 防护	（1）在床垫上加铺保护垫。保护垫要用松紧带固定在床垫上，否则容易打滑。 （2）保护垫随脏随洗。	保持床垫干净。
2. 定期翻转	定期翻转床垫，使床垫各处受力及磨损度相同。	保证床垫处于良好的状态。
3. 日常保养	（1）经常注意检查床垫弹簧的固定钮是否脱落。如果脱落，必须及时报修。 （2）注意通风散热，避免床垫受潮。 （3）避免凹凸或倾斜，延长其使用寿命。	保证床垫完好有效。
4. 吸尘	定期进行吸尘工作（用家具吸嘴），保持清洁。	干净无尘。

特别提示

（1）床垫应有良好的通风性能，否则，受潮后易发霉。

（2）床垫的散热孔不能堵塞。

（3）床垫的弹力要适中。用手下压时，手感不强硬、不软；压下后手放开，弹簧能立即弹回原位。

（4）出现凹凸应及时报修或更换。

❖实训项目2-12

床垫的翻转

一、操作准备

物料准备：专用笔 1 支。

二、操作程序

步　骤	操作要领	质量标准
1. 做标号	使用前将所有床垫按标准做好标号，正面为单数，反面为双数：正面左下角标号为“1”，正面右上角标号为“3”，反面左下角标号为“2”，反面右上角标号为“ 4 ”。	（1）所有床垫都统一标号。 （2）标号要清楚。
2. 放床垫	将所有床垫调整为标号“1”在左下角，标号“3”在右上角。	方便翻转及检查。
3. 翻转床垫	（1）第二季度第一周将所有床垫从右向左翻转 180 度，使标号“2”置于左下角。 （2）第三季度第一周将所有床垫从床头向床尾翻转 180 度，使标号“3”置于左下角。 （3）第四季度第一周将所有床垫从右向左翻转 180 度，使标号“4”置于左下角。以此类推，循环进行。	定期翻转床垫可使床垫受压均匀，延长其使用寿命。

特别提示

一些酒店在订购席梦思床垫时，要求供货商在床垫上做好月份的标识（如图 2-21、图 2-22 所示），以方便操作和检查。

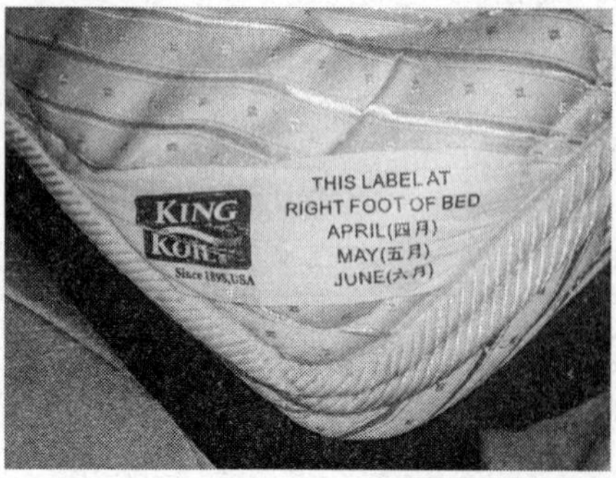

图 2-21　床垫上的月份标号（1）

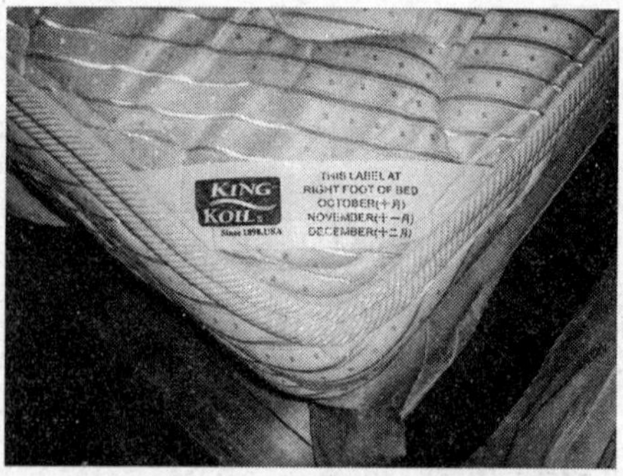

图 2-22　床垫上的月份标号（2）

模块 3.3　电器的清洁保养

❖实训项目2-13

冰箱的清洁保养

一、操作准备

（1）工具准备：干净抹布 3 条（1 条干抹布、一条软干抹布）。

（2）物料准备：清洁剂 1 小瓶。

二、操作程序

步　骤	操作要领	质量标准
1. 切断电源	拔下电源插头，切断电源。	安全操作。
2. 取出饮料、食品	（1）取出冰箱内的所有食品。 （2）软饮料需冷藏。	取出的食品放在规定之处。
3. 除霜	用专用除霜铲子进行除霜，用干抹布将水分吸走。	
4. 清洁	（1）将适量稀释好的清洁剂喷洒在冰箱内壁。 （2）从里至外用干净抹布擦洗冰箱。 （3）冰箱外部用干净抹布擦净。	冰箱无异味、无污迹。
5. 检查	发现电冰箱有异常声响或制冷效果不好，及时报工程部检修。	冰箱处于完好有效的状态。
6. 结束工作	用过的工具、用品清洁后妥善存放。	保持工具、用品的清洁。

特别提示

（1）电冰箱内存放的食品、饮料不宜过多，以便控制冰箱内的温度。

（2）电冰箱长期不用时，要拔下电源插头，切断电源，取出饮料、食品，并清理干净冰箱内部。电冰箱停用后，每月应接通电源 1 次，通电时间 0.5~1 小时。

（3）电源一旦中断，要等 5 分钟后再接通电源。

（4）电冰箱除霜时，切不可用尖硬刀子或金属物件刮剥，以免损坏蒸发器和其他部件。

（5）尽量减少开、关冰箱门的次数，缩短开冰箱门的时间。

❖实训项目2-14

空调的清洁保养

一、操作准备

（1）工具准备：干净抹布3条（1条干抹布、1条软干抹布、1条专用抹布），螺丝刀1把、人字梯1架。

（2）物料准备：空调清洁剂1瓶（主要用于新风口及隔尘网的除尘和清洗，有些厂家生产的空调清洁剂带有一定的灭菌功效）。

（3）选择操作场地、确定操作对象。

二、操作程序

步 骤	操作要领	质量标准
1. 撤下新风口外罩和滤尘网	架好人字梯，带上螺丝刀，撤下新风口外罩和滤尘网。	安全操作。
2. 除去尘	用软干抹布擦拭空调外壳及新风口表层。	干净、无污迹。
3. 清洗滤尘网	（1）将滤尘网浸泡在稀释的空调清洁剂中，并轻轻地搓洗。 （2）用清水将空调清洁剂冲洗干净，将水挤干。	清洗滤尘网时不可用力搓洗，以防被损坏。
4. 安装	重新装上擦洗干净的滤尘网和空调外壳。	安装到位。
5. 结束工作	用过的器具清洁后妥善存放。	保持工具、用品的清洁。

特别提示

拓展知识
液晶电视的清洁保养

（1）空调新风口及过滤网须定期清洁保养，以利于冷热空气的正常流动，确保空调的制冷制热效果，也有利于减少空气尘埃和细菌，保证客人的身体健康。

（2）空调的清洁保养工作应安排在走客房或空房、待修房内进行，以避免打扰客人。

（3）架人字梯时需注意防滑，登爬人字梯时须注意安全。

模块 3.4　卫生洁具的清洁保养

❖实训项目2-15

卫生洁具的清洁保养

一、操作准备

（1）工具准备：干净抹布、清洁篮。

（2）物料准备：金属除迹剂、不锈钢水、消毒剂、酸性清洁剂等。

（3）选择操作场地、确定操作对象。

二、操作程序

步　骤	操作要领	质量标准
1. 清洁洗脸盆	（1）将清洁剂喷在洗脸盆及台面上。 （2）用干净的脸盆刷清洗盆面及台面。 （3）用清水将清洁剂冲洗干净。 （4）用干抹布将水迹擦干。 （5）用金属除迹剂及不锈钢水擦拭水龙头。 （6）清洁下水塞。	（1）洗脸盆及台面洁净，无毛发、无污迹、无水迹。 （2）水龙头完好、无漏水，擦拭光亮。
2. 清洁马桶	（1）将清洁剂倒入马桶中，用马桶刷洗干净。 （2）如有水锈迹可加少许酸性清洁剂进行清洁。 （3）将清洁剂冲洗干净。 （4）用干抹布将水迹擦干，用消毒剂对马桶消毒。 （5）擦干地面水迹，擦净地面。	马桶洁净，无污迹、无堵塞。
3. 清洁水箱	（1）关闭进水箱的阀门，放走水箱内的水。 （2）打开水箱盖，将水箱盖放在合适的地方。 （3）将少量的酸性清洁剂倒入水箱内。 （4）用刷子洗刷水箱内壁四周。 （5）打开进水阀门，用清水将箱内污水冲洗干净。 （6）将水箱盖盖好。	水箱干净，使用正常，无漏水。
4. 清洁浴缸	（1）将清洁剂喷在浴缸内。 （2）用干净的浴缸刷清洗浴缸。 （3）用清水将清洁剂冲洗干净。 （4）用干抹布将水迹擦干净。 （5）用金属除迹剂及不锈钢水擦拭水龙头。 （6）清洁下水塞。	（1）浴缸洁净，无毛发、无污迹、无水迹。 （2）水龙头淋浴喷头完好、无漏水，擦拭光亮。
5. 结束工作	用过的器具清洁后妥善存放。	保持工具、用品的清洁。

模块 3.5　计划卫生实施的数字化运用

计划卫生的特点是项目繁多且有周期性，使用传统纸质计划卫生安排表的方式极易造成遗漏和超期。因此，数字化运用对于计划卫生的安排和实施意义重大，在保证酒店正常运行和提高工作效率方面有很大的作用。

一、制订计划卫生的细则

1. 计划卫生类型

为了方便管理，数字化时代酒店客房计划卫生一般可以按照周期长短、工作内容或工作地点进行分类。通常可以包括短期计划卫生、中期计划卫生和长期计划卫生，工作内容包含保养类工作、清洁整理类工作、设施设备检查类工作和空气清洁处理类工作，各类工作分别分布在房间区域、公共区域和后台区域（如图 2-23 所示）。

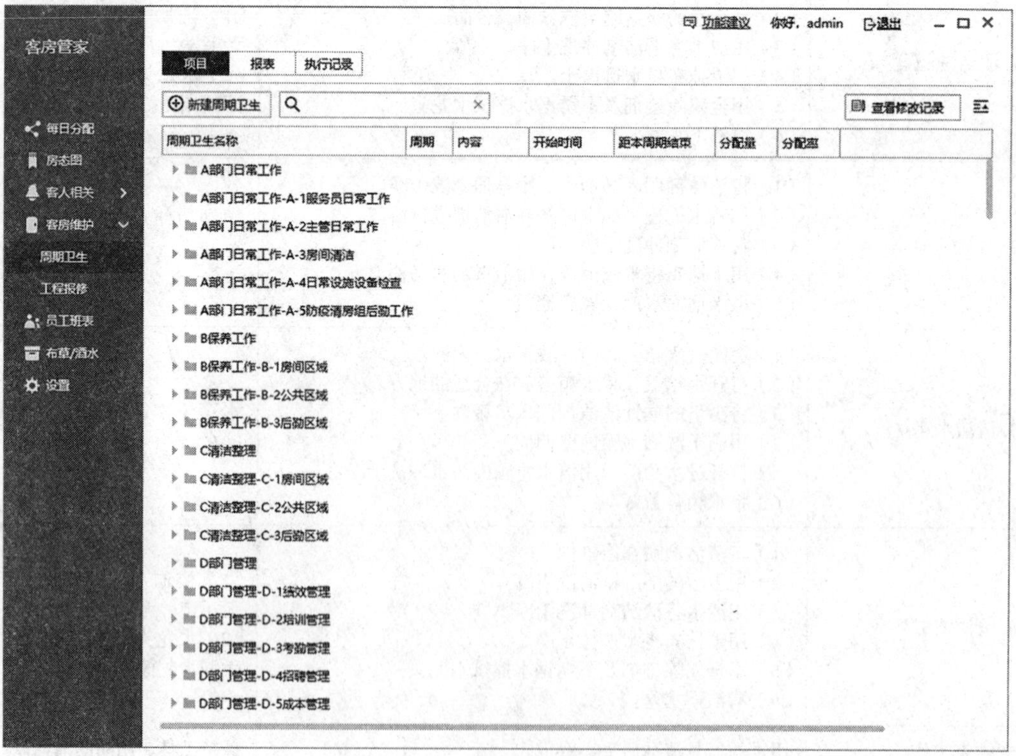

图 2-23　计划卫生分类示例

2. 确定计划卫生周期

计划卫生的组织实施并非一蹴而就，而是经过漫长的实践探索。在这个过程中，客房服务员逐渐厘清日常清洁项目和计划卫生项目。客房经理再根据多年的观察和实践经验，在充分考虑各个计划卫生清洁项目的实施难度、行业卫生标准的情况下，制订各个项目的清洁周期。

3. 计划卫生耗费时间

通过记录和比较不同年龄、不同工作经验等各类客房服务员完成每项计划卫生的时间，确定该项任务所需的标准时长，以此更加系统地量化工作任务。

将确定的计划卫生项目分类添加到系统，分别录入项目名称、周期和工作时长，制作完整的计划卫生周期表，系统按照临期时间列明各项计划卫生任务（如图 2-24 所示），以此提醒客房服务中心及时派发工单。

周期卫生名称	周期	内容	开始时间	距本周期结束	分配量	分配率
总统套按摩浴缸排水及复原(停止)	2周	无	2022/05/10	5天8时22分	0	0%
翻床垫（大床：133张，7分钟/张；小..	1季	314项	2022/04/01	43天8时22分	0	0%
房间放抽湿处理(停止)	6月	酒店客房	2021/12/20	32天8时22分	0	0%
复原房间放抽湿机(停止)	6月	314项	2021/12/20	32天8时22分	0	0%
床上用品送烘及复原（保护垫、羽绒...	6月	314项	2021/12/22	34天8时22分	0	0%
房间地毯除渍（5分钟/间，共319间，..	6月	314项	2022/03/09	113天8时22分	60	19%
房间窗台外围玻璃清洁（机械清洁）...	6月	318项	2022/04/07	141天8时22分	0	0%
房间地毯干泡清洗（14分钟/间，共3...	6月	314项	2022/05/05	170天8时22分	0	0%
复原洗地毯房间及走廊卫生（18分钟...	6月	325项	2022/05/05	170天8时22分	0	0%
房间摆放暖炉处理(停止)	1年	314项	2021/09/03	107天8时22分	0	0%
通下水管道和洗手盆管道(停止)	1年	无	2021/10/09	143天8时22分	0	0%
更换冬被（10分钟/间）(停止)	1年	312项	2021/10/19	153天8时22分	311	100%
窗帘清洗（10分钟/个窗）(停止)	1年	314项	2021/12/01	196天8时22分	0	0%
窗纱清洗（10分钟/个窗）(停止)	1年	314项	2021/12/01	196天8时22分	0	0%
遮光布清洗（10分钟/个窗）(停止)	1年	314项	2021/12/01	196天8时22分	0	0%
马桶两侧及马桶间门后地板晶面打磨(...	1年	314项	2022/01/01	227天8时22分	14	4%
卫生间石墙面打蜡处理（180分每间，..	1年	314项	2022/01/01	227天8时22分	0	0%
卫生间洗手台面打蜡处理(停止)	1年	314项	2022/01/01	227天8时22分	14	4%
客房卫生间地板晶面处理(停止)	1年	319项	2022/01/06	232天8时22分	14	4%
更换夏被（10分钟/间）(停止)	1年	314项	2022/04/01	317天8时22分	0	0%
进门走廊和卫生间门口大理石打磨(停...	1年	116项	2022/03/07	292天8时22分	0	0%

图 2-24　计划卫生任务示意图

二、计划卫生的安排过程

客房服务中心根据当日房态，为当班客房服务员匹配一定时长的临期计划卫生任务。客房服务员在手机端接收计划卫生服务工单（如图 2-25 所示），楼层主管则接收所负责楼层的计划卫生检查工单。

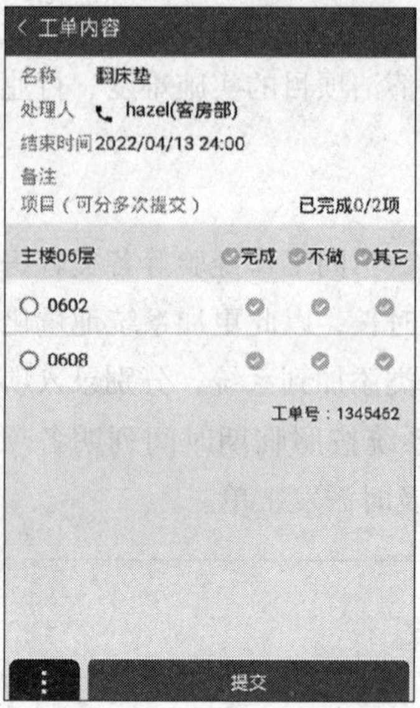

图 2-25 计划卫生服务工单

三、计划卫生的实施过程

1. 客房服务员实施计划卫生

客房服务员在手机端接收到计划卫生服务工单后，按照计划卫生实施标准开展工作，准确记录计划卫生实施的开始和结束时间。

2. 楼层主管检查

相关楼层主管在手机端收到检查工单后，开始检查。如果检查合格，则点击检查通过；如果检查不合格，则点击返单，要求原客房服务员重新实施计划卫生。

3. 客房服务员返工

原客房服务员收到返单通知后，前往原计划卫生实施地点重新开展服务。

4. 楼层主管复检

直至主管再次检查通过后，该项计划卫生服务方可结束。

计划卫生实施的完整流程详见图 2-26 所示。

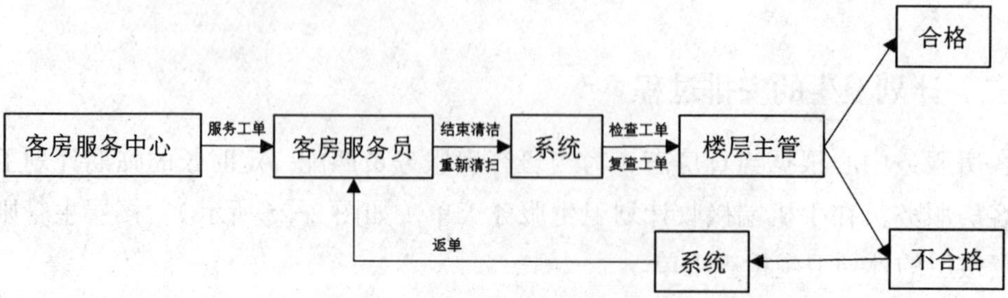

图 2-26 计划卫生实施的完整流程

四、计划卫生的调整与控制

1. 计划卫生的调整

（1）受到酒店淡旺季、设施设备更新状况以及气候变化等因素的影响，可能需要增加、取消或暂停一些计划卫生项目，或者更改计划卫生实施的周期。

（2）客房服务中心优先考虑系统记录的计划卫生规定时长，根据实际员工数量、类别以及熟练程度的不同，上报上级管理人员进行测试后再灵活调整时长。

2. 计划卫生的控制

系统后台自动统计计划卫生工单总数，并依据实际工作情况生成计划卫生平均分配率和平均完成率等数据。对这些数据进行合理利用，可以有效评估客房计划卫生实施质量和客房员工工作效率。

❖工作评估

模块名称__________ 小组__________ 组员__________ 评估日期__________

项 目		等 第			
		超过标准（A）	达到标准（B）	稍低于标准（C）	与标准差距大（D）
知识掌握	计划卫生项目的确定				
	计划卫生的安排				
	计划卫生质量的控制方法				
	计划卫生实施的数字化运用				
技能训练	家具、电器的保养				
	卫生洁具的保养				
	计划卫生工作的检查				
	安全操作意识				
协同作业	参与小组工作				
	团队合作精神				
	任务完成时间				

模块四　客房消毒杀菌

教学设计

1. 教师布置工作任务，讲解相关的知识。

2. 以小组为单位收集消毒剂的相关知识。

3. 在实训宾馆分组进行消毒练习。

4. 学生独立完成各项消毒工作。

5. 各项目小组形成完整的项目报告，师生共同进行项目总结。

模块 4.1　客房的消毒

❖实训项目2-16

客房的消毒

一、操作准备

（1）工具准备：干净抹布、胶皮手套、口罩。

（2）物料准备：配制好的消毒液（84 消毒液、氯亚明溶液或漂白粉溶液等），空气清新剂。

（3）撤出房内食品，包括微型酒吧的酒水饮料等。

二、操作程序

步　骤	操作要领	质量标准
1. 卧室消毒	用配制好的消毒液擦拭房间家具、设备，进行消毒。	安全操作。
2. 卫生间消毒	用配制好的消毒液擦拭卫生洁具，进行消毒。	安全操作。
3. 关闭门窗	消毒完毕紧闭门窗约 2 小时。	达到消毒效果。
4. 通风	打开窗户、卫生间换气扇通风。	保证客房空气良好。
5. 复位	（1）关闭客房窗户、卫生间换气扇。 （2）将撤出房内的食品，包括微型酒吧的酒水饮料等复位。	客房恢复到原样。
6. 登记	在“消毒工作记录表”（见表 2–6）上做好登记，记录消毒时间和操作者姓名等内容。	及时记录。

特别提示

（1）客房定期消毒工作应选择晴好干燥的天气进行。

（2）事先与前厅部进行沟通，将需全面消毒的客房暂时做封房处理，待消毒工作结束后，再恢复可出租房状态。

（3）遇到住客患传染性疾病或死亡，及时对房间进行消毒，保持房间卫生，防止疾病的传播。

（4）消毒剂的浓度均以有效成分含量表示，一定要按照有效浓度配制，以保证消毒效果。

（5）由于消毒剂会刺激黏膜、皮肤及呼吸道，所以配制消毒剂时须做好防护工作，戴上口罩和胶皮手套，如有条件可戴眼罩，避免消毒剂与皮肤、黏膜直接接触。

（6）稀释消毒剂时要用冷水，因为热水会令成分分解，失去效能。

（7）消毒剂使用液也能污染不同的微生物，随着存放时间延长，污染程度加重。因此，配制和存放消毒剂的容器也应清洗干净或消毒。

（8）消毒剂对物品、对人均有不同程度的腐蚀性和毒性。因此，消毒后应及时用清水擦拭，可减少对物品的腐蚀性。消毒时，应注意做好个人防护。

表 2-6 消毒工作记录表

日期__________ 部门__________ 岗位__________

地 点	消毒对象	使用药物及浓度	消毒时间	操作者	主管检查
01 房					
02 房					
03 房					
04 房					
05 房					
06 房					
07 房					
08 房					
09 房					
10 房					
11 房					
…					

❖相关知识

一、消毒杀菌

客房消毒杀菌，是指灭杀和清除环境中的病原体，减少致病的风险。客房常用的消毒方法有两类：一类是物理消毒法，一类是化学消毒法。物理消毒法是指用湿热、干热、紫外线等物理因素达到消毒目的的方法。化学消毒法是利用化学药物作用于病原体，使其蛋白质产生不可逆转的损伤，从而起到杀菌的作用。常用的化学消毒剂有漂白粉、氯亚明、高锰酸钾、84 消毒液、来苏水等。

二、客房消毒要求

客房是客人休息的场所，住客普遍重视客房特别是卫生间的清洁卫生，所以客房必须每天彻底清扫、定期消毒，确保客房的清洁、卫生水准。

1. 杯具、卫生间洗涤消毒标准

（1）杯具：每平方厘米的细菌总数不得超过 5 个。

（2）脸盆、浴缸、拖鞋：每平方厘米的细菌总数不得超过 500 个。

（3）卫生间不得查出大肠杆菌群。

2. 空气卫生质量标准

（1）一氧化碳含量每立方米不得超过 10 毫克。

（2）二氧化碳含量每立方米不得超过 0.07%。

（3）细菌总数每立方米不得超过 2000 个。

（4）可吸入尘每立方米不得超过 0.15 毫克。

（5）氧气含量应不低于 21%。

三、客房常用消毒剂名称和用途

1. 漂白粉消毒剂

漂白粉又称含氯石灰，呈灰白色粉末状，有氯气味。漂白粉消毒液使用广泛。配制浓度为 3‰的溶液，均匀搅拌溶解后，即可用于客房茶具、棉织物和房间的消毒，同时也可用于水果的消毒。另外，还可配制 5‰的溶液，用于卫生间消毒。

漂白粉消毒液要现配现用，不宜久放，放置时间过长容易失效。另外，漂白粉消毒液不适宜对金属制品的消毒。

2. 氯亚明消毒剂

氯亚明又称氯胺，呈白色或微黄色粉末状。配制浓度 3‰的溶液，适用于客房内空气及表面物品的消毒，也可用于食物的消毒。患肠道或呼吸道疾病的患者住过的房间，可配制浓度为 1% 的溶液进行反复消毒。

氯亚明消毒液同样不宜久放，一般配好的溶液只能使用一天，放置时间过长容易失效。另外，氯亚明消毒液不适宜对金属制品的消毒。

3. 高锰酸钾消毒剂

高锰酸钾俗称灰锰氧，是一种有结晶光泽的紫黑色固体。高锰酸钾易溶于水，溶液呈鲜艳的紫红色。高锰酸钾水溶液能使细菌微生物组织因氧化而被破坏，因此具有杀菌消毒作用。

高锰酸钾溶液配制浓度为 1 ∶ 2000 水溶液，配制溶液要用凉开水，用热水会失效。高锰酸钾放出氧的速度慢，浸泡时间一定要达到 5 分钟才能杀死细菌。高锰酸钾溶液可用于餐具、茶具等的消毒。

使用高锰酸钾溶液消毒时应注意，配制好的水溶液通常只能保存 2 小时左右，当溶液变成褐紫色时就失去消毒作用，所以最好能随用随配。高锰酸钾是强腐蚀剂，使用时不能直接用手接触，以免烧坏皮肤。只有配成合理浓度时，才可直接接触。

4. 84 消毒液

84 消毒液是一种高效、速效、无毒、去污力强的消毒液，能快速杀灭甲、乙型肝炎病毒，骨髓炎病毒和细菌芽孢等各类病菌。配制浓度为 2‰~5‰的溶液，适用于茶具、酒具、蔬菜、水果、家具、玻璃、塑料制品的清洗和消毒。

四、客房常用消毒方法

1. 通风换气

（1）室外日光消毒。利用阳光的紫外线作用，消灭室内的病菌。

（2）通风。改善室内空气质量，防止细菌、螨虫滋生。

2. 化学消毒

（1）日常清理卫生间时，用含消毒功效的清洁剂擦洗卫生洁具，用清水冲净并用专用抹布擦干。

（2）定期使用 2% 的来苏水溶液、1% 的氯亚明溶液或 0.5% 的 84 消毒液擦拭房间家具、设备、卫生洁具，进行消毒。

3. 喷洒消毒

定期用 1%~5% 的漂白溶液对房间死角进行消毒，或用空气清新剂等进行喷洒。

拓展知识
客房卫生的死角

模块 4.2 客房用品的消毒

❖实训项目2-17

杯具的消毒（消毒剂消毒）

一、操作准备

（1）准备百洁布、洗涤剂、刷子、消毒剂、胶皮手套等用品。

（2）在消毒间的清洗池内注入清水，为清洗杯具做准备。

（3）按一定比例配制好消毒液。

二、操作程序

步　骤	操作要领	质量标准
1. 准备工作	（1）在洗涤盆或茶水间的洗涤槽内注满清水。 （2）按一定比例兑入消毒剂，为泡洗杯具做好准备。	准备充分。
2. 清洁杯具	（1）将杯具内残留物沥出，倒入垃圾桶内。 （2）用清水冲洗杯具。 （3）根据杯具脏污情况，可加适量洗涤剂洗涤。	杯具须清洗干净。
3. 杯具消毒	（1）将杯具浸泡在准备好的消毒液（消毒池）中。 （2）消毒时间根据消毒剂的使用说明而定。	保证消毒时间。
4. 洗净擦干	（1）用清水冲洗干净、沥干水分。 （2）用专用抹布擦净杯具。	杯具洁净。
5. 存放	取出已消毒茶杯、口杯，储存到封闭的保洁柜里备用。	
6. 登记	在“杯具消毒记录表”（见表 2–7）上做好登记，记录消毒时间和操作者姓名等内容。	记录及时、准确。

❖实训项目2-18

杯具的消毒（消毒柜消毒）

一、操作准备

（1）准备百洁布、洗涤剂、刷子、胶皮手套等用品。

（2）在消毒间的清洗池内注入清水，为清洗杯具做好准备。

（3）准备好消毒柜。

二、操作程序

步　骤	操作要领	质量标准
1. 准备工作	准备好消毒柜。	准备充分。
2. 清洁杯具	（1）将杯具内残留物沥出，倒入垃圾桶内。 （2）用清水冲洗杯具。 （3）根据脏污情况，可加适量洗涤剂清洗。	杯具须清洗干净。
3. 杯具消毒	将已冲洗干净的杯具放入干净的消毒柜中消毒。	保证消毒时间。
4. 登记	在“杯具消毒记录表”（见表 2–7）上做好登记，记录消毒的时间和操作者姓名等内容。	及时、准确。

特别提示

（1）擦拭杯具的布一定要清洁卫生，专布专用。

（2）使用消毒剂，尽量做到需要多少配制多少，现配现用。如果有剩余的消毒剂药液或残液，应该倒入卫生间下水道，以免造成环境污染。

（3）进行消毒处理时，要注意做好个人防护，戴上橡胶手套，以防消毒液腐蚀皮肤。

表 2–7　杯具消毒记录表

楼层＿＿＿＿＿＿　　　　月份＿＿＿＿＿

消毒日期	杯具数量	消毒剂消毒	消毒柜消毒	操作者	消毒日期	杯具数量	消毒剂消毒	消毒柜消毒	操作者

❖实训项目2-19

电话机的消毒

一、操作准备

（1）准备抹布、清洁剂等用品。

（2）准备棉球、医用酒精。

二、操作步骤

操作步骤	操作要领	质量标准
1. 清洁电话机	用干布擦拭电话机机座、话筒及电话线。	无脏。
2. 除污、消毒	（1）在电话机机座上喷上少量清洁剂。 （2）将电话机机座擦拭干净。 （3）用酒精棉球擦拭电话机话筒，注意不能用清洁剂，以避免话筒潮湿而影响电话机的正常使用。	电话机无污染、无异味。
3. 清洁电话线	将电话线拉出，并用喷上清洁剂的干抹布擦拭电话线。	干净、无细菌。
4. 结束工作	（1）试用电话机，保证使用正常。 （2）按规定将电话机摆放好。	摆放美观、方便客人使用。

特别提示

电话机使用频率高，听筒上易沾上细菌，因此须定期消毒，走一客消毒一次。

❖工作评估

模块名称＿＿＿＿＿＿　小组＿＿＿＿＿＿　组员＿＿＿＿＿＿　评估日期＿＿＿＿＿＿

项目		等第			
		超过标准（A）	达到标准（B）	稍低于标准（C）	与标准差距大（D）
知识掌握	客房消毒要求				
	消毒剂知识				
	客房常用消毒方法				
技能训练	消毒剂配制				
	客房消毒				
	杯具、电话机消毒				
	安全操作意识				

续表

项　目		等　第			
		超过标准（A）	达到标准（B）	稍低于标准（C）	与标准差距大（D）
协同作业	资料收集整理				
	参与小组活动				
	团队合作精神				
	任务完成时间				

思考题

1. 请写出各类客房房态的中英文。

2. 如何合理安排客房的清扫顺序？

3. 请写出走客房的清扫顺序。

4. 清扫整理住客房需注意什么事项？

5. 什么是计划卫生？如何做好计划卫生的管理工作？

6. 客房常用的消毒剂有哪些？

7. 客房消毒要达到哪些要求？

实训练习

1. 在实训宾馆，教师指导下进行走客房的清扫整理。

2. 在实训宾馆或教室，分组完成 1 间客房（教室）的计划卫生工作。

3. 在实训教室，熟悉客房管家操作系统。

4. 在教师指导下，对宿舍及宿舍相关物品进行消毒，注意安全防护。

拓展实践

1. 利用双休日、节假日到酒店客房部见习，并整理一套客房清扫整理的程序、标准。

2. 主题活动：“我爱我家”——以宿舍为单位，分组对宿舍进行清扫整理，并整理一套宿舍清扫整理程序、质量标准、物品摆放标准及检查标准。

3. 以小组为单位，分别拟一份宿舍和教室计划卫生安排表。

4. 分组走访酒店、查阅资料，收集整理客房清洁保养的案例，并进行讨论。

项目三　客房对客服务

❖引言

客房对客服务，主要指服务人员面对面地为客人提供各种服务，满足客人提出的各种符合情理的要求。

做好客房对客服务、保证客房服务质量是客房部的主要工作任务之一。本项目课程是整个项目课程的重点之一，技术性、体验性、针对性等要求都比较高。

本项目采用模块化、任务驱动教学法，通过案例分析、情景模拟、实训练习、小组讨论等多种形式的教学，使学生掌握客房对客服务的基本技能，构建学生数字化思维，培养学生分析问题及解决问题的能力。

❖学习目标

1. 掌握客房对客服务工作程序及质量标准。
2. 能按规范做好各项客房对客服务工作。
3. 能根据宾客需求提供针对性服务。
4. 熟悉客房对客服务的数字化运用方法。
5. 能处理对客服务中出现的常见问题。

❖**核心概念**

客房针对性服务

客房针对性服务，是指对不同类型客人提供的个性化、灵活性的服务。客房服务过程中会遇到各种各样的问题。对待不同类型的客人和不同情况，服务人员应采取不同的方式。

模块一　客房常规服务

教学设计

1. 教师布置工作任务，讲解必要的知识点。

2. 组织学生观看有关客房对客服务的影像资料，进行讨论。

3. 在实训宾馆，学生分组进行客房对客服务模拟演练，教师指导。

4. 教师创设情境，检验学生的基本技能及应变能力。

5. 各项目小组形成完整的项目报告，师生共同进行项目总结。

模块 1.1　迎客服务

❖实训项目3-1

迎接客人

一、操作准备

（1）认真阅读“客情通知单”（见表 3-1），熟悉宾客姓名、职务、抵达时间、离店时间、入住房号等情况。

（2）对 VIP 等特殊客人需熟悉“特殊要求通知单”（见表 3-2），了解酒店接待规格及要求。

二、操作程序

步　骤	操作要领	质量标准
1. 迎客准备	（1）布置客房，如开音响、调节空调温度等。 （2）检查客房有无不妥之处，若有立即修正。 （3）关上房门，到电梯口迎候。	按酒店接待规格和要求布置客房。
2. 引领客人进房	（1）在客人左前方或右前方约一米处引领客人，途中介绍酒店情况，回答客人的问题。 （2）到房门口后，告知客人这就是他的房间，用客人的钥匙按开门程序将门打开。 （3）打开房门后，退到门旁，请客人先进房。	主动介绍、礼让客人。

续表

步　骤	操作要领	质量标准
3. 介绍房内设备设施	（1）视情况向客人介绍房内设施设备及使用方法。 （2）告诉客人客房服务中心电话，方便有事联系。 （3）祝客人住得愉快，面向客人关上房门，退出房间。	介绍恰到好处。
4. 在工作日报表上（见表 3–3）做好记录	回到工作间做好记录。	记录及时、准确。

特别提示

（1）设客房服务中心的酒店，通常由行李员引领客人进房，楼层服务员只需做好准备工作，并协助行李员工作即可。

（2）如酒店要求实行“三到”服务（客到、茶到、毛巾到），则需按要求做。一般国内的 VIP 都需提供此项服务。

（3）服务员介绍房内设施设备及使用方法应视客人情况灵活掌握。如客人旅途疲劳，则另找机会介绍；如客人熟悉客房设施设备或者比较疲劳，则不需介绍，以免引起客人不必要的误会。

表 3–1　× 日客情通知单

制表人＿＿＿＿＿＿　制表时间＿＿月＿＿日＿＿时

VIP	团队代号	团队名称	抵达日期 车次 / 航班	离店日期 车次 / 航班	国籍	人数	用房	自订房单位

表 3–2　特殊要求通知单

____月____日　　　　制表人__________　　　　制表时间______时

姓　名		国　籍		人　数	
抵店时间	月　日　时	离店时间	月　日　时		
房　号					
具体要求：					

表 3–3　楼层服务员工作日报表

楼层__________　姓名__________　　　　日期____月____日

房号	状况	人数	夜床		报纸	饮料消耗	遗留物品	维修项目	贵重物品	备注	交班事宜	
			入	出							1. 固定物资：	
01												
02												
03											2. 借用物品：	
04												
05												
											3. 特殊要求：	
											巡楼时间	

续表

	结 账	离 店	进 店	对客服务	其 他	当日工作
电话记录						

❖相关知识

客房接待服务工作是从宾客抵达楼层及进入客房开始的。客人经过长途跋涉，到达酒店时，一般都比较疲乏，需要得到妥善安排，以便及时休息或用膳。

楼层迎客服务的主要要求如下：

（1）热情礼貌，服务主动，给客人留下良好的第一印象。

（2）熟悉客情，尽可能用客人姓氏称呼，如“王先生”“李科长”，提供个性化服务。如是旅游团队客人应用客人母语欢迎客人的到来，使客人有宾至如归感。

（3）服务快捷，分送行李准确。旅游团队客人通常行李先到，客房服务员需主动协助行李员将客人行李（团队）分送至各房间。分送行李迅速、准确。

模块 1.2　送茶、饮料服务

❖实训项目3-2

送茶服务

一、操作准备

（1）问清要求。接到送茶服务要求时，问清客人需几杯茶，是红茶、花茶还是绿茶（酒店必备三种茶），记清房号。

（2）泡茶。在最短的时间内做好准备，泡好茶。要求茶具干净，茶叶放适量，开水冲泡，七八成满即可。

（3）将泡好的茶杯放在垫有小方巾的托盘内，准备好热毛巾（毛巾温度约 60℃）和毛巾镊子，放在同一托盘内。

二、操作步骤

步　骤	操作要领	质量标准
1. 准备	（1）接到送茶水服务要求时，要询问清楚客人要几杯茶，是红茶、花茶还是绿茶（酒店必备三种茶），记清房号。 （2）在最短的时间内做好准备，泡好茶，盖上杯盖。将泡好茶的茶杯放在托盘内。	（1）问清要求。 （2）茶具干净，无破损；茶叶放适量，开水冲泡，七八成满即可。
2. 进入客房	按进房程序进入客房。	规范操作。
3. 上茶	（1）将茶水按先宾后主或先女士后男宾的顺序放在客人方便拿取的地方，如茶几上、床柜上、梳妆台上等，视宾客坐的位置而定（如图 3–1、图 3–2 所示）。 （2）从托盘内拿出茶水时应先拿外面的，后拿靠里的，同时说："先生 / 女士，请用茶。"	（1）轻拿轻放。 （2）礼貌用语。
4. 结束语	茶水全部放下后，询问客人是否有其他吩咐。	主动征求客人意见。
5. 离房	退后一步，然后转身步出房间，轻轻关上门。	礼貌告退。

特别提示

（1）无论送几杯茶都须使用托盘送入客房。

（2）托盘方法一定要正确，防止泼洒。

（3）根据客人情况，确定是否送茶同时送上热毛巾。

（4）发现客人送客或客人电话要求，需及时进房整理。

图 3–1　送茶服务（1）

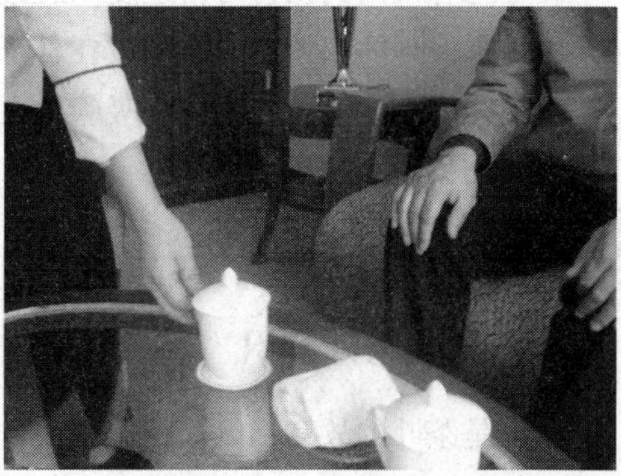

图 3–2　送茶服务（2）

❖实训项目3–3

饮料服务

一、操作准备

（1）问清要求。接到送饮料服务要求时，问清客人所需饮料的品种、数量，是否需要加冰块，并记清房号。

（2）在最短的时间内做好准备，将饮料、杯子、夹子、杯垫、吸管等物品放在托盘内。

二、操作程序

步　骤	操作要领	质量标准
1. 准备	（1）接到送饮料服务要求时，询问清楚所需饮料的品种、数量，是否需要加冰块，并记清房号。 （2）在最短的时间内做好准备，将饮料、杯子等放在托盘内。	（1）问清要求。 （2）杯具干净。
2. 进入客房	按进房程序进入客房。	规范操作。
3. 上饮料	（1）按先宾后主或先女士后男宾的顺序将杯子放在客人方便拿取的地方，如茶几上、床柜上、梳妆台上等。 （2）征求客人意见，加入饮料、冰块。	（1）动作要轻。 （2）礼貌用语。
4. 结束语	询问客人是否需要其他帮助。	主动征求客人意见。
5. 离开客房	退后一步，然后转身步出房间，轻轻关上门。	礼貌告退。

特别提示

（1）无论几杯 / 听饮料都须使用托盘送入客房。

（2）饮料须当着客人面开启。

（3）为客人斟倒饮料时，速度不宜过快，防止溢出。

（4）未倒尽的饮料瓶或空罐放在杯子的右前侧，商标朝向客人。

（5）如客人使用吸管，需将吸管放在杯中。

❖相关知识

一、常用茶叶知识

我国是茶叶的故乡，以茶待客是我国的风俗习惯。在酒店待客过程中，端茶送水是不可缺少的服务项目之一。了解茶叶的相关知识、各地的饮茶习惯和方法，可以帮助服务员将茶水服务工作做得更好。

1. 茶的种类

因产地和制作工艺不同，茶叶有名目繁多的种类。我国将茶叶分为绿茶、红茶、乌龙茶、花茶、紧压茶等。此外，还有各种速溶茶、袋泡茶等新品种类。

（1）绿茶：不发酵茶。即将鲜叶经过摊晾后直接下到一二百摄氏度的热锅里炒制，以保持其绿色的特点。绿茶名贵品种有西湖龙井、洞庭碧螺春、黄山毛尖等。

（2）红茶：红茶与绿茶恰恰相反，是一种全发酵茶（发酵程度大于 80%）。红茶的名字得自其汤色红。名贵品种有英德红茶、云南红茶、四川红茶、祁门红茶等。

（3）乌龙茶：也就是青茶，是一类介于红、绿茶之间的半发酵茶，产于福建、广东、台湾。乌龙茶在六大类茶中工艺最复杂费时，泡法也最讲究，所以喝乌龙茶也被人称为喝工夫茶。名贵品种有武夷山大红袍、水仙茶、铁观音等。

（4）花茶：又名香片、香花茶，是经干燥加工鲜花熏制而成。主要品种有茉莉花茶、珠兰茶。

（5）紧压茶：以红茶沫和绿茶作为原料，经蒸软后压制而成。按形状不同分为砖类、普洱茶、沱茶，以云南的普洱茶最为有名。

2. 茶水的沏泡

茶水有沏泡之分，泡茶与沏茶的区别在于水温。泡茶就是将落开的水倒进茶壶或茶杯，然后盖好盖子闷一会儿。沏茶又叫冲茶，就是把滚沸的开水倒入放好茶叶的壶里，然后盖上盖闷。两种方法比较起来，泡茶更为合理。因为茶叶内含的维生素C怕高温，滚沸的开水温度一般在100℃，用这样的热水冲出的茶，维生素C大量被破坏。所以，喝茶最好选用泡茶的方法。

3. 茶叶的保管

茶叶具有较强的吸附性、易氧化，并因吸收异味和潮湿而变质，从而降低品饮价值。要使茶叶保持其原有的风味，在保管过程中，主要是控制湿度、温度和光照等的影响，以及防止茶叶串上异味、怪味。尤其在高温高湿的夏季，更应倍加注意。

（1）控制湿度。茶叶应放置在阴凉、干燥的背光处。

（2）控制温度。茶叶适宜在低温情况下存放，因为温度高，会使茶叶吸湿变质。夏季可将茶叶密封后贮藏于冰箱冷藏柜中。

（3）遮阴避光。茶叶在无光线照射的环境中存放效果最好。在有光的环境中，特别是光线直接照射时，不但茶叶的色泽变化加快，而且还能加速陈化变质。

（4）单独存放，避免串味。

二、饮料知识

饮料是指以水为基本原料，采用不同的配方和制造方法生产出的供人们直接饮用的液体食品。饮料一般可分为含酒精饮料和无酒精饮料，无酒精饮料又称为软饮料，这里所说的饮料主要是指软饮料。

1. 饮料的种类

按照我国的饮料划分标准，市场上的饮料主要有十类：碳酸饮料、果汁（浆）及果汁饮料、蔬菜汁及蔬菜汁饮料、含乳饮料、植物蛋白饮料、瓶装饮用水、茶饮料、固体饮料、特殊用途饮料和其他饮料。

2. 饮料的保管

饮料可分为常温饮料与低温饮料（冷藏）两种。

（1）常温饮料是可以存放在常温（一般室温）的饮料。这类饮料大部分是采用密封度较好的包装来充填的，如铝箔包。由于杀菌的条件较严苛，再加上近似真空的包装，饮料的保存期限通常比较长，从2个月至2年都有可能。

（2）低温（冷藏）饮料，是必须控制在7℃以下低温储存、运送与贩卖的包装饮料。这类低温饮料的包装有新鲜屋包装、杯装以及塑料瓶装等。

模块1.3　小酒吧服务

❖实训项目3-4

小酒吧服务

一、操作准备

（1）检查小冰箱，要求清洁无异味。

（2）准备好小酒吧酒水、佐酒食品和酒具等物品。

二、操作程序

步　骤	操作要领	质量标准
1. 布置小酒吧	按酒店规定品种、数量、摆放位置摆放酒水、佐酒食品、酒具、酒单。	（1）物品数量齐全，摆放整齐。 （2）冰箱清洁无异味。
2. 检查	（1）住客房通常每日检查两次（上午清扫客房和晚上开夜床时）。 （2）客人退房时应立即检查。 （3）空房需检查有无过期、变质酒水、食品。	（1）认真检查、及时补充。 （2）确保小酒吧内的酒水、饮料和食品在有效期限内。
3. 查核填写账单	（1）酒水单一式四联，由客人自己根据饮用数量填写此单。 （2）服务员整理客房时进行核点，无误后签字并输入电脑或送总台收银处。 （3）四联单据第一联与补充酒水一起派入房间，二联和三联交收银处作为发票和记账凭证，四联为楼层补充酒水、食品的凭证。	（1）客人使用过的小酒吧，要核对客人填写的酒水单，未填酒水单的要代为填写。 （2）耗用报账和补领手续完备，准确无误。

特别提示

（1）服务员检查小酒吧时要特别细心，应特别留意瓶盖封口和外包装口。

（2）走客房检查须及时仔细。

❖相关知识

高星级酒店客房内应提供客房微型酒吧（小酒吧）服务，至少 50% 的房间配备小冰箱。客房小酒吧提供适量酒、饮料及佐酒食品，供客人自由取用。小酒吧服务既方便客人，又可增加酒店的收入。

一、小酒吧酒水及佐酒食品的配备

酒店需根据星级标准和目标市场，确定小酒吧配备的品种和数量。通常小酒吧烈性酒配备 3~5 种，软饮料 5~8 种，还配有一些佐酒小吃，如果脯、杏仁、腰果、果仁、花生、巧克力、薯片等食品。表 3-4 为某星级酒店小酒吧酒水及佐酒食品的配备。另外，客房小酒吧需配备饮用器具，如酒杯、调酒棒、吸管、餐巾纸等，还需备有酒水单价目表。

表 3-4　客房小酒吧酒水及佐酒食品配备表

品　名	配备量	单位	单　价	备　注
依云矿泉水	1	瓶	15 元	
可口可乐	1	听	8 元	
健怡可乐	1	听	8 元	
雪碧	1	听	8 元	
汤力水	1	瓶	10 元	
苏打水	1	瓶	10 元	
旺仔牛奶	1	听	8 元	
橙汁	1	听	8 元	
本地啤酒	2	瓶	10 元	
伏特加	1	瓶	22 元	
金酒	1	瓶	22 元	
威士忌	1	瓶	25 元	
马爹利	1	瓶	30 元	
白酒	1	瓶	35 元	
红酒	1	瓶	35 元	
饼干	1	盒	6 元	

二、客房小酒吧管理

住客房小酒吧的检查由服务员在每次例行进房时进行，如清扫客房、小整理、做夜床时。如有消费，应立即输入账款，并进行补充。如果客人已填好“客房小酒吧账单”（见表 3–5），应收取账单并注意查对账单填写是否正确。一些酒店开通了电话输入小酒吧消费功能，服务员可通过房内电话即可及时将客人的小酒吧消费情况输入电脑。

表 3–5　客房小酒吧账单

<table>
<tr><td colspan="2">房号
ROOM NO.</td><td colspan="2">日期
DATE</td><td>时间
TIME</td></tr>
<tr><td colspan="5">1. 尊敬的客人，您在客房小酒吧取用饮品后，请将此表格填妥并签名或由服务员在每天补充饮品时结算。
2. 您在客房小酒吧取用饮品的金额将记入贵账户内。
3. 如果您在退房当日取用客房小酒吧的饮品，请在结账前将此表格带到总台结账处办理。
4. 如果您需要再补充饮品，请拨电话＿＿＿＿＿。
1. Please fill in the quantity consumed and sign on this bill, otherwise the consumption will be charged according to our count at the time of stock replenishment each day.
2. Please do not pay cash. This bill will be collected daily and charged to your account.
3. If any items is consumed on the day of your departure, Please hand in this bill to the Front Office Cashier at check-out time.
4. For replenishment please call housekeeping on ＿＿＿＿＿.</td></tr>
<tr><td>贮备量
Stock Quantity</td><td>品种
Items</td><td>单价
Unit Price</td><td>消费数量
Consumed</td><td>金额
Total Amount</td></tr>
<tr><td></td><td></td><td></td><td></td><td></td></tr>
<tr><td></td><td></td><td></td><td></td><td></td></tr>
<tr><td></td><td></td><td></td><td></td><td></td></tr>
<tr><td></td><td></td><td></td><td></td><td></td></tr>
<tr><td></td><td></td><td></td><td></td><td></td></tr>
<tr><td colspan="4">总金额 GRAND TOTAL</td><td></td></tr>
</table>

国内大部分酒店要求总台收银员在离店客人结账时通知客房部，由服务员检查客人的饮料消费情况，并立刻电话通知总台收银处。由于该过程需要一定的时间，客人常常会因等待时间过长而表示不满。近几年，部分酒店采用退房免查房制度，在客人结账时询问客人是否消费了小酒吧，根据客人的回答进行结账，从而大大加快了结账速度。当

然，不同档次、不同客源、不同地区的酒店应从实际出发，根据本酒店小酒吧损耗率的多少做出相应的决策。

欧洲一些酒店为节约能源、提高劳动效率，客房内小冰箱设有一个插销，客人只有拔出插销，才能打开小冰箱门，但插销有个机关，拔出的插销客人自己插放不回原处。这样一来，服务员日常检查小酒吧及检查走客房时，就不需每间房的冰箱都打开进行检查，只需检查那些插销被拔出的小冰箱即可。

案例分享
撤吧风波

模块 1.4　开夜床服务

❖实训项目3-5

开夜床服务

一、操作准备

（1）准备房务工作车、清洁篮与晚安致意品。

（2）了解客房状态。

（3）如遇“请勿打扰”房，可将提示卡片塞入客房门内或挂在房门把手上。

二、操作程序

步　骤	操作要领	质量标准
1. 进入客房	（1）按进房程序进入客房。 （2）如客房有“请勿打扰”标志，不能进房。	避免打扰客人。
2. 停放工作车	工作车挡住房门，开口向着房内。	防止闲杂人员进入客房。
3. 开灯	如果客人不在房间，逐一开亮房灯，检查是否正常。	保证灯具完好有效。
4. 拉窗帘	拉上厚薄两层窗帘。	窗帘要完全拉拢。
5. 开夜床	（1）双床房一人住，开靠近卫生间那张床，两人住则对开。 （2）大床间一人住，开有电话的床头柜一侧的床（如图 3–3 所示），两人住两侧都开。	折角开向床头柜。
6. 放置晚安卡、早餐牌等物品	将晚安卡、早餐牌、遥控器、拖鞋、洗衣袋、洗衣单等放在规定的位置（如图 3–5、图 3–6 所示）。	方便客人使用。
7. 打开背景音乐	打开背景音乐至低挡音量。	音量适中。
8. 打开电视开关	检查电视频道设定是否正确，音像是否清晰，并将其调至酒店规定的频道。	（1）电视机使用正常。 （2）方便客人收看。
9. 检查客房小酒吧	检查客房小酒吧有无消耗。若有，及时补充。	饮品齐全。

续表

步　骤	操作要领	质量标准
10. 收集垃圾	（1）将垃圾倒入工作车的大垃圾袋内。 （2）清洁垃圾桶。 （3）更换垃圾袋。	严格执行酒店有关节能降耗和绿色酒店的质量标准。
11. 收集杯具	杯具最好采用更换的方式。	客人新沏的和客人自带茶叶沏的茶水不能倒。
12. 整理客房	整理客房内零乱的物品，使之归位。	保证房间美观整洁。
13. 补充用品	（1）补充房间消耗品。 （2）如有加床，要按规定加放客用品。	用品齐全。
14. 整理卫生间	（1）清洁客人用过的卫生洁具。 （2）地巾展开，平铺在紧靠浴缸或淋浴间外的地面上。淋浴间需铺防滑垫。 （3）补充卫生间消耗品。 （4）清洁卫生间地面。	（1）卫生间整洁无异味。 （2）用品齐全。
15. 自我检查	检查有无遗漏之处。	确保卫生质量。
16. 关灯离房	（1）客人不在房，关灯（床头灯、地灯、应急灯除外），关门离房。 （2）客人在房间，则需礼貌地向客人道晚安后退出。	关门后注意回推一下，确保房门锁上。
17. 填表	按要求逐项填写报表。	填写及时、准确。

特别提示

如果只有一位客人入住双床间开哪张床？一般情况下，酒店规定当客人第一次入住，在不了解客人喜好的情况下，双床间要开靠卫生间的床，主要考虑这张床的位置隐私性比较好，从外面打开房门时基本上不在视线之内。但不是所有的客人都喜欢睡这张床，如有的客人喜欢睡靠近窗户的床。因此，夜床服务应符合客人的习惯，并根据客人的习惯提供。

图 3-3　大床间夜床

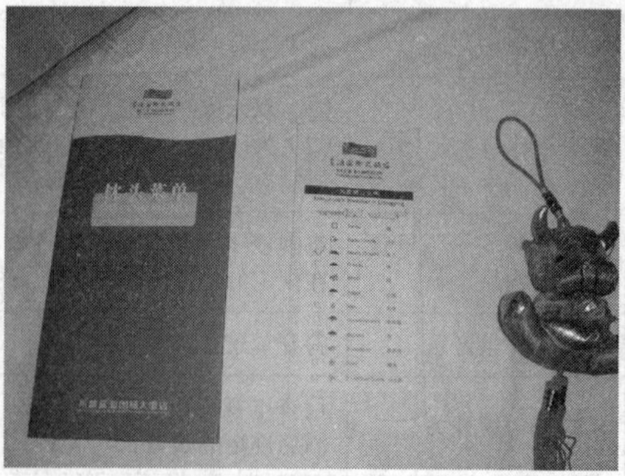

图 3-4　开夜床赠送的小礼品

图 3-5　夜床床面（1）

图 3-6　夜床床面（2）

❖相关知识

开夜床服务是一种亲切的对客服务形式，目的是为客人准备惬意而愉快的休息和睡眠环境。开夜床服务主要包括房间整理、开夜床、送致意品三项工作。开夜床一般晚上 6 时开始，也可在客人到餐厅用晚餐时进行，晚上 9 时之前需结束，以免打扰客人的休息。

送致意品是为了体现酒店的接待礼遇规格。开夜床服务时往往要放上客房的赠品如小挂件（如图 3-4、图 3-7 所示）、小食品、鲜花等，这些赠品不但可以给客人留下深刻的印象，同时还可体现酒店的接待礼遇规格。一些酒店的晚安卡设计图文并茂、兼有天气预报的功能（如图 3-8 所示）。

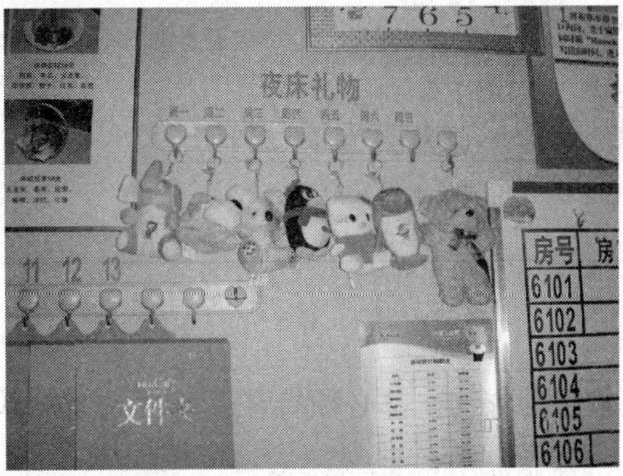

图 3-7　某酒店夜床小礼品

图 3-8　晚安卡

模块 1.5　洗衣服务

❖实训项目3-6

收客衣服务

一、操作准备

熟悉洗衣单及衣物类型。

二、操作程序

步　骤	操作要领	质量标准
1. 收客衣	（1）客房服务员清扫房间时，应留意客人是否有待洗衣物。一旦发现，应立即收取，并进行查对。 （2）客房服务中心联络员接到要求洗衣服务电话后，立即通知楼层服务员。服务员应在规定的时间内到客人房间收取客衣。	及时收取，认真查核。
2. 检查客衣	（1）按进房程序进入客房。 （2）认真查对洗衣服务单（见表 3-6）填写是否清晰、衣物的件数，是否有客人的签名、房号，干湿洗要求是否清楚，检查口袋是否有物品以及衣物的破损等情况。 （3）发现问题，要及时与客人沟通。	（1）如房门上有“请勿打扰”的标志，应先通过电话与客人联系，征得客人同意后，再进门取衣。 （2）认真核查客衣。
3. 交接	（1）将收取的客衣放在工作间内规定的地方，在工作单上做好收衣记录。 （2）洗衣房人员定时上楼层收取客衣，与客房服务员当面清点，做好交接。 （3）如果是快洗衣物或贵宾衣物，需在洗衣单上做好标记，单独摆放，并立即通知洗衣房人员前来收取。	交接无差错。
4. 做好相应记录	各班交接时，需做好洗衣交接工作，并在工作单上做好记录。	准确、无遗漏。

特别提示

（1）客人交洗的衣物或客房服务员从房间收洗的衣物，都必须有客人填写的洗衣单并签名。

（2）凡是放在床上、沙发上，没经客人吩咐、未放在洗衣袋内的衣服不能收取，可给客人留言（见“客衣留言单”）。

（3）洗衣分快件服务和普通服务，费用通常相差 50%，所以须向客人说明。

客衣留言单

尊敬的宾客：

我们注意到您可能有衣物要洗涤，但您未填写洗衣单，所以未将衣物送洗。如您需要，请拨电话“7”与客房部联系。多谢合作！

客房部

表 3–6 洗衣服务单

LAUNDRY & VALET SERVICE

No.

项目 Description	湿洗 LAUNDRY			干洗 DRY CLEANING			熨烫 PRESSING		
	价格 ¥	计数 / Count		价格 ¥	计数 / Count		价格 ¥	计数 / Count	
男士 Gentlemen		宾客 Guest	酒店 Hotel		宾客 Guest	酒店 Hotel		宾客 Guest	酒店 Hotel
衬衫 Shirt	25.00			30.00			20.00		
T 恤 / 运动衫 T-shirt	20.00			25.00			15.00		
毛衣 Sweater	25.00			35.00			15.00		
裤子 / 牛仔裤 Trousers/ jeans	30.00			35.00			20.00		
短裤 Short	15.00			20.00			10.00		
上装 Jacket	40.00			45.00			20.00		
大衣 / 风衣 Overcoat/ Wind breaker	60.00			70.00			40.00		
西装（两件套）Suit（2pcts）				70.00			50.00		
马甲 Vest				30.00			20.00		
领带 / 领花 / 帽子 Tie/ Cap				15.00			10.00		
内衣 Undershirt	10.00								
内裤 Underpants	10.00								
睡衣（两件套）Pajamas（2pcts）	25.00								
袜子（对）Socks（pair）	10.00								
手帕 Handkerchief	10.00								

房号 / Rm No.________

宾客 / Guest________

日期 Date________

合计件数 / Total piccсs

特殊提示 / Special Instructions

☐上浆 / Starch
☐挂起 / Hanger
☐折叠 / Fold
☐其他 / Others：

续表

鞋 Shoes	15.00								
提包 Handbag	15.00								
女士 ladies									
衬衫（女）Blouse	25.00			30.00			20.00		
T 恤 T-shirt	20.00			25.00			15.00		
毛衣 Sweater	25.00			35.00			15.00		
裤子 / 牛仔裤 Trousers/ jeans	30.00			35.00			20.00		
Short 短裤	15.00			20.00			10.00		
Skirt 裙子	35.00			40.00			20.00		
裙子（百褶）Skirt（Pleated）	50.00			60.00			35.00		
连衣裙 Dress	50.00			65.00			35.00		
连衣裙（真丝）Dress（silk）				75.00			35.00		
旗袍 Cheongsam				70.00			40.00		
上装 Jacket	40.00			45.00			20.00		
大衣 / 风衣 Overcoat/ Wind breaker	60.00			70.00			40.00		
西装（两件套）Suit（2pcts）				70.00			50.00		
围巾 Scarf	20.00			25.00			10.00		
睡衣（两件套）Pajamas（2pcts）	25.00			35.00					
内衣 Undershirt	15.00								
内裤 Underpants	15.00								
胸罩 Brassiere	18.00								
袜子（对）Socks（pair）	10.00								
鞋 Shoes	15.00								
提包 Handbag	15.00								
帽子 Cap				15.00					
裤脚缝补 Trouser mending 15.00									

请告知所洗衣物的特殊性质或要求，以便我们特殊处理。
For better result from the laundry，please advise your requirement.

- □污渍 / Stain
- □起球 / Teasel
- □色差 / Discoloring
- □破损 / Breakage
- □霉斑 / Mildew
- □缺纽扣 / Replace Button
- □修补过 / Mended
- □其他 / Others

洗衣费用 / Charge

附加费 / Surcharge：
￥________

合计 / Total：
￥________

宾客 / Guest：________

服务时间：8:00 至 21:00

Available daily from 8:00 to 21:00.

□普通服务：上午 10 时前收取，即日晚上 7 时送回。

Regular Service：Garments collected before 10:00 am will be returned on the same day by 07:00 pm.

□次日服务：当日上午 10 时后收取，次日中午 12 时前送回。

Next day Service：Garments collected after 10:00 am will be returned on the next day before 12:00 noon.

□特快服务：衣物由收衣时间起 6 小时内送回，附加费 50%。

Express Service：Garments to be returned within 6 hours will be subject to a 50% surcharge.

□特快加急服务：衣物需要 3 小时内洗好并送回，附加费 100%。

Urgent Service：Garments required within 3 hours will be subject to a 100% surcharge.

请注意 /Notes

- 请列明衣服件数，如果没有将以酒店计数为准。
  Please list quantity of each article.Hotel's count must be accepted if yours is not given.
- 所有赔偿要求必须在收到衣物后 24 小时内提供并持原始单据。
  All claims must be made within 24 hours after in receipt and accompanied by original list.
- 口袋内的遗留物品、衣扣、装饰品的丢失，酒店不负责任。
  The hotel will not be responsible for any items left in the pockets of the laundry.
- 如果由于我们的责任造成衣物丢失或损坏，其赔偿不超过洗烫费单价的 10 倍。
  If an article has been lost or damaged due to our negligence，the hotel liability is limited to maximum 10 times of the laundry chargcs.

❖实训项目3-7

送客衣服务

一、操作准备

洗衣单、送衣筐、衣物等。

二、操作程序

步　骤	操作要领	质量标准
1. 收客衣	衣物洗好后，洗衣房人员将洗好的衣物按楼层顺序放在客衣车内，在规定的时间内送回楼层，与客房服务员当面核对。	核对无误。
2. 送客衣进房	（1）客房服务员尽快将洗衣送回给客人。如客人在房内，请客人查点洗衣。如客人不在房间，将挂件放在衣橱内，衣包放在写字台上。 （2）如果房门上有“请勿打扰”标志，则附上留言条，洗好的衣物放在工作间妥善保管。	及时送入客房。
3. 做好相应记录	各班交接时，需做好洗衣交接工作，并在工作单上做好记录。	准确、无遗漏。

特别提示

（1）准确无误。这是送还客衣工作中需要特别注意的问题。常见的错误是送错楼层和送错房号，如 716 的客衣送到 617，或 716 的客衣送到 706 等。

（2）遇“请勿打扰”的客房，服务员不能敲门进房，可把客衣存放在楼层工作间或客房服务中心，并给客人“衣服已洗妥”的提示卡，注意记下客人房号。

衣服已洗妥
尊敬的宾客： 您的衣服已洗妥，请拨电话“7”，随时与我们联系，当即送还。多谢合作！ 客房部

❖相关知识

对客人来说，洗衣是他们很重视的一项服务。从客人对客房的投诉来看，对洗衣服务的投诉已占有相当的比例。因此，提供优质的洗衣服务对提高客人满意度有着重要的意义。

一、洗衣服务的种类

酒店通常提供水洗、干洗和熨烫三种洗衣服务。

二、客衣的收取

客房部可通过以下几种途径收取客衣：

（1）客人打电话通知洗衣房客衣组，由客衣服务员上楼层收取客衣，这是国际上大部分酒店的例行做法。客衣服务员在电话中需提醒客人填写洗衣单并将所需洗的衣物一同装入洗衣袋，放于客房内。客人有时会有一些特别要求，服务员应问清楚并做好记录。

（2）客人将要洗的客衣装在洗衣袋内，放在客房显眼之处，客房服务员清扫客房时取出并交给洗衣房。

三、客衣的返送

案例分享
缩水的衣服

返送客衣有以下三种方式：

（1）由洗衣房客衣服务员直接送回客人房间。

（2）客衣服务员将客衣送至楼层，再由客房服务员将客衣送入客房。

（3）客衣服务员将客衣送至楼层，由行李员将客衣送入客房。

模块 1.6　擦鞋服务

❖实训项目3-8

擦鞋服务

一、操作准备

楼层工作间准备好鞋油、鞋刷、擦鞋布、抹布和废报纸。

二、操作程序

步　骤	操作要领	质量标准
1. 收取皮鞋	（1）接到客人要求擦鞋的电话或通知后，及时赶到客人房间收取皮鞋。 （2）服务员在住客房工作时发现脏皮鞋，应主动询问客人是否需要擦鞋服务。如果客人不在房，可先将皮鞋收回，留一张擦鞋单在擦鞋篮中。 （3）如果皮鞋放在擦鞋篮里，可直接收取到工作间。	若遇雨雪天气，客人外出归来，服务员应主动为客人提供擦鞋服务。
2. 做记号	收取皮鞋时，应将写明房号的小纸条放入皮鞋内，以防送还时出现差错。	避免搞错。
3. 擦鞋	（1）在鞋下垫上一张废报纸。 （2）将皮鞋表面的尘土擦去。 （3）根据皮鞋的面料、颜色选择合适的鞋油。 （4）仔细擦拭、抛光。	（1）注意不要搞混皮鞋颜色。 （2）擦净擦亮。
4. 将鞋送回客房	（1）将擦净的鞋送至客人房间。 （2）如果客人不在，应将皮鞋放在鞋篮旁，取出鞋内小纸条。	及时送还。
5. 登记	皮鞋送还后做好登记（见表 3–7）。	记录及时、准确。

特别提示

（1）收送客人鞋子需使用鞋篮，特别要注意做好标记，防止出错。

（2）遇到雨雪天，发现客人从店外回房，客房服务员要主动为客人提供擦鞋服务。

（3）服务员应熟悉各种皮鞋及鞋油的性能，并根据客人皮鞋的特性选择适宜的鞋油和不同的擦法。

（4）对没有相同色彩鞋油的待擦皮鞋，可用无色鞋油。

（5）擦好的鞋子需及时送还。电话要求擦鞋服务的客人，通常是急用鞋，所以要尽快提供服务，并及时将鞋送还。

（6）欧美客人大多都是在晚上睡觉之前，将需擦拭的皮鞋放在门口，服务员发现客人回房时，应主动巡视，如有脏皮鞋放在房门口，则需将其收回工作间待擦。

擦鞋单
尊敬的宾客： 我们正在为您提供擦鞋服务，30分钟内送还，请稍候。 客房部

表3–7　擦鞋服务登记表

楼层________

日期	房号	宾客	鞋款	质地	颜色	擦鞋起始时间	擦鞋人	备注

❖相关知识

一、擦鞋服务

我国星级酒店评定标准要求三星级以上的酒店须为住客提供免费擦鞋服务，客房内需备有鞋篮（如图3–9所示），内置“免费擦鞋服务”提示单。客人将需擦的鞋放在鞋篮内，或放在房内显眼处，或电话通知，客房服务员接到电话、在客房内看到鞋篮中有鞋子都应及时收取。

二、不同皮质鞋子的擦鞋方法

皮鞋皮质不同，擦鞋的要求也不同。服务员需识别不同质地的鞋子，根据客人皮鞋的特性选择适宜的鞋油和不同的擦法。

（1）牛羊皮鞋：用优质鞋油及鞋布擦拭。

（2）漆皮：多是牛皮，表面有一层薄胶，较光洁。用半湿布或无色鞋油清洁。

（3）皱漆皮：与漆皮一样，但利用滚筒加压令漆面皱起来，皮质比漆面柔软。用半湿布或无色鞋油清洁。

（4）磨砂皮：磨砂皮脏后，切忌使用普通毛刷擦拭，这样会损伤磨砂绒面，影响美观。可使用磨砂皮专用胶块擦拭，既可去污，又可保护鞋面不受损伤。

案例分享
皮鞋擦坏了

（5）真皮运动鞋：用刷子或清洁剂清除灰尘或污垢，用乳化型鞋油擦拭。

图 3–9　擦鞋篮

模块 1.7　租借物品服务

❖实训项目3–9

租借物品服务

一、操作准备

（1）接到客人租借物品需求时，服务员需问清客人要求租借的用品，并在“客房服务工作日报表”上注明物品名称、编号和租借时间。

（2）将客人租借的物品准备好并检查是否完好，准备好托盘、租借单和笔等用品。

二、操作程序

步　骤	操作要领	质量标准
1. 做好记录	问清客人要求租借的用品，在“客房服务工作日报表”上注明物品名称、编号和租借时间。	记录及时、准确。
2. 将物品送进客房	（1）将客人需租借的物品送至客人房间。 （2）视情况向客人演示物品的使用方法。	服务快捷、演示正确。

续表

步　骤	操作要领	质量标准
3. 填表	填写“租借物品登记表”（见表 3–8）。	及时、准确。
4. 收回被借物品	（1）至归还时间时，通过电话主动与客人联系，礼貌询问客人是否继续使用。征得客人同意后，前往该房间收回租借物品。 （2）如果房间挂了“请勿打扰”牌，需特别注意。一旦客人取消“请勿打扰”或遇到该住客时，应礼貌地询问客人是否需要继续使用。	（1）注意语言技巧。 （2）注意检查物品是否完好。 （3）如果发现客人损坏或遗失租借物品，应向上汇报。
5. 清洁、消毒租借物品	租借物品清洁、消毒后，放回原处。	保证物品卫生。
6. 做好记录	在“客房服务工作日报表”及“租借物品登记表”上注明此物归还情况。	记录及时、准确。

物品借用单

房　　号__________　　客人姓名__________

借用日期__________　　借用时间__________

借用物品__________　　离店日期__________

尊敬的宾客：

请您借用________小时后致电客房服务中心，电话分机“7”，以便我们前来收回物品，谢谢。

客人签名______________

服 务 员______________

客房部

表 3–8　租借物品登记表

日期	房号	用品及序号	数量	借出时间	经手人	客房服务中心服务员	归还人	归还时间	接收人

特别提示

（1）客人租用电器用品，服务员应提醒其注意使用安全。根据酒店规定，禁止客人在房间内私自使用各种电器用品。租借各种万能插座时，应了解客人电器输出及输入电压值，以避免造成电器设施的损坏。

（2）交接班时，服务员须将客人租借物品的情况及手续移交下一班次，以便继续服务。

（3）服务员需注意收回客人的租借物品，并记录收回物品的时间、数量及经手人。

（4）如过了租借时间，客人仍未归还，服务员可主动询问，特别是客人离店前。询问时注意语言技巧。

（5）租借物品如有损坏或遗失，服务员应告知客人并按酒店有关规定处理。

❖相关知识

客房部除给客人提供最基本的住宿条件外，还需购置一定数量的常用物品以满足客人的需求。租借物品可以分为租用与借用两类。租用物品指可以租给住客使用的，但需向客人收取相应费用的物品。客房部可供租用的物品主要有加床。借用物品是借给客人使用的，不收取费用的物品。此类物品品种较多，如计算器、充电器、被子、玩具、开瓶器、订书机、双面胶等。此类物品的储备品种和数量需根据酒店的档次及服务水准而定。此外，还要考虑酒店的规模和接待经验，常用的物品应多配备一些。通常星级越高的酒店可供客人租借的物品越多。下面是某五星级酒店客房部可供客人借用的部分物品：

Rollaway beds 加床	Baby bathtub 婴儿浴缸
Baby cribs 婴儿床	Bottle Warmer 温奶器
Bed boards 加床板	Stationery 文具
Extra blankets 毛毯	Nail Clipper 指甲刀
Extra pillows/Foam pillow 加枕 / 硬枕	Air Purifier 空气净化器
Extra bathrobes 浴袍	Humidifier 加湿器
Iron / ironing board 熨斗 / 熨板	Dehumidifier 干燥器
Extension cords 拖线板	Scissors 剪刀
Calculator 计算器	Adaptors 插头转换器

模块 1.8　加床服务

❖实训项目3-10

加床服务

一、操作准备

（1）接到有关提供加床服务的通知后，应立即做好记录。

（2）准备好加床（通常是折叠床）、客用消耗品等。

二、操作程序

步　骤	操作要领	质量标准
1. 进房	按进人客房程序进房。	规范操作。
2. 加床	（1）将加床放在房间适当的位置。 （2）按要求铺床。	（1）客人在房需征求客人意见。 （2）保持房间美观整洁。
3. 补充客用品	加床的客房应增加以下客用品： 香皂　1块 沐浴液　1瓶 脸巾　1条 浴巾　1条 牙具　1套	客用品补充齐全，摆放在规定位置。
4. 自我检查	检查是否有遗漏之处。	确保加床服务质量。
5. 离开客房	将门锁上，注意回推一下房门。	确保房门锁上。

特别提示

加床服务必须得到总台的通知或认可。若客人直接向服务员提出加床服务要求，应请客人与总台联系，办理有关手续。员工不得私自向客人提供加床服务。

模块 1.9　送客服务

❖实训项目3-11

送客服务

一、操作准备

得知客人的离店日期后，记住客人房间号码，了解客人结账离房的准确时间。

二、操作程序

步　骤	操作要领	质量标准
1. 检查	（1）检查客人代办事项，是否还有未完成的工作。 （2）注意检查账单，如洗衣单、饮料单等。账单必须在客人离店前送到总台收银处，保证及时收款。	（1）代办事项落实。 （2）账单及时送总台收银处。
2. 征求客人意见	（1）主动询问客人离店前还需要办理的事项，如是否要用餐、叫醒服务、帮助整理行李等。 （2）征求即将离店客人的意见，并提醒客人检查自己的行李物品。	主动征求意见，提供优质服务。
3. 送别客人	（1）协助行李员搬运客人行李。 （2）主动热情地将客人送到电梯口，代为按电梯按钮，以敬语向客人告别。 （3）对老弱病残的客人，要专人护送。	主动热情，礼貌周到。
4. 善后工作	（1）迅速进房，仔细检查。如有遗留物品，立即报总台送还客人。来不及送还的，交客房服务中心登记处理。同时，还应检查客房设备和用品有无损坏和丢失。如发现损坏和丢失现象，应及时报告主管。 （2）处理客人交办事项。	（1）查房仔细。 （2）认真处理好客人交办的事项。

特别提示

客人临行前，服务员应利用房间服务的机会，检查各种物品及设备有无损坏或欠缺，以提高客人结账离店时查房的速度。

❖实训项目3-12

检查走客房

一、操作准备

（1）记清走客房房号。

（2）准备工作报表及笔。

二、操作程序

步 骤	操作要领	质量标准
1. 进房	按进入客房程序进房。	操作规范。
2. 检查小酒吧	检查小冰箱、吧台，查看客人是否有消费。	仔细检查，及时报告。
3. 检查卧室	按照顺时针或逆时针方向顺序，从里到外、从上到下进行检查，尤其是床底下、枕头边、抽屉等处，是否有客人遗留物品、设备用品有无损坏及短缺。	仔细检查，及时报告。
4. 检查卫生间	是否有客人遗留物品、设备用品有无损坏及短缺。	仔细检查，及时报告。
5. 报告	（1）发现有消耗或物品短缺及时报告收银处。 （2）发现客人遗留物品，应及时与总台收银处联系，将物品交还客人；如客人已经离店，则应及时交客房服务中心。	及时报告。

案例分享
客房少了一条毛巾

特别提示

（1）检查走客房要仔细、高效。

（2）床底、抽屉里、沙发下等处要特别认真地检查。

❖相关知识

一些客人由于粗心或比较匆忙，退房时有时候会在客房内落下一些物品（遗留物品）。

一、遗留物品的分类

客人遗留物品可分为以下三类：

（1）贵重物品：珠宝饰物、相机、摄像机、手表、现金、信用卡等物品。

（2）非贵重物品：眼镜、钥匙、日常用品、衣服、鞋子、杂物、已开启的药物等。

（3）特别物品：支票、工作证、身份证、护照、钱包等物品。

二、客人遗留物品处理规范

酒店须制订遗留物品制度，统一规范管理。

1. 归口管理

客人遗留物品的管理需要一套严密的程序。归口管理可提高工作效率，方便客人查找。因为遗留物品多数是在客房检获的，所以大部分酒店由客房部负责遗留物品的管理。

2. 明确专人管理

设有客房服务中心的酒店，一般由客房服务中心服务员负责登记和保管，并定期对遗留物品进行清点和整理。

3. 制订登记制度

在酒店任何区域检获遗留物品，都须及时交到客房服务中心。客房服务中心联络员收到客人遗留物品时，需记录在“遗留物品拾获记录表”（见表3–9）上，写明拾获日期、地点、物品名称、拾获人姓名。

表3–9 遗留物品拾获记录表

房 号		宾客姓名	
入住日期、时间		退房日期、时间	
物品名称		数 量	
拾物位置		拾获人签名	
拾物日期、时间		楼层保留时间	
备 注			

4. 配备必要的储藏柜

所有遗留物品都必须保存在失物储藏柜中。贵重物品与非贵重物品分开存放，贵重物品应专人管理。

酒店需视自身的规模和星级，配备放置遗留物品的储藏柜，大型的高星级酒店甚至要设专门的遗留物品储藏室。

5. 确定保管期

酒店业对遗留物品的保管期没有硬性规定。一般贵重物品和现金的保管期为半年至1年，非贵重物品保管期3个月至半年，水果、食品2~3天，药物2周左右。衣物保存前应先送洗衣房洗净。

6. 确定认领方式

（1）如有失主认领遗留物品，服务员需验明其证件，由领取人在“客人遗留物品登记表”（见表3–10）上写明工作单位并签名；领取贵重物品需留有领取人身份证件的复印件，并通知大堂副理到现场监督、签字，以备核查。

（2）若客人打电话来寻找遗留物品，服务员需问清情况并积极查询。若遗留物品与客人所述相符，则要问清客人来领取的时间；若客人不立即来取，则应将该物品转放入“待取柜”中，并在记录本上逐日交班，直到取走为止。

7. 确定保管期后的处理方式

遗留物品过了保管期后如何处理，酒店应做出统一规定。

表 3-10　客人遗留物品登记表

日期	时间	地点	拾得物品名称及数量	拾获人	编号	保管人	领取日期	领取人	经手人	备注

三、某酒店遗留物品的处理规定

1. 食品处理

所有酒店提供给客人的特别食品或饮料，如果客人没有用，应归还给客房送餐部。

所有易腐坏的物品如水果或食品 24 小时后处理掉。

任何已开封的瓶装饮料（无论是带酒精的还是不带酒精的）都必须处理掉，此类遗留物品不能发给拾获人。

任何未开封的瓶装物品将被保存 3 个月，在无人申领的情况下可以给拾获人。

2. 一般物品

所有不易腐坏的物品将被保存 3 个月，在无人申领的情况下可以发给拾获人。所有衣服类遗留物品在包装和存储前应送洗衣房洗涤。

3. 贵重物品

贵重物品包括金银首饰、相机、手机和现金等，保存 1 年后，若无人申领，由酒店统一处理。

4. 特别物品

（1）手机：客房服务中心联络员做好记录，贴上带有编号的标签。该手机将开机 24 小时。如果失主给该手机打来电话，则与失主通话联系。如果在 24 小时内无人给该手机打来电话，手机将被关机，并锁进保险箱保存。

（2）护照、驾驶执照，身份证：应立即与客人联系，并保存在保险箱内。如果在 24 小时内无人申领，通知保安部将这些物品移交给公安局。保安部应向客房部提供遗留物品的参考编号。

模块 1.10　客房对客服务数字化运用

一、对客服务数字化流程

对客服务系统可以全面提高宾客的住宿体验，使得客房服务员能够快速响应宾客需要，提高对客服务的效率和质量，有效处理和预防宾客投诉，提升宾客忠诚度和满意度。相较于传统的对客服务模式，对客服务系统可以极大地减少客房服务员的工作时间，优化服务流程。具体流程如图 3-10 所示。

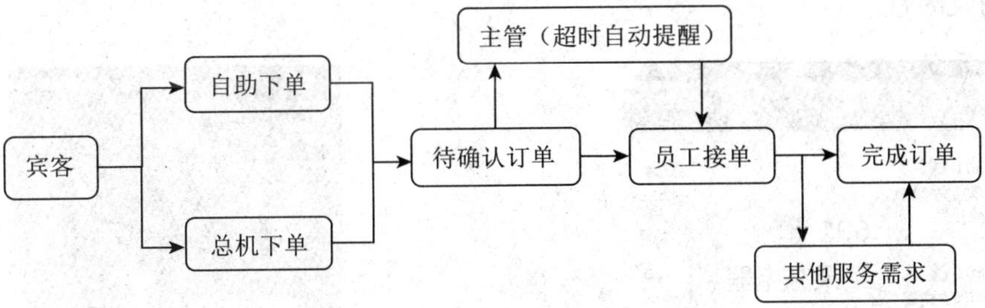

图 3-10　数字化对客服务流程图

1. 宾客下单

（1）宾客→总机（系统下单）

宾客可通过打电话向总机说明具体服务事项，总机负责逐一记录宾客需求，并礼貌回应宾客。待宾客挂断电话后，总机工作人员将宾客的需求录入系统，并注明宾客有无其他特殊要求（如图 3-11 所示）。

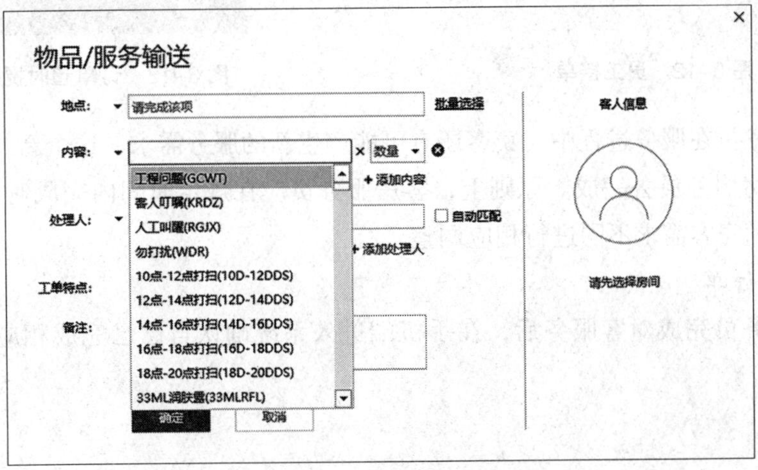

图 3-11　总机系统入单

（2）宾客自助下单

宾客通过酒店自助下单系统（二维码、微信小程序和酒店 APP 等）选择自己所需的客房服务。该服务工单通过系统发送到客房匹配的相应处理人处。

2. 客房服务员接单

（1）直接接单

总机工作人员将宾客需求录入系统后，客房服务员通过系统收到待确认订单，点击确认接受订单即可根据宾客的需求进行客房服务（如图 3-12 所示）。

（2）超时电话提醒

客房服务员在规定时间内未确认订单，系统会通过自动语音和弹出信息提醒主管有待确认订单（如图 3-13 所示），请主管前往系统进行确认并告知客房服务员，确保对客服务的及时性。

图 3-12　员工接单

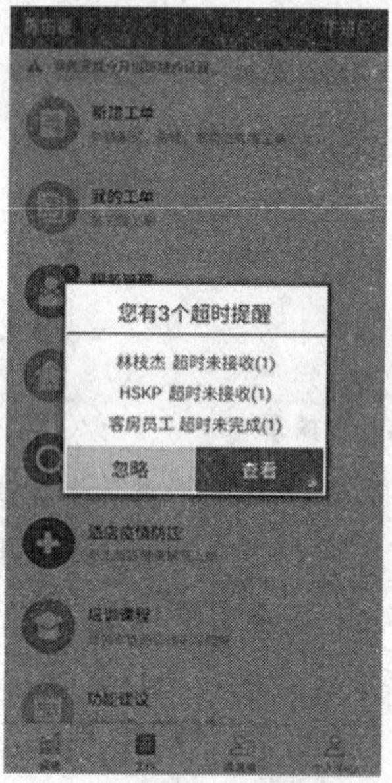

图 3-13　订单超时提醒

客房服务员在服务过程中，宾客还有可能产生新的服务需求，这个新的服务任务也需要这个客房服务员去完成。原则上，客房服务员应在规定时间内完成对宾客的服务，但时间也可随宾客需求不同进行相应调整。

3. 完成订单

客房服务员完成对客服务后，在手机端进入系统确认自己已完成相应订单（如图 3-14 所示）。

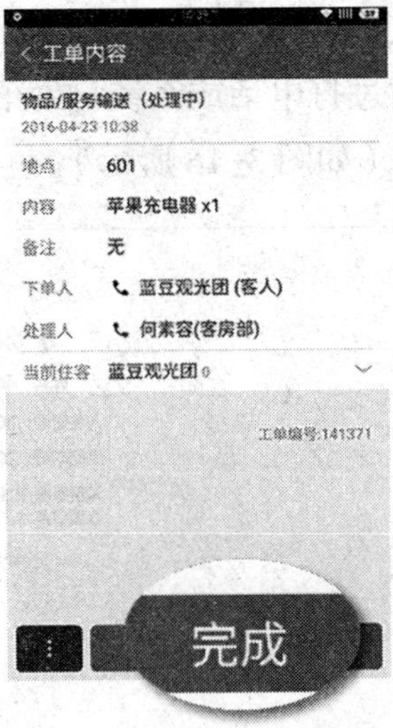

图 3–14　客房服务员完成订单

二、对客服务通知数字化

对客服务通知的数字化，是指总机或宾客下达的指令可以直接通过系统到达客房服务员处。这种简单、快捷的方式能够最大限度地提高对客服务的效率，宾客需求信息显性化且能责任到人。

1. 宾客入住通知

前台为宾客办理好入住后，系统便会向客房服务员发送新入住房间信息，通知客房服务员该房间宾客已入住（如图 3–15 所示）。

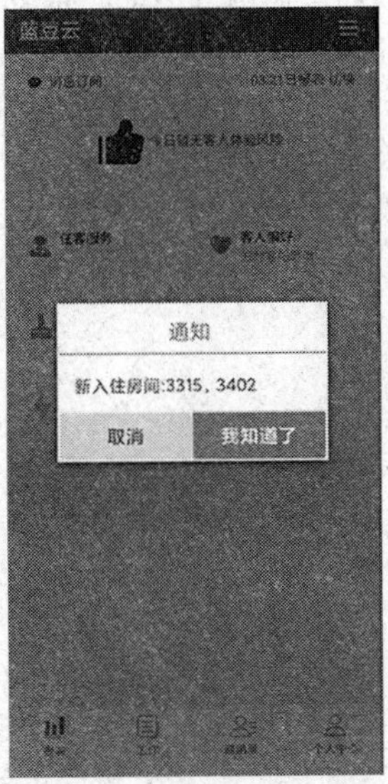

图 3–15　宾客入住通知

2. 宾客租借物品和购买通知

宾客需要租借物品时，可通过打电话或系统自助下单的方式选择所需租借的物品，系统便会通知到客房相应服务员（如图 3-16 所示）。

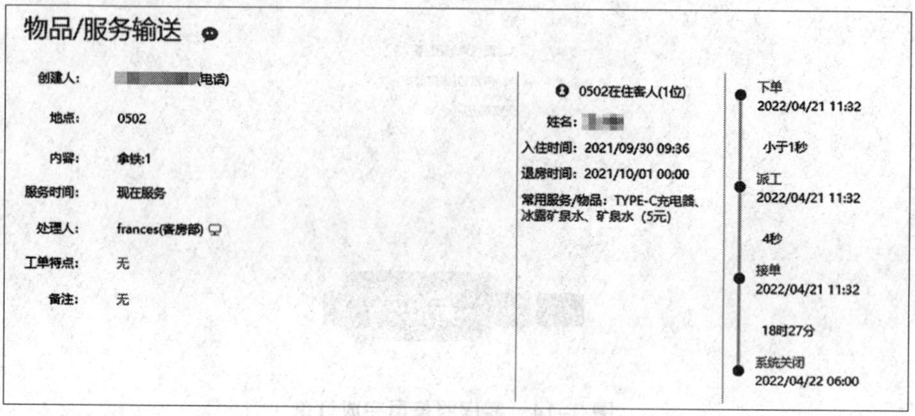

图 3-16　宾客物品租借与购买通知

3. 退房查房通知

宾客离店时，前台通过系统将退房待查房通知直接下达给相关客房服务员，客房服务员通过系统收到通知，包括房间号和房间状态等基本信息。

4. 房间卫生通知

房间需要清洁时，前台或总机在系统上注明需要清理卫生的房间号和打扫的特殊要求，相关客房服务员在系统中接收该房间清理工作的具体通知（如图 3-17 所示）。

5. 其他通知

前台或客房服务中心有关客房服务的其他通知也可在系统中显示（如图 3-18 所示）。

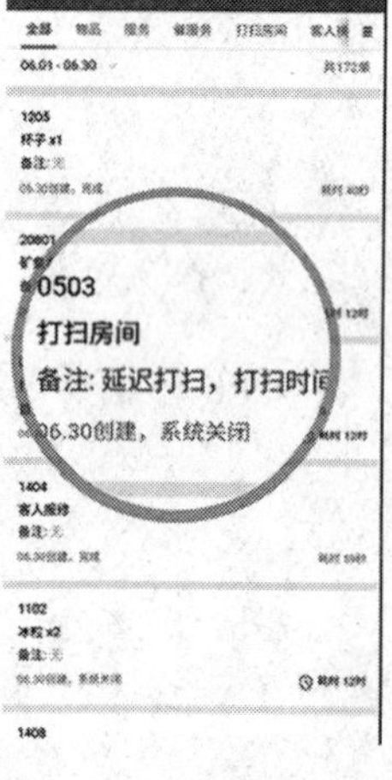

图 3-17　房间卫生通知

图 3-18　其他通知

❖工作评估

模块名称________ 小组________ 组员________ 评估日期________

项目		等第			
		超过标准（A）	达到标准（B）	稍低于标准（C）	与标准差距大（D）
知识掌握	茶叶知识				
	饮料知识				
	洗衣服务知识				
	对客服务数字化运用				
技能训练	迎/送客服务				
	送茶/饮料服务				
	洗衣服务				
	擦鞋服务				
	开夜床服务				
	其他服务项目				
	走客房检查				
协同作业	资料收集整理				
	参与小组讨论				
	团队合作精神				
	任务完成时间				

模块二　客房针对性服务

教学设计

1. 案例导入，教师讲解必要的知识点，下达工作任务。
2. 学生分组通过网络等方式，收集相关的案例。
3. 课堂小组讨论案例，教师总结归纳。
4. 教师设置相关服务情景，学生在实训宾馆分组演练，小组互评、教师点评。
5. 各项目小组形成完整的项目报告，师生共同进行项目总结。

模块 2.1　贵宾服务

❖实训项目3-13

准备贵宾房

一、操作准备

（1）了解贵宾的日程安排、生活习惯与爱好等，做好准备工作，提供针对性服务。

（2）准备相应的物品：鲜花、水果等。

二、操作程序

步　骤	操作要领	质量标准
1. 清扫、布置客房	（1）提前将房间清扫整理好。 （2）将增放的物品放入房间。	按酒店贵宾接待规格布置客房。
2. 主管检查客房	（1）房间布置完毕，主管进行严格检查。 （2）发现问题，立即纠正。	认真仔细。
3. 经理查房	主管检查合格后，通知大堂经理前往检查。	确保房间处于最佳状况。

特别提示

（1）每次接待贵宾，客房部应预先制订接待方案，调动业务能手，一班到底。

（2）贵宾离店后，需及时将相关信息提供给前厅部，做好客史档案。

（3）贵宾通常在房内办理入住登记手续。

（4）掌握贵宾房状态，如卫生、客用物品和设备情况，发现问题及时解决。

（5）为贵宾服务的员工需尽快熟记客人姓名，以客人姓氏称呼客人。

（6）特别重要的贵宾须加强安全和保密工作。

❖实训项目3-14

送欢迎茶服务

一、操作准备

（1）做好准备，泡好茶。要求茶具干净，茶叶放适量，开水冲泡，七八成满即可。

（2）将泡好的茶杯放在垫有小方巾的托盘内，准备好热毛巾（毛巾温度约 60℃）和毛巾镊子，放在同一托盘内。

二、操作程序

步　骤	操作要领	质量标准
1. 进入客房	根据进房程序进入客房。	操作规范。
2. 上茶	（1）将欢迎茶放在客人方便拿取的地方，如茶几上、床柜上、梳妆台上等，视宾客坐的位置而定。 （2）从托盘内拿出茶水时应先拿外面的，后拿靠里的。	动作熟练、轻快。
3. 请茶	伸出右手做请茶的手势，轻声说："某先生 / 某女士，请用茶！"	以客人姓氏称呼客人。
4. 结束语	站立姿势端正，面带微笑地向客人说："如有什么事需要我们帮忙，请电告 ×× 号或告诉我们，我们乐意为您效劳。"	姿势规范，礼貌用语。
5. 退出	（1）向客人告退。 （2）退后一步，然后转身步出房间，轻轻关上门。	关上门后回推一下，确保门已锁上。

❖相关知识

一、VIP 的含义

VIP 是英语 Very Important Person 的简称，意为非常重要的客人，又称贵宾。VIP 因身份特殊，酒店需给予特殊的关照。

二、VIP 等级

酒店一般将 VIP 分 A、B、C 或 V1、V2、V3 三个等级。

VA 级：党和国家领导人、外国首相、总统、总理、议长等。

VB级：我国及外国的各部部长，世界著名大公司的董事长或总经理等。

VC级：旅游部门、文化艺术、新闻、体育界等的负责人或著名人士，各地星级酒店的总经理，国内外著名公司与企业的总经理，与酒店有重要协作关系的企业或公司的总经理等，酒店总经理要求按VIP规格接待的客人。

三、VIP的接待规格

一般酒店会根据VIP客人身份、地位的不同，制订不同的接待规格。下面介绍某星级酒店VIP（等级VB）客房部的接待流程与要求，供参考。

1. 接待流程

（1）接到营销部下发的“VIP接待计划书”后，立即仔细阅读并记录在案。

（2）客房部经理参加公关营销部经理召集的接待协调会议，明确本部门的接待任务和要求。

（3）召开客房部部门主管以上会议，制订部门接待计划，责任落实到人。

（4）客房部各岗点必须熟记贵宾的人数、姓名、身份、在店时间、活动过程等内容。

（5）各级管理人员逐级检查下级准备工作的完成情况，要求逐条落实。

（6）检查贵宾用房，确保设备使用无误，保证贵宾房始终处于良好状态。

（7）贵宾入住前2小时按等级标准摆放好鲜花和果篮。

（8）贵宾抵店前30分钟，打开房门，开启室内照明灯。

2. 客房布置

（1）接到VIP客人的预订信息后，客房部应做好充分的准备工作，提供最佳状态的房间给前台安排。

（2）根据不同客人布置房间物品。如是电影明星，则在房间多放一些纸巾、棉球等；如是文化名人，则在房间摆放多份报纸、相关杂志或其代表作等。

（3）接到该类重要客人的入住通知后，客房部应立刻准备高级别的时令水果盘，精致、豪华的艺术插花，撰写欢迎词。

（4）安排服务技能娴熟的服务员对客服务。服务员应熟悉并掌握客人的各种生活习惯、喜好和禁忌。

（5）了解客人的行程安排，对从入住到退房全程安排做到心中有数。

（6）对有些名人则根据需要安排24小时专人服务。

3. 迎宾服务

（1）由客房部经理和专职服务人员在通道迎候客人，准备级别较高的迎宾茶服务。如VIP客人的随行人员较多，纸巾、茶水的数量需准备充分。

（2）当客人进房后，服务人员准确称呼VIP客人的姓氏和职务，并送上具有地方特色的迎宾茶。

4. 住店日常服务

（1）保持客人在房期间周围环境的安静，严禁任何外界噪声的干扰。

（2）在任何情况下不得打扰客人，不能移动客人的物品，不能泄露客人情况。

（3）根据不同的客人提供准确的服务。

（4）贵宾房需要提供客房小整理服务，以保持客房美观。进行此服务时，一定要在客人外出后进行。

5. 洗衣服务

（1）取回贵宾衣物，立即注明 VIP，进行专门登记与存放。

（2）贵宾的衣物，由洗衣房主管全面检查跟进，确保洗衣质量。

（3）严格检查，按面料确定洗涤方式，确保不发生问题。

（4）贵宾衣物需要单独洗涤。

（5）贵宾衣物洗涤以后，交熨烫组优秀员工负责熨烫。

（6）洗衣房主管检查洗衣质量。

（7）包装完毕，立即送至楼层。

（8）贵宾房号严格保密，不得私自外传。

6. 客房布置要求

表 3-11 为某酒店客房布置的具体要求。

表 3-11 ××酒店客房布置要求

品 名	规 格	数 量	摆放位置
鲜花	普通花篮	1 篮	写字台
晚间鲜花	康乃馨	1 枝	床头
果篮	普通果篮	1 篮	客厅茶几
欢迎饮料	鸡尾酒	1 杯	小酒吧台
欢迎点心	西点	4 块	小酒吧台
晚间小食	晚安巧克力	1 盒	床头柜
绿色植物	绿色、富有生命力	1 盆	客厅
欢迎卡	酒店贵宾专用卡	1 张	鲜花上
浴袍	丝质	1 件	衣橱
消耗品	包装盒烫金	1 套	卫生间

7. 注意事项

（1）对贵宾的个性化服务的重点在于，满足客人高层次的精神需求。如本地籍文化名人对乡土的怀念尤为突出，服务员就应选本地员工，让客人耳边萦绕着亲切的乡音；房间摆放一些当地的风情照片，让客人感受到故乡的浓郁之情。

（2）作为一名合格的服务人员，应该具备为贵宾保密的意识，客人的个人资料、生活习惯都不应该随便泄露，以免产生不必要的矛盾和纠纷。

模块 2.2　伤病客人的服务

☞案例导入

一天下午，某酒店客房服务员小章发现一位新入住的客人右手有残疾，左手提着一个行李包，赶紧上前对客人说：“您的手不方便，我来帮您提吧。”不曾想，客人听后大为不悦，连说：“不需要，不需要。”

小章很是纳闷：客人这是怎么啦？我好心办错事了？

❖相关知识

一、伤病等客人的照料

1. 受伤客人的照料

（1）员工在酒店任何区域发现受伤客人都应立即报告，尤其是客房部员工，在工作中，应随时留意是否有受伤客人。

（2）主动提供帮助，联系驻店医生上门治疗，如伤势较重，则由医生决定是否送医院治疗。

（3）切实做好防范工作，加强安全设施用品的配备，防患于未然。

2. 生病客人的照料

个别客人因旅途劳累、水土不服或其他原因，可能会突然得急病。生病客人需要细心地照顾和服务。

（1）发现客人生病，要表示关怀及乐意给予帮助，并及时上报。

（2）礼貌询问客人病情，提醒客人有驻店医生的服务。没有驻店医生的酒店，应征询客人是否去医院。

（3）为客人提供必要的生活用品，如纸巾、茶杯、热水瓶、垃圾桶等。

（4）询问客人有无需要代办的事项。如客人要求代买药品，服务员应婉言拒绝；若客人坚持让服务员代买药品，服务员应及时上报。

案例分享
客人晕倒了

（5）随时留意房内动静，适时进客房观察并询问客人有无特别需求。

（6）在交接班本上做好记录。

3. 注意事项

（1）发现客人生病，服务员应立即上报。注意不要轻易乱动客人，或擅自拿药给客人服用。

（2）如住客患上重病或急症，应立即报告大堂经理及值班经理，将患病客人送到附近医院治疗，未到医院之前由驻店医生进行处理。

（3）发现客人休克或出现其他危险情况时，应立即报告上级。服务员不得随便搬动客人，以免发生意外。

（4）照料生病客人时，服务员做好必要的照料工作后即应离去，不得长时间留在病客房间，病客若有需要可电话联系。

二、残障客人的照料

残障客人活动不太灵便，需要服务员精心照料。

（1）酒店如有残疾人客房，应给客人安排此类客房；若无，排房尽量排在低楼层、靠电梯处，以方便残障客人出入。

（2）客人进店前，应根据前厅部等部门提供的资料，了解相关信息，如客人的姓名、生活特点、有无家人陪同及特殊要求等，做好相应的准备工作。

（3）客人抵店时，客房服务员应在电梯口迎接，问候客人并视需要搀扶客人进入客房，或帮助提拿行李。

（4）向客人仔细介绍房内设施设备和配备物品，帮助客人熟悉客房环境。

（5）客人住店期间，应特别关注，适时提供帮助，如搀扶客人进出电梯、客房，提醒客人注意安全等；发现客人到酒店其他区域时，应及时通知相关部门。

（6）主动询问客人是否需要客房送餐服务，配合餐饮部人员做好相关服务工作。

（7）通过相关部门的协作，尽力承办客人委托事项，及时完成并回复客人。

（8）客人离店时，服务员应主动征询客人的意见和要求，并通知行李员帮助客人提拿行李。送客人进入电梯后方可离开。

特别提示

为残障人士提供服务时，应主动热情、耐心周到、针对性强。对客人的残障原因不询问、不打听。此外，服务员要理解残障客人不便之处，恰当、谨慎地帮助他们。服务用语要恰当，服务要适度。

三、醉酒客人的照看

醉酒现象在酒店时有发生，处理方式因人而异，一般应根据醉酒客人的情况，适时劝导，使其安静，并提供相应服务。

（1）发现醉酒客人，注意其醉酒的程度及行为。

（2）如果客人重度醉酒，应及时报告上级及保安人员。

（3）将轻度醉酒者劝回房间休息。

（4）提供相应服务，将纸巾、热水瓶、茶杯、垃圾桶等放在床边，方便客人取用。

（5）特别留意醉酒客人房间的动静。

（6）交接班时做好相应记录。

特别提示

如客人醉酒后在楼层或公共区域大吵大闹、损坏物品、干扰和影响其他客人，服务员应立即报告上级和保卫人员前来处理；如需搀扶客人回房休息，员工最好请同事或保安人员协助；客人回房休息，服务员不可随便为其宽衣，以免发生不必要的误会。

模块 2.3　特殊情况的处理

❖实训项目3-15

客人特殊要求的处理

对客人提出的一些特殊要求，只要是合乎情理，服务员应尽量给予满足。

1. 做好准备工作

（1）表示乐意帮助的态度。

（2）记录客人的要求，包括客人的姓名和房号。

（3）重复客人的问题，明确客人的需求。

（4）如客人提出的要求涉及其他部门，也要尽力给客人提供方便，不能推诿。

2. 解决问题

（1）告诉客人解决其需求的方法和大约所需时间。

（2）如果可能要告诉客人事情进展的情况。

（3）如果发生费用，一定要事先告知客人。

（4）如客人的需求不能满足，要向客人说明。

3. 善后工作

（1）客人需求解决后要询问客人是否满意。

（2）做好记录，以便查询。

案例分享
客人要求更换床单

❖实训项目3-16

异常情况的处理

1. 碰到有意刁难的客人时的处理

（1）服务员需要耐心、细致地为客人做好相关的服务工作。

（2）细心地观察客人的情绪和兴趣爱好，根据客人的心理要求，提供个性化服务。

（3）要有自控能力，在客人情绪不稳定时，用平和的心态对待客人。

2. 遇到客人纠缠时的处理

（1）应用语言技巧，婉转地摆脱客人的纠缠。

（2）必要时向客房服务中心或其他员工寻求帮助。

（3）提供客房服务时，保持房门开启。

3. 意外损坏宾客物品的处理

（1）服务员如在工作中将宾客物品损坏，应立即报告上级。

（2）将损坏的残件整理后放置在明显的位置，并摆放整齐。

（3）主管及时将事故的经过详细报告给客房部经理。

（4）客房部经理接到报告后，应尽快或指定专人与客人联系，处理事故。

（5）未经客房部经理同意，不得给客人留言。

（6）如客人在房间，应马上向客人道歉并解释事故的经过，征询宾客的意见。

4. 宾客报失物品的处理

宾客报失物品分为两种：一是财物被盗，二是财物遗失或者疑似遗失。

（1）客人报失，相关人员要保持冷静，认真听取客人反映情况，不做任何结论性的意见，以免给以后的处理带来麻烦和困难。

（2）根据客人提供的线索，分析是否确实被盗，并及时将情况报告保安部及其他有关部门。

（3）查清事情经过及损失程度，取得以下主要资料：客人的基本情况；失物的外观及辨认特征；在此时间内，失主是否在房间接待过一些朋友或访客；失主是否有怀疑对象及理由；失物的价值及是否购买保险。

（4）请客人自己再仔细回忆和查找一次。

（5）如果仍未找到，征得客人同意，帮助客人再做一次详细查找，并让客人亲临现场。

拓展知识
宾客异常行为的应对

（6）询问失主是否要求向公安局报案，并认真记录，最后让客人签字；或要求客人写一份详细的报失经过。

（7）对有关人员进行调查。如果被盗财物涉及某一服务人员，在未掌握确凿事实之前，管理人员不可妄下结论，也不可盲目相信客人的陈述，以免损伤服务人员的自尊心。要坚持内紧外松的原则，细心查找。

（8）做好相关材料的整理和存档工作。

❖实训项目3-17

客人投诉的处理

1. 倾听

投诉的客人往往情绪非常激动或者心怀愤怒，面对投诉或抱怨的宾客时，有经验的服务员都会冷静面对，先聆听，然后再进行解释、安抚工作。

2. 道歉

充分的道歉，表示服务员对客人反映的情况已经有所了解，并对给客人带来的不便表示遗憾和歉意。即使过错不在酒店，但本着宾客至上的原则，服务员也应该向客人道歉，因为“客人永远是对的”。以下是常用的道歉语：

“对您的遭遇，我非常抱歉（我很遗憾听到这样的事情发生）。”

“请你告诉我事情的经过，让我来帮助你。”

3. 找出问题所在

仅是道歉、表示诚意是不够的，客人希望看到的是酒店解决问题的实际行动。因此，服务员需通过交谈、提问、复述等方式，了解相关的信息。

（1）提问。关于服务方面的：“出了什么问题？”关于客人的期望：“原本应该是怎样的？”

（2）复述。“您认为这件事是这样的吗？……（归纳或复述客人的谈话要点）”。

4. 解决问题

在明确客人的投诉原因之后，按酒店有关规定，与客人共同商讨解决问题的方法，帮助客人解决问题。如果客人对提出的解决方案不满意，可以询问客人意见，看看他到底需要什么样的服务或补偿才能够平息心中的不满，然后尽最大可能来满足客人的需求。当然，如果客人提出的要求超出酒店规定或自身权限范围，服务员应先请示上级。

拓展知识
饭店处理客人投诉之要求

5. 跟踪服务

问题解决后，可以通过电话拜访、邮寄信函等方式，确认客人是否满意。另外，通过跟踪服务，挖掘客人的更多、更深层次的需求。

❖工作评估

模块名称__________　小组__________　组员__________　评估日期__________

项　目		等　第			
		超过标准（A）	达到标准（B）	稍低于标准（C）	与标准差距大（D）
知识掌握	VIP 客人的接待规格				
	客房针对性服务				
	客人投诉的处理规范				
技能训练	VIP 客房布置				
	VIP 客人服务				
	特殊情况的处理				
	客人投诉的处理				
协同作业	资料收集整理				
	参与小组讨论				
	团队合作精神				
	任务完成时间				

模块三　客房服务方案的制订

教学设计

1. 分发任务书，要求学生设计调研表进行宾客客房需求调研。
2. 学生课堂演示和介绍成果。
3. 教师讲解酒店客房服务之接待服务个案。
4. 教师设置特定的服务对象，学生分组设计相关的客房服务方案。
5. 各项目小组形成完整的项目报告，师生共同进行项目总结。

模块 3.1　商务客人的服务

❖相关知识

一、商务客人的概念

酒店商务客人，是指因商务活动或公务活动而入住目的地的酒店并享受酒店服务的客人。据有关调研资料显示，世界酒店业的业务中，55% 的客人来自商务旅游，34% 的客人是消遣旅游者。无论是从全世界还是从地区看，经济越发达的地区，商务客人所占比重越大，他们能给酒店带来巨大的经济效益。

随着经济全球化的发展和我国经济的大发展，越来越多的酒店开始意识到商务客源的潜力，以及他们所带来的巨大经济效益，纷纷将商务客人作为新的利润增长点。了解商务客人在商务旅游中的需求，提供针对性的服务，对酒店的经营至关重要。

二、商务客人的特点

（1）素质比较高，对酒店有更高的要求，无论是对酒店的硬件设施还是软件服务要求都很高。

（2）办事讲究效率，有较强的成本费用意识。

（3）大多数商务客人或长或短都需要在客房内办公。

（4）商务活动较多，比较注重自身形象。

（5）居住时间长的客人行李多，资料多。

三、商务客人的服务

1. 准备工作

（1）客房部接到客人的预订信息后，查阅客史档案，了解客人相关信息资料。

（2）提前对房间进行个性化布置。

（3）客房内设备用品应充分考虑办公需要。

（4）房内可多摆放些文具用品、茶叶及茶具。

2. 住店服务

（1）根据客人的作息时间对服务内容做相应调整。

（2）根据客人的实际情况，适时提供相应的细微服务。

（3）客房部相关人员选择适当时机与客人交谈：一是了解客人的需求，二是加强和客人的交往，加深与客人之间的感情联络。

（4）提供优质快捷的洗衣服务。

（5）清扫客房时需特别留意，不能随便动用客人的物品。

（6）提供优质的访客服务。

模块 3.2 亲子家庭客人的服务

一、亲子家庭客人的概念

亲子家庭客人一般是指父母和未成年子女共同出游入住酒店的家庭客人。

二、亲子家庭客人的特点

亲子家庭一般以关注孩子旅游需求为出发点，将知识、教育、体验、亲情、休闲等集于一体的旅游方式入住酒店。在旅途中让孩子学习知识、感受自然，注重父母和孩子之间的感情交流与沟通。一般 6~12 岁的孩子是酒店亲子家庭的主角。

亲子家庭客人具有特殊性，而且作为年轻一代的父母，更喜欢在线获取信息，他们往往会根据自己的喜好，通过网络查询亲子酒店、预订客房。

三、亲子家庭客人服务工作的主要内容

1. 准备工作

（1）前厅部应主动联系客人，了解同行孩子的年龄、是否需要加床、有无其他特殊

要求，方便酒店有针对性地提供服务。

（2）入住当天，客房部应提前做好客房童趣布置，主动为客人提供儿童拖鞋、儿童浴巾等儿童专属用品；做好客房安全防护（插电防护盖、卫生间防滑垫、桌角墙角保护贴等），避免儿童客房内因设施设备出现安全问题；向客人提供 IP 主题客房如大熊猫、小黄鸭、大嘴猴等，以打造网红亲子房。

（3）亲子家庭客房玩具、食品礼品布置注意事项：玩具宜柔软、安全、好收纳、符合时节、有当地特色，如布偶、绘本、防蚊虫手环等；玩具忌尖锐、过小（宜吸食）、过大（不易携带），如氢气球等。食品新鲜、无添加剂、标明生产日期，如水果、现做甜品、品牌的小零食等。

2. 住店服务

由于小朋友天性好动，除了保证安全、卫生基本工作外，客人住店期间客房服务需要做好以下几点：

（1）提供出游建议。主动询问出游计划，从孩子角度提供信息参考，如“今天天气很好，可以带小孩去沙滩边走走”“近几天海边风浪大，建议早晚不要外出”等。

（2）提供出游关怀。针对当地气候特色，及时提醒客人，如“外面天热，注意给小朋友做好防暑”“植物园蚊虫多，我们备有防蚊虫手环，可以带上”等。

案例分享
“熊宝宝”的睡床

（3）及时给予帮助。服务中如遇到带孩子的家长提拿物品较多，应主动给予帮助，协助家长把东西送回房间。

（4）关注客人需求。员工在楼层服务时，看到独自一人的小朋友需主动询问情况并提醒安全；在客房遇到带孩子的家长或孩子一人玩时，应礼貌避让，以防不慎造成伤害，同时主动询问客人有无需要帮助。

模块 3.3　长住客的服务

❖相关知识

通常连续在酒店居住超过 1 个月的客人称为长住客。长住客大多为国内外的商社客户。他们有的在酒店包租公寓，有的包租客房作为办公场所。

一、长住客的特点

长住客起居生活有一定的规律，希望住在酒店一切都很便利。公寓客人希望客房内提供更多的自助服务设施，如传真机、电脑、电冰箱、复印机、微波炉、煮咖啡机、电磁炉等。

二、长住客的服务

酒店的长住房收入是酒店客房收入的重要组成部分，而长住房数量的增加与高质量的客房服务密不可分。长住房服务有别于普通客房服务，它要求每一位服务人员花费更多的时间和精力让长住客真正感受到酒店这一“家外之家”的温馨。

1. **准备工作**

（1）客房服务中心接到长住房预订的通知后，应迅速将信息反馈到部门相关服务岗位。

（2）了解宾客的第一手信息，如宾客类别、住店时间、住店原因及有无住店禁忌等，信息要尽可能详细。

（3）根据客人特点对房间进行针对性布置，如在房间增加晾衣竿、衣柜、书柜等物品。

（4）检查房间各类设备包括电器用品是否完好、齐全。

2. **住店服务**

（1）了解客人基本情况，以及客人的基本作息时间、喜好，如客人兴趣爱好、食品喜好或禁忌，提供针对性服务。

（2）服务员在每天清洁房间的过程中，应仔细观察房间的细微变化，发现和掌握各种服务信息。

（3）深入了解客人需要，分析客人类型，如性格是开朗型还是沉默型，根据客人的不同特点采取不同的沟通方式、服务方法等。

（4）客人生日或结婚纪念日等客人的特殊日子，可做一些精心的设计和安排。如是客人的结婚纪念日，可将客房布置成婚房。

（5）对长住客的服务一定要做到事前充分了解，服务中把握分寸，做到恰到好处。

（6）服务员在面对宾客时，应始终保持一个良好服务者的形象，不可因为与客人熟悉而在客人面前有过于随便的言行。

模块 3.4 常客的服务

❖相关知识

常客亦称“回头客”，即多次入住酒店的客人。

一、常客的特点

不同常客在个性特点、消费习惯、职业背景、文化素养等方面有很大的差异。酒店要做好客史档案，了解客人的基本情况，及时提供针对性的服务，尽可能满足客人的服务需要。

二、常客的服务

1. 准备工作

（1）客房部接到熟识客人的预订信息后，安排好客人喜好的房间，如客人喜欢特别的房号或位置。

（2）查询客人的客史档案，了解客人的个性化服务信息，提前对房间进行个性化布置，如提前将茶叶换为客人喜欢的品种。

（3）确认客人上次住店时有无遗留物品或寄存物品，如有则主动送入房间摆好。若是非常重要的客人，还应准备印有客人姓名的浴衣袍与信封、信纸等专用物件，使客人在进房时倍感亲切。

2. 住店服务

（1）按客人以往的作息时间对服务做相应调整，客人外出时及时进房整理，送上客人喜欢看的报刊。

（2）根据房间的实际情况，适时提供相应的细微服务。如当发现客人房间书桌上多了几盒感冒药，应主动问候客人，送上一壶热开水，奉上一篮水果，并询问客人是否需要驻店医生的帮助。

（3）客房部管理人员选择适当时机与客人沟通，了解客人在店居住的情况、有无交办的事宜，征求客人的意见，加深与客人之间的感情。

（4）服务员在为熟识客人提供细微服务时，应适时有所创新，根据实际情况灵活变化，给宾客新鲜感甚至惊喜。

（5）做好客史档案。

模块 3.5　会议客人的服务

❖相关知识

一、会议客人的特点

（1）一次占房数量多。

（2）活动有规律，相对集中统一。

（3）有午睡的习惯。

（4）服务要求较多。

（5）对酒店有关房价、折扣等政策比较敏感。

二、会议客人的服务

（1）客人到达楼层后，主动按客人所分房号引入房间。

（2）下午提供简单整理房间服务（小整理服务）。

（3）注意叫醒服务。

（4）及时提供茶水服务。

（5）客人托办的事项，需要及时办妥。

（6）及时清扫整理客房。

（7）客人用过的会议文件和抄件需严格保密，不得随便翻动。

（8）客人在会议室或客房签订合同，服务员要事先布置好，主动添加桌椅。

（9）酒店夜晚有娱乐活动要及时通知客人。

（10）客人中午及晚上回房高峰时段最好能提供短暂的楼层迎送客服务。

模块 3.6 旅游团队客人的服务

❖相关知识

一、旅游团队客人的特点

（1）旅游团队的活动一般有组织、有计划，日程安排紧凑，活动时间统一。

（2）店外活动多，店内停留时间少。

（3）旅游团队游客的特点是自由组合，职业各异，年龄有时相差很大。

（4）旅游团队客人尤其是外宾团对卫生要求较高，特别是卫生间。

（5）旅游团客人白天在外观光体力消耗大，因此第二天早晨的叫醒是主要的服务内容之一。

二、服务要求

（1）提前做好各种准备工作。客人到达楼层后，主动将客人引入房间。

（2）做好客房的清洁卫生，特别是卫生间的卫生。杯具、卫生洁具要按标准进行消毒清洗，客用品要配备到位。

（3）住店期间做好叫醒服务。接到客人需要叫醒的要求时，必须确认房号与叫醒时间。叫醒时需听到客人的应答，必要时第二次叫醒，以免耽误客人的活动。

（4）服务主动、热情、周到。在日常见面的问候中，如有可能尽量使用客人母语，令客人感到亲切。

（5）做好个性化服务，尊重每一位客人，尊重每一位客人的生活习惯。

拓展知识
个性化服务

（6）对于住酒店期间生病的客人，服务员要给予适当的关心和问候，并及时报告上级，做好相关的服务工作。

（7）旅游团队客人如遇到困难求助，在有条件的情况下尽可能提供帮助。

（8）客人离店时，做好查房工作，查看客人有无遗留物品，如有应及时送还客人。

❖工作评估

模块名称__________ 小组__________ 组员__________ 评估日期__________

项目		等第			
		超过标准（A）	达到标准（B）	稍低于标准（C）	与标准差距大（D）
知识掌握	商务客人的服务要点				
	亲子家庭客人的服务要点				
	长住客的服务要点				
	团队客人的服务要点				
技能训练	商务客房的布置				
	亲子家庭客房的布置				
	长住客服务方案的制订				
	会议客人服务方案的制订				
协同作业	资料收集整理				
	参与小组活动				
	团队合作精神				
	任务完成时间				

思考题

1. 请说出我国主要客源国的习俗。

2. 客人抵店前客房部需要做好哪些准备工作？

3. 洗衣服务有哪些要点?

4. 如何做好遗留物品的管理工作?

5. 什么是 VIP？ VIP 客人的服务要点有哪些?

6. 举例谈谈如何做好客房个性化服务。

7. 如何处理客人投诉?

实训练习

1. 在实训宾馆，分小组设置情景，进行迎接新客入住、介绍房间设施设备、开夜床等服务的模拟训练。

2. 在实训宾馆或教室，分组角色扮演，进行送茶服务、收送客衣、开夜床等客房对客服务演练。

3. 在实训教室，分组进行对客服务数字化仿真练习。

4. 在实训宾馆布置 VIP 客房，模拟 VIP 客房接待全过程。

5. 在实训宾馆，分小组进行走客房查房比赛（教师事先在客房内设置若干问题）。

拓展训练

1. 市场调研：分小组调研商务客人、亲子家庭客人、女性客人对客房服务的需求，并形成调研报告。

2. 通过走访酒店、查阅资料等途径，收集客房服务案例，并进行分析讨论。

3. 收集酒店个性化服务的案例并进行讨论。

4. 针对特定的 VIP 客人（文化名人、体坛健将、歌星影星等），制订客房服务方案。

项目四　公共区域清洁保养

❖引言

公共区域是人流交汇、活动频繁的地方，涉及酒店的每一个角落。因此，公共区域清洁保养状况如何，常会给客人留下深刻的印象。人们常说公共洗手间是酒店的“名片”，充分说明了公共区域对酒店声誉的影响。

本项目从认识清洁剂、清洁器具入手，通过对酒店前台公共区域及面层材料清洁保养等模块的训练，使学生能正确使用清洁剂、清洁器具，做好公共区域清洁保养工作。

本项目课程是整个项目课程的重点之一，技术性、体验性要求都比较高。主要通过小组学习、实训练习等多种方式，培养学生规范操作、安全服务意识，以及基本操作技能及专业实践能力。

❖学习目标

1. 熟悉酒店常用清洁剂、清洁器具的性能及用途。
2. 掌握公共区域清洁保养工作程序及要求。
3. 熟悉酒店面层材料清洁保养的要求及方法。
4. 能正确使用酒店常用清洁剂和清洁器具。
5. 能做好公共区域日常保洁工作。
6. 能做好面层材料的维护保养工作。

❖核心概念

公共区域

公共区域又称 PA（Public Area），是指酒店公众共有、共享的区域和场所。酒店中除客房及客房楼层、餐饮后场以外的所有区域都叫公共区域。公共区域包括室内部分和室外部分，室外部分又称外围区域，室内部分分为前台区域与后台区域。

模块一　清洁剂和清洁器具

教学设计

1. 教师向各组分发任务书，考察当地酒店设备用品商店及校内 PA 实训室，熟悉清洁剂及清洁器具。

2. 通过图书馆、网络等途径，收集清洁剂及清洁器具相关资料。

3. 学生课堂演示和介绍小组成果。

4. 教师点评总结，讲解必要的知识点。

5. 在教师的指导下，学生在 PA 实训室进行操作演练。

模块 1.1　清洁剂

❖相关知识

一、清洁剂的分类及用途

清洁剂种类繁多，基本的类型有三种：酸性清洁剂、中性清洁剂和碱性清洁剂。pH 值为 6~8 的清洁剂为中性清洁剂，pH 值小于 6 的为酸性清洁剂，pH 值大于 8 的为碱性清洁剂。

1. 酸性清洁剂

酸性清洁剂是指含有酸性化合物，如硫酸，盐酸等的清洁剂。此类清洁剂利用酸碱中和作用来清洁污渍，如水泥、咖啡迹等。酸具有一定的杀菌除臭功能，且能中和尿碱、水泥等顽固斑垢，在客房主要用于卫生间的清洁；同时，酸具有腐蚀性，也可用于除锈、去盐渍。因酸有腐蚀性，所以在用量、使用方法上都需特别留意。某些物品的清洁禁止使用酸性清洁剂，如地毯、木器和金属器皿等。

酸性清洁剂的品种有很多，功能也有差异，使用前要特别留意说明书。酒店常用的酸性清洁剂主要如下：

（1）盐酸（pH=1）。主要用于清除基建时留下的污垢，如水泥、石灰等，去垢效果较好。

（2）草酸（pH=2）。用途与盐酸、硫酸钠相同，但清洁效果比硫酸钠强，使用时要特别注意。

（3）硫酸钠（pH=5）。能够与尿碱起中和反应，可用于卫生间马桶的清洁，但不能长期、大量使用。

（4）洁厕剂（1 < pH < 5）。呈酸性，但含有合成抗酸剂，有特殊的洗涤除臭和杀菌功能，主要用于清洁卫生间马桶、小便池、洗脸盆等器具。使用时按说明书稀释，且必须倾倒在马桶和便池内的清水中，刷洗后用清水冲净。注意不可将洁厕剂直接倒在被清洁物的表面。

（5）消毒剂（5 < pH < 9）。主要呈酸性，可用于卫生间消毒，也可用于杯具消毒，使用后注意用清水漂净。

2. 碱性清洁剂

碱性清洁剂是指含氢氧化钠或其他碱性化合物的清洁剂。此类清洁剂是利用酸碱中和来达到清洁效用的，可用于清洁一切酸性污渍。由于此类清洁剂对清洁物体有一定伤害，使用时应特别留意；使用前需稀释，用后要过水洗净，以免损伤被清洁物体。常用的碱性清洁剂主要有以下几种：

（1）玻璃清洁剂（7 < pH < 10）。呈中性或碱性。有桶装和高压喷罐装两种：前者类似多功能清洁剂，主要功能为去除污斑；后者内含挥发性溶剂、芳香剂等，可去除油垢，用后留有余香，同时还可在玻璃表面上留下透明保护膜，有利于以后的清洁工作。

（2）家具蜡（8 < pH < 9）。形态有乳液、喷雾型、膏状等几种。具有清洁和上光双重功能，既可除去家具表面的油垢，又可形成透明保护膜，防静电和家具发霉，具有清洁和保养双重功能。

（3）起蜡水（10 < pH < 14）：呈强碱性，主要用于需再次打蜡的大理石、花岗岩等地面。强碱可使陈蜡及脏垢浮起而达到去蜡、除污的功效。由于起蜡水碱性强，起蜡后的地面一定需用清水反复清洗才能再次上蜡。

3. 中性清洁剂

中性清洁剂是一种中性化合物合成的清洁剂，pH 值呈中性或微酸性，性能温和，对物品的腐蚀和损伤很小，可起到保护被清洁对象的作用。但中性清洁剂无法或很难去除积聚严重的污垢，清洁效果不及酸性或碱性清洁剂明显。常用中性清洁剂主要有以下几种：

（1）多功能清洁剂（7 < pH < 8）。略呈碱性，含有表面活性剂，可去除油垢，性质温和，对物体表面损伤小，可防止家具生霉斑。适用于日常清洁保养，对特殊污垢作用不大，不能用来洗涤地毯。

（2）洗地毯剂。这是一种专门用于地毯洗涤的中性清洁剂。根据其所含泡沫稳定剂的量，可分为高泡和低泡两种：前者用来干洗地毯，后者一般用于湿洗地毯。采用低泡洗地毯时如用温水稀释，去污效果更好。

4. *溶剂*

溶剂（12 < pH < 14）是挥发性极强的液体。常用于清除油污，挥发后不会留下痕迹，又能使怕水的清洁对象避免浸湿。常用的溶剂如下：

（1）地毯除渍剂。专门用于清除地毯上的特殊斑渍，对怕水的羊毛地毯尤为适合。地毯除渍剂一般有两种类型：一种是专门用于清除油脂类脏斑，另一种是专门用于清除果汁类色斑。使用时，用毛巾蘸上除渍剂，在脏迹处擦拭即可。要求发现地毯上有脏斑就及时擦除，否则效果不明显。

（2）酒精。此处专指医用酒精，主要用于电话机消毒。

（3）牵尘剂。用于浸泡尘推，对大理石、木地板等免水拖地面进行日常清洁和维护，除尘功效显著。

5. *抛光剂*

抛光剂虽然不是严格意义上的清洁剂，但在清洁保养中经常被使用，它兼具清洁和保养的功效。物体表面施上抛光剂之后，能形成硬质防护表层，起到降低物体表面脏物的附着力、防止擦伤、美化物体的作用。

（1）省铜水（擦铜水）。大多呈糊状，主要作用是氧化掉铜制品表面的铜锈，从而使铜制品光亮如新。需要注意的是，擦铜水只能用于纯铜制品，不能用于镀铜制品，否则会将镀层氧化掉。

（2）金属上光剂。能清除金属表面的锈蚀和轻度刮痕，含轻微腐蚀剂、脂肪酸、溶剂和水。主要用于纯金属制品，如锁把、扶手、水龙头、浴帘杆等处的除锈去污和上光。

（3）家具抛光剂（家具蜡）。主要成分有蜡剂、溶剂、水和硅酮。蜡剂用于填充物体表面的空隙；溶剂用于清除油脂；水用于清除尘垢；硅酮用以使抛光剂更加润滑，方便使用并增强使用后的光泽度和去污能力。家具蜡形态有膏状、乳状、液状和汽化状。

（4）封蜡（底蜡）。内含填充物，使用后能通过渗透作用将地面细微的空隙封住并在地表形成一层牢固的保护层，以防止污垢、液体、油脂和细菌等的渗入。底蜡分水性（水基型）和油性（油基型）两种：前者适用于少孔的地面，如大理石、花岗岩等地面，后者适用于木质和多孔质地面。

（5）地面抛光剂（面蜡）。主要用于地面的清洁保养。通过打磨上光，增加地面的光洁度和反光强度，使之更为美观。面蜡品种有水性（水基型）和油性（油基型）两种。水性抛光剂适用于少孔的地面，如大理石、花岗岩等地面，其主要成分是高分子聚合物；上蜡干燥后在地面形成一层硬的保护膜，且具有防滑的功能。油性抛光剂适用于木质和多孔质地面，其主要成分是矿物石蜡；待溶剂挥发后会留下一层蜡质保护层；但它容易变暗，需经常打磨以保持光泽。

6. 空气清新剂

空气清新剂内含有杀菌化学成分和香料，是用来掩盖臭味的，兼具杀菌、驱除异味、芳香空气的作用。使用时向空气中喷射 1~2 秒即可。需要注意的是，没有特殊情况尽量不用或少用空气清新剂，而利用良好的通风条件来改善气味，既经济效果又好。

选择空气清新剂主要是看香型及留香时间的长短，香型选择需考虑适合大众的习惯，以气味清淡为宜。

拓展知识
清洁剂的选购

7. 杀虫剂

通常为喷罐装杀虫剂，能杀死蚊、蝇和蟑螂等飞虫和爬虫，喷洒时注意切勿射向食物。

二、清洁剂的储存

清洁剂有些是易燃易爆物，如高压罐装清洁剂、挥发溶剂清洁剂；有些有腐蚀性，如强酸、强碱。清洁剂储存不当会有一定的危险性。储存应注意以下事项：

（1）应有专门的库房存放清洁剂，并由专人保管。

（2）一次性购入不能太多，一般以一个月的使用量作为库存较为适宜。防止过量储存未稀释溶剂，以降低失火和事故的危险。

（3）易燃易爆物品，强酸、强碱清洁剂需贴有专门的标志，分类存放。

（4）将各种清洁剂分类放置在货架上，并标明标签注、使用方法及稀释比例。清洁剂使用后需及时放回原处并且将清洁剂标签向外摆放。

（5）所有清洁剂瓶须盖紧盖子，摆放整齐，保持清洁，避免受热。

（6）定期清洁库房，检查存货。

（7）库房保持通风，严禁烟火，并配备消防器具。

三、清洁剂的发放

合理分配、发放清洁剂，既能满足清洁保养的需要，又能减少浪费和对物品的损坏。

（1）需由专人负责清洁剂的发放，每天下班前补充。

（2）用量大的清洁剂购回时多为大桶装浓液，分发时应严格按比例统一加以稀释，然后尽量装在喷壶内，再发给服务员使用。

（3）一些价格较高的清洁剂如玻璃清洁剂、空气清新剂等需严格控制用量。可凭经验或做试验，测算一瓶可用多久、用多少房间（区域）。发放时须以空瓶换新瓶，以尽量避免流失，减少浪费。

（4）新型的清洁剂分配器（如图 4-1 所示）可自动稀释清洁剂浓度，操作极为简单，既节省人力又方便员工，减少浪费。操作时只需将清洁剂瓶放置在分配器上，接上自来水水源后，将超浓缩清洁剂一插、一旋，即可分配出所需清洁剂，并且在不同水压下稀释出稳定比例的清洁剂。

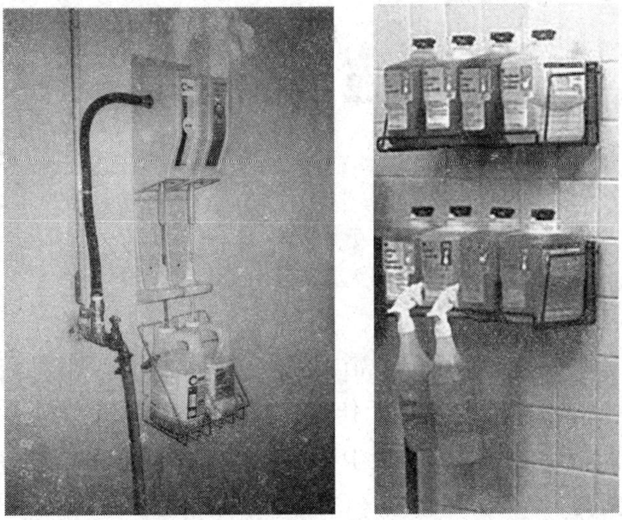

图 4–1　清洁剂分配器

四、清洁剂的使用

合理使用清洁剂，既能有效清除或减少尘垢、延长物品使用寿命、美化物品外观，又能减轻清洁工作的难度，减少浪费，提高清洁保养工作的安全性。使用清洁剂时需注意以下事项：

（1）应根据被清洁物不同的化学性质、用途及卫生要求选择合适的清洁剂，达到酒店清洁保养的要求。

（2）第一次使用某类清洁剂应先在小范围内进行试用，效果良好才可在大范围内推广使用。

（3）应多选液体清洁剂，因为粉状清洁剂含有杂质，长久使用会损害物体表面。

（4）清洁剂多为浓缩液，使用前必须严格按照使用说明进行稀释，配水比例适中。浓度过高，既浪费清洁剂，又对被清洁物有一定的损伤作用；浓度过淡，则达不到清洁效果。

（5）高压罐装清洁剂、挥发性溶剂属易燃易爆物品，强酸、强碱清洁剂对人体肌肤易造成伤害，使用这些清洁剂时都应特别注意安全问题。

案例分享
清洁剂的管理

（6）配备相应的防护用具，如合适的清洁工具、防护手套等。

（7）清洁剂一次使用量过多会对被清洁物产生不同程度的副作用，甚至是损伤。因此，在日常工作中应多做保养、少做清洁工作。在物品不太脏时，使用适量清洁剂，不仅省时、节约清洁剂，而且利于物品的保养，延长物品使用寿命。如果等物体很脏时再用大量清洁剂，既花时间又费力，效果亦不佳，对物体损伤也很大。

模块 1.2　清洁器具

❖相关知识

一、清洁器具的类型及用途

清洁器具可分为两类：一类是一般清洁器具，包括手工操作和不需要电机驱动的清洁器具，如抹布、扫帚、拖把、房务工作车、玻璃清洁器等；另一类是机器清洁器具，一般需要经过电动机驱动的器具，如吸尘器、吸水机、擦地机、洗地毯机、打蜡机等。

1. 一般清洁器具

（1）抹布

抹布可用在干湿两种工作。不同工作任务应用不同的抹布，如浴缸专用、马桶专用等。不同用途的抹布可通过彩色或缝织有色缝线条加以区分。使用抹布时，应折叠多面使用，以提高工作效率，保证清洁质量。另外，抹布最好由洗衣房负责洗涤与消毒，以确保抹布的清洁质量。

（2）扫帚、簸箕

扫帚主要用于扫除酒店室外或后台区域的地面脏物；簸箕用于撮起集中的垃圾，最好使用提合式簸箕，美观方便。

（3）拖把（地拖）、挤水器、地拖桶、地拖车

拖把（地拖）主要用于去除地板上的轻质污物。拖布为棉质、海绵或其他吸水性良好的物品制作，其尺寸可大可小，取决于使用的场所和部位。拖把头最好是可以拆卸的，以便换洗。与之相配套的器具有挤水器、地拖桶和地拖车（如图 4-2 所示）。

拖把（地拖）的使用方法：将要湿拖的地方先推尘一次，将适量的清洁剂加入清洗拖把的水中；通常应配合地拖车使用；拖地时应走八字路线，每拖 5 平方米左右清洗一次，更换桶内的水。拖把头应多清洗，必要时送至洗衣房清洗；存放在干燥通风处，存放时拖头向上，以免霉烂、变质。

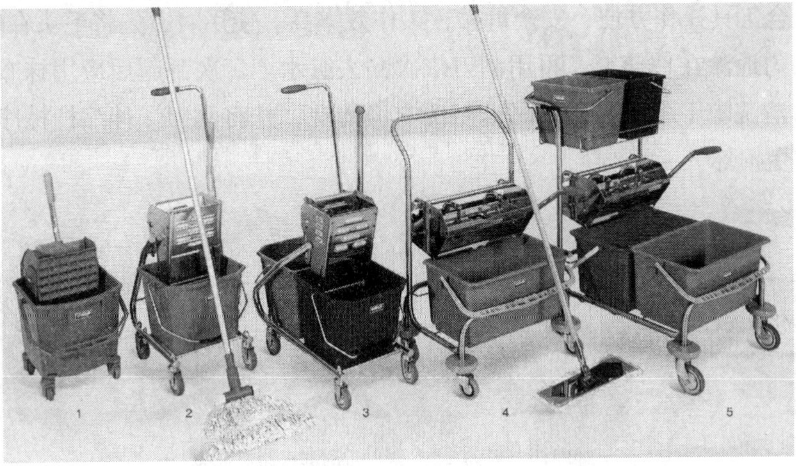

图 4-2　拖把、挤水器、地拖桶、地拖车

（4）尘推（干地拖）

尘推主要用于光滑地面的清洁保养工作。通过推尘可将地面上的沙砾、尘土带走，减少摩擦。尘推由尘推头和尘推架两部分组成（如图 4-3 所示）。一个尘推架可以配备多个尘推头，尘推应根据所使用地面的情况选择相应的规格。尘推头多为棉质；尘推头应易于取下，以便清洗。

尘推使用时大多配合牵尘剂使用。推尘时走直线或之字形路线，尘推不可离地。如沾满灰尘应扫净或吸净后再用，如失去吸附功能应重新处理后再用。干净的尘推头需用牵尘剂处理干后，用胶袋封好备用。用后送至洗衣房清洗后备用，存放在干燥通风处。

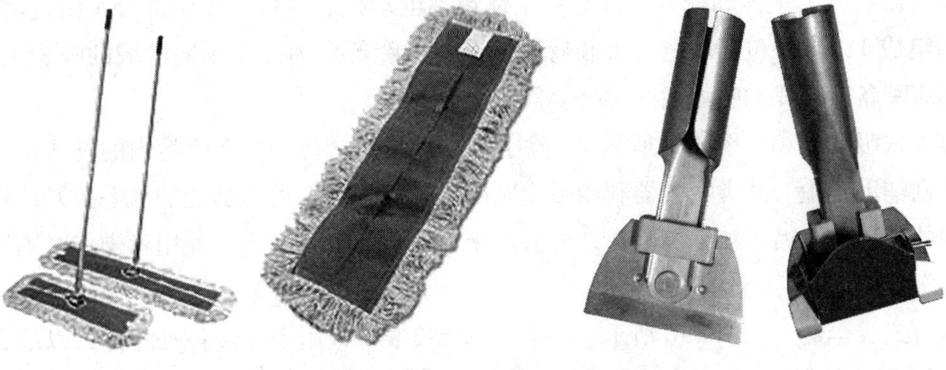

图 4-3　尘推、尘推头和尘推铁夹

（5）玻璃组合工具

玻璃组合工具是一种清洗玻璃、镜面的有效工具。玻璃组合工具由毛头、伸缩杆和刮水器三部分组成（如图 4-4 所示），如是套装工具还配有硬物铲刀、污点铲刀、多个宽度的刮刀、备用胶条、多个连接头等。

玻璃组合工具操作方便，安全可靠，工作效率高。使用时，先将毛头在玻璃水中浸湿，然后均匀地涂在玻璃上，再用刮刀依次刮去脏水。每次刮起后应用抹布擦净刮刀。毛头用过后清洗晾干备用，必要时送至洗衣房清洗，并将刮刀、伸缩杆擦净放于干燥、安全处，以免损坏。

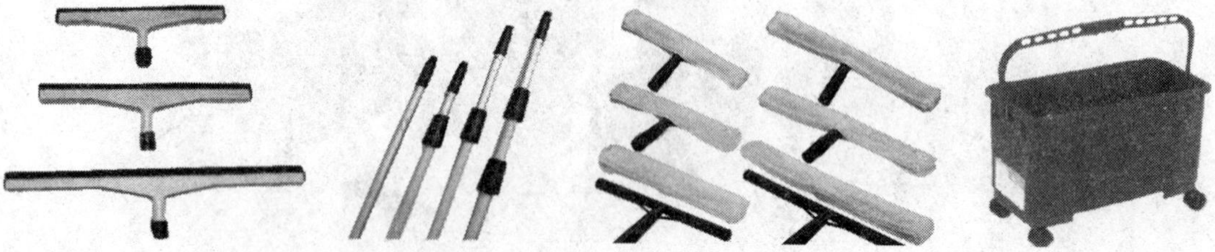

刮水器　　伸缩杆　　刮刮水器及毛头　　水桶

图 4–4　玻璃组合工具

（6）油灰刀

油灰刀主要用于去除黏固在地面上或其他地方的香口胶等难以清洁的污垢。为避免损伤被清洁物体的表面，使用油灰刀时应用软布将油灰刀口包住。

2. 机器清洁器具

机器清洁器具有三大优点：一是不污染环境，二是使用灵便，三是效率高。

（1）吸尘器

吸尘器是酒店日常清洁保养中不可缺少的清洁工具。它可以吸除其他清洁工具不能清除的灰尘，如缝隙、凸凹不平处、墙角及各种摆设上的尘埃，而且吸尘时不会使灰尘扩散和飞扬，清洁程度和效果都比较理想。

吸尘器可分为主体和配件两部分：主体包括电动机、风机、吸尘部分（由过滤器、储存箱组成），附件包括软管、接长管、刷头、吸嘴等。为便于不同区域的吸尘工作，一般酒店配备直立式和吸力式两类吸尘器。

直立式吸尘器（如图 4–5 所示），除了利用吸力外，还靠装在吸嘴内的马达推动的旋转震刷辅助吸尘。此类吸尘器利用吸尘刷的旋转震动力，可将地毯的绒毛拨开，将深藏其中的尘屑、污垢、沙砾等吸走，可适用于大面积的地毯吸尘。使用者操作时不用弯腰，非常方便。

吸力式吸尘器（如图 4–6 所示），拥有一个长喉管，用来连接各种配件，以配合不同工作的需要。此类吸尘器适用于清理不太脏的地毯，对清理地板、家具及细软织物垫套效果较好。由于配有扁身吸管，有利于清理矮脚家具底下或其他狭窄的地方。

图 4–5　直立式吸尘器

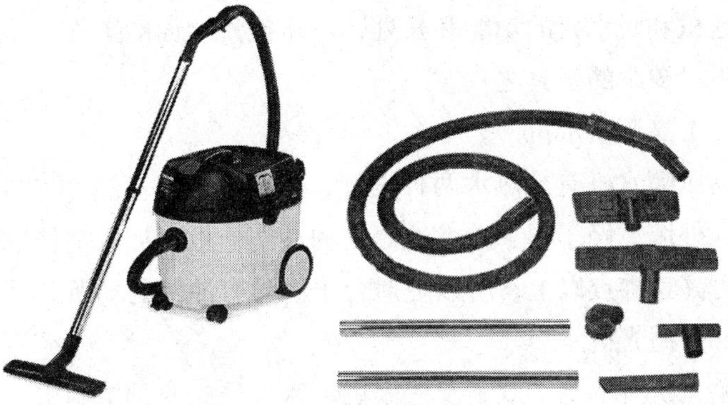

图 4–6　吸力式吸尘器及配件

（2）洗地毯机

洗地毯机可清洗纯羊毛、化纤、混纺等地毯。分干泡和抽洗两种清洗方法。干泡洗法使用干泡地毯机（如图 4–7 所示），适用于不是很脏的地毯，对地毯的损伤比较小，影响地毯使用的时间较短。抽洗法使用抽洗地毯机（如图 4–8 所示），洗涤力较强，去污效果好，适用于清洗较脏的地毯。需要注意的是，洗地毯前要将地毯彻底吸尘和除渍，才能达到良好的清洗效果。

图 4–7　干泡洗地毯机

图 4–8　抽洗地毯机

（3）吸水机

吸水机除吸水功能外，还可以与洗地毯机配套使用。用洗地毯机洗刷地毯后，地毯表面比较干净，但洗刷后的污水及残渣仍深藏在地毯根部，如不清理干净，地毯继续使用后容易造成脏污并失去弹性。吸水机一般装有两个真空泵，吸力较强大，能彻底抽除地毯根部任何顽固的残渣，达到彻底清洁地毯的效果。

（4）擦地机

擦地机又称擦地吸水机，适用于酒店的大厅、走廊、停车场等大面积的地方。它具有洗地机和吸水机的功能和长处，可将擦洗地面的工作一步完成，是提高酒店清洁卫生水平不可缺少的工具之一。

（5）高压喷水机

高压喷水机有冷热水两种设计，给水流量可高达 20~70 升 / 平方厘米。一般用于垃圾房、外墙、停车场、游泳池等处的冲洗，也可加入清洁剂使用。附有加热器的喷水机水温可高达沸点以上，所以更适合于清除有油污的场所。

（6）抛光机

抛光机有单刷、双刷及三刷机，流行最广的是单刷机。单刷机按转速分为四种：低速机（120~175 转 / 分钟）、中速机（175~300 转 / 分钟）、高速机（300~500 转 / 分钟）和超高速机（1000 转 / 分钟）。其中，前两种较适合于洗擦地板用，后两种多用于打蜡及喷磨工作。

（7）吹干机

吹干机适用于地毯、地面等处吹干。吹风机有快、慢两挡，可调节风速。

二、清洁器具的使用

正确使用清洁器具是管理好清洁器具的关键。使用清洁器具的注意事项如下：

（1）所有使用人员都必须经过操作培训，以便正确操作、熟练使用。

（2）大型清洁设备必须由专人负责。

（3）清洁器具使用前后都应检查其完好状况，发现问题要及时处理，切不可带“病”操作。

（4）使用机器设备时，须强调安全操作的重要性，如设置警示牌、警示线等。

（5）购买新的清洁器具后需及时培训员工，员工培训合格后方能使用。

三、清洁器具的维护保养

凡投入使用的清洁器具都要落实使用和管理的责任人，遵循“谁使用谁负责”的原则。

案例分享
吸尘器损坏了

（1）清洁器具必须有良好的存放环境。

（2）清洁器具使用后应进行全面的清洁及必要的保养，如清除器具内部的污物，擦干净部件的污迹、水迹，必要时还需加油、更换零件等。

（3）建立清洁器具定期检修制度，发现问题及时处理。

（4）按规定进行必要的维修保养。

❖工作评估

模块名称＿＿＿＿＿＿　小组＿＿＿＿＿＿　组员＿＿＿＿＿＿　评估日期＿＿＿＿＿＿

项 目		等 第			
		超过标准（A）	达到标准（B）	稍低于标准（C）	与标准差距大（D）
知识掌握	清洁剂的性能及用途				
	清洁剂的储存				
	清洁剂的选购				
	清洁器具的用途				
技能训练	清洁剂的使用				
	清洁剂的管理				
	清洁器具的使用与保养				
	安全操作意识				
协同作业	资料收集整理				
	参与小组讨论				
	团队合作精神				
	任务完成时间				

模块二　公共区域的日常保洁

工作任务

1. 下发工作任务书，要求学生分组收集公共区域相关资料及案例。
2. 实地参观酒店公共区域清洁保养工作。
3. 在实训宾馆，学生在教师指导下，实施公共区域清洁保养工作。
4. 学生分组完成指定区域的清洁保养工作。
5. 各项目小组形成完整的项目主题报告，师生共同进行项目总结。

模块 2.1　大厅日常清洁保养

❖实训项目4-1

推尘

一、操作准备

（1）准备好牵尘剂、尘推与配件以及笤帚、簸箕。

（2）使用前将极少量的牵尘剂渗入拖头（至少等候半小时）。

（3）检查尘推纤维是否干净。

（4）检查牵尘剂的渗入情况。

（5）检查尘推杆的卡头位置及方向是否正确。

二、操作程序

步　骤	操作要领	质量标准
1. 推尘	（1）沿直线推尘，先从一侧开始，尘推不可离地，不可来回拖拽（如图 4–9 所示）。 （2）推尘时，尘推罩每行要重叠 1/4，以防漏擦。 （3）尘推沾满尘土时，将尘推放在垃圾桶上用刷子刷净再使用，直到地面完全清洁为止。 （4）尘推失去粘尘能力，要重新用牵尘剂处理，然后才可使用。 （5）地面上有水滴或痰，要先用毛巾或卫生纸清洁干净再用尘推推尘。	（1）推尘时，注意尘推杆不可碰到门框或顶棚灯具。 （2）在门口、楼梯转弯处操作时，注意不可碰到他人。

续表

步　骤	操作要领	质量标准
1. 推尘	（6）手拿尘推行走时，要注意将尘推罩的一端提起，脏的一面向外。	
2. 清除尘土	尘土积聚到一定程度时，将尘土推到一边，用吸尘器或笤帚、簸箕将其除去。	地面无灰尘、脏物，洁净光亮。
3. 结束工作	（1）清洁尘推头，根据需要更换干净的尘推头。 （2）尘推头应向上挂起或靠墙竖起存放。	保持工具、用品的清洁。

特别提示

（1）大厅地面多为硬质材料，在人流量大的白天，可以安排人员进行推尘工作，保持地面清洁明亮。每天深夜应抛光一次，保持硬质地面的光洁。推尘时应根据实际情况，避开客人或客人集聚区。

（2）逢雨雪天气，不仅需在门口放上雨伞架，还应在大门内外铺上脚踏垫或小地毯，并适时擦洗门口地面的泥沙和水迹，以保持地面的清洁。

（3）客人进出频繁的门口、梯口等容易脏的地面要重点清洁，并适时增加清洁次数，确保整个地面符合酒店清洁卫生质量标准。

（4）推尘时，需始终保持将尘土往前推，尘推不能离地，以免尘土掉落。

（5）为了有效吸附尘土，尘推头需用牵尘剂妥善处理。

图 4–9　大厅推尘

❖实训项目4-2

湿拖除迹

一、操作准备

（1）清除地面尘土、杂物，设置警示牌。

（2）按规定比例用温水稀释清洁剂并倒入地拖桶内，准备好地拖。

二、操作程序

步　骤	操作要领	质量标准
1. 拖地	（1）将地拖头浸泡在清洁液中，再用拖把拧干机去除多余的水分。 （2）用后退式拖地方法拖地，较重的污渍可重复拖几次，直至污渍完全去除。 （3）拖头脏后，在装有清水的桶内清洗，再用拖把拧干机去除多余的水分。	地面洁净，无水迹、污渍。
2. 结束工作	（1）清洁工具、用品归位。 （2）待地面完全干透后，再撤去警示牌。	妥善存放清洁工具、用品。

特别提示

（1）地拖只能去除地面上的表面污渍，使用时比较花费时间和力气。

（2）使用中要经常清洁拖头，及时更换清水和清洁剂溶液。

（3）拖地时，注意不要弄脏墙面。

❖实训项目4-3

立式烟筒的清理

一、操作准备

准备好清洁篮，将抹布、镊子、垃圾袋、抹布等清洁工具放在清洁篮中。

二、操作程序

步　骤	操作要领	质量标准
1. 清理	（1）用镊子将立式烟筒里的杂物清除干净。 （2）每隔 15 分钟巡查清理立式烟筒一次，视客流量情况增加清洁密度。	随脏随清理，保持洁净。
2. 清洁	用抹布擦净烟筒表面（如图 4–10 所示）。	表面光亮、无污渍。
3. 交班	交班前将烟盘清洗干净，用抹布抹干烟筒盖。	烟筒里外干净，石米洁白干净。

特别提示

大厅服务员需要注意巡查，发现纸屑等杂物应及时进行清理，保持立式烟筒的干净整洁（如图 4-11 所示）。

图 4-10　清洁立式烟筒

图 4-11　干净铮亮的立式烟筒

❖相关知识

酒店大厅是客人活动最为频繁的区域，是酒店的门面和窗口。由于 24 小时对外营业，大量的过往以及短暂逗留客人不时出入大厅，使大厅的清洁保养工作难度增加。员工在大厅进行清洁保养工作时，要尽量避开客流高峰，以免给客人活动带来不便。

大厅卫生工作重点包括：大厅入口处、厅门、大厅地面、玻璃墙、家具、灯具的除尘，座位、茶几的整理清洁，烟筒、烟缸以及公用设施的清洁，饰品与艺术品除尘，室内绿化修剪，金属器具除渍、保养等。

大厅深度清洁工作一般安排在夜间进行，因为晚间来往人员少，影响较小。夜间大厅服务员的工作内容主要有：吸尘、清扫地面、清洗大门外地面、洗刷地毯、家具除尘、倒净并擦净烟灰缸和烟灰筒，擦净墙面、木器、金属面、门把手等处的指印或污点，用擦拭铜器的油或金属上光剂擦亮所有铜及不锈钢器具，洗净、擦亮所有的玻璃门和镜面。

模块 2.2 玻璃、镜面的清洁

❖实训项目4-4

玻璃、镜面日常保洁

一、操作准备

准备好软干抹布、玻璃清洁剂、剃须刀片。

二、操作程序

步　骤	操作要领	质量标准
1. 清洁	（1）用干抹布从上至下擦去玻璃或镜面上的浮灰。 （2）若有斑迹，可用抹布蘸上少量清水擦拭。若仍无法去除，可在斑迹处喷少些玻璃清洁剂，再用抹布用力擦拭。 （3）若仍去除不掉，可用剃须刀片轻轻刮去，但应注意刀口平推，避免刮坏镜面。	玻璃、镜面洁净光亮。
2. 结束工作	用过的器具清洁后妥善存放。	保持工具、用品的清洁。

❖实训项目4-5

玻璃（玻璃门）、镜面的彻底清洁

一、操作准备

（1）准备好提桶、小铲刀或剃须刀片、抹布、伸缩杆、玻璃刮水器、玻璃清洁剂等用品。

（2）按使用说明要求的比例在提桶内配制好清洁剂溶液，准备一桶清水。

二、操作程序

步　骤	操作要领	质量标准
1. 擦洗	（1）用玻璃刮水器蘸清洁剂均匀擦洗玻璃表面。按顺序从上部开始不断地从左至右擦洗，然后反过来，从右到左，一直往下擦洗到底部；横向擦洗之后，再从左边起上下擦洗直至右边。 （2）若镜面或玻璃面积较大、位置较高，则将玻璃刮水器伸缩杆拉长按在玻璃顶端上下垂直擦洗。 （3）若玻璃或镜面面积较小，可用海绵或抹布替代刮水器。清洗方法同上。	擦洗干净。

续表

步 骤	操作要领	质量标准
2. 刮净溶液	（1）用玻璃刮水器将玻璃上的溶液刮净。可采用左右横向刮擦的方法。可先把橡皮刮头放在玻璃左上方，向右刮擦；再用同样手法从右往左刮擦，刮至玻璃底部。 （2）若镜面或玻璃面积较大、位置较高，则将玻璃刮水器伸缩杆拉长按在玻璃顶端上下垂直擦洗。	（1）刮擦时，应注意及时用抹布除去刮把上的水分。 （2）溶液刮净。
3. 清水擦洗	用玻璃刮水器蘸清水按步骤 2 所述顺序擦洗玻璃表面。	擦洗干净。
4. 擦净水迹	（1）用抹布将玻璃表面未刮净或边框上的水迹抹净。 （2）如仍有斑迹可在局部用清洁剂重新擦洗，也可用小铲刀或玻璃刮刀轻轻刮去，注意不可刮伤玻璃表面。	玻璃、镜面光亮、洁净。
5. 结束工作	用过的器具清洁后妥善存放。	保持工具、用品的清洁。

特别提示

（1）安全操作。在室外擦玻璃要注意天气的变化，夏天不要曝晒，以防中暑。刮大风天气切忌擦玻璃，以免发生危险。

（2）由于人员进出频繁，大厅手拉玻璃门和拉手、玻璃旋转门都很容易被灰尘和手印污染，需要经常擦拭，清除灰尘、手印、污迹，保持玻璃门的清洁光亮。

（3）擦拭玻璃旋转门时，需注意避开客人进出的高峰，先将玻璃旋转门固定然后再擦拭。

（4）玻璃门的金属边框和拉手需用干抹布擦拭。

模块 2.3 公共洗手间清洁保养

❖实训项目4-6

公共洗手间日常保洁

一、操作准备

（1）准备好橡胶手套、抹布、垃圾袋、清洁篮（内放脸盆刷、马桶刷、洁厕剂、浴室清洁剂、消毒剂等用品）。

（2）准备厕纸、皂液、肥皂等客用品。

二、操作程序

步　骤	操作要领	质量标准
1. 清除垃圾	收垃圾，更换垃圾袋。	垃圾桶擦拭干净。
2. 清洗洗手台台面等处	（1）用经消毒剂溶液处理过的抹布擦拭面盆、台面、水龙头和皂碟。 （2）用未浸泡过的抹布擦净、擦亮。 （3）擦净擦亮镜子。	镜面、台面、地面光洁，无水迹。
3. 清洗马桶、便池	（1）用马桶刷刷洗马桶、便池。 （2）用在消毒剂里浸泡过的抹布和干净抹布擦拭座圈。	马桶四周、小便池无水迹、无污渍。
4. 补充物品	（1）加满皂液。 （2）补充肥皂等物品。	按要求补齐、放好。
5. 清洁地面	擦去地面上的水迹。	清洁后卫生间空气清新，无异味。
6. 结束工作	用过的器具清洁后妥善存放。	保持工具、用品的清洁。

❖实训项目4-7

公共洗手间的彻底清洁

一、操作准备

（1）准备好橡胶手套、抹布、垃圾袋、清洁篮（内放脸盆刷、马桶刷、洁厕剂、浴室清洁剂、消毒剂等用品）。

（2）准备厕纸、皂液、肥皂等客用品。

（3）洗手间门口设置告示牌，说明该洗手间正在清洁，暂停使用，并标明附近洗手间的位置。

二、操作程序

步　骤	操作要领	质量标准
1. 冲洗马桶	轻按放水按钮，冲洗马桶。	冲洗干净。
2. 检查	检查卫生间设备有无损坏。	设备完好有效。
3. 清除垃圾	倒空所有垃圾桶，清洗垃圾桶，更换垃圾袋。	垃圾桶擦拭干净。
4. 清洗洗手台台面等处	（1）用在消毒剂里浸泡过的抹布擦拭镜子、面盆、台面、水龙头和皂碟、卷纸架及小隔间的隔墙和门等，再用一块干净抹布擦净、擦亮。 （2）用干抹布擦净、擦亮镜子。	镜面、台面、地面光洁，无水迹。

续表

步　骤	操作要领	质量标准
5. 清洗马桶	（1）用马桶刷刷洗马桶、便池。 （2）用在消毒剂里浸泡过的抹布擦净马桶座圈上下及所有表面部分。 （3）用清水洗净残留溶液。 （4）用抹布擦洗、擦干包括便池水管在内的表面部分。	马桶四周、小便池无水迹、无污渍。
6. 冲洗马桶、便池	轻按放水按钮，冲洗马桶，冲洗便池。	马桶、便池冲洗干净。
7. 补充物品	（1）加满皂液。 （2）补充肥皂等物品。	按要求补齐、放好。
8. 清洗地面	将清洁器具移至门口，用刷子从里向外刷洗地面，并用抹布擦净、擦干。	地面干净，无水迹。
9. 复位	清洁完毕，撤去告示牌。	空气清新，无异味。
10. 结束工作	用过的器具清洁后妥善存放。	保持工具、用品的清洁。

特别提示

酒店公共洗手间使用频率较高，客房部需安排员工做好日常保洁和定期清洁保养工作。一般情况下，日常保洁工作每隔半小时清理一次。客人使用频率高时，适当加快清理频率。如果客人在场，应礼貌地为客人提供引导服务。

❖相关知识

一、公共洗手间清洁卫生要求

酒店公共洗手间是宾客光顾最多的场所之一，那里的卫生与文化可以体现出酒店的档次与管理水平，宾客往往通过公共洗手间对酒店有个初步认识，所以说公共洗手间是酒店的“名片”。

公共洗手间清洁保养方面应注意以下几个问题：

（1）确保地面无水渍、无污物与纸屑。

（2）洗手台面及水龙头保持干净、无水渍。

（3）镜面光亮、无水渍。

（4）特别要注意马桶及周围的清洁。需要强调的是，高档酒店应该有专人负责，每个宾客使用马桶、洗手盆后都要重新清洁一遍。

（5）清洁剂应该选用优质的清洁剂才能保证清洁效果及环境气味。合格的洗手间应是整个空间都干净、整洁并带有淡淡的清香。

（6）洗手间可以贴些小贴士、装饰画等，以体现企业的文化氛围。

二、公共洗手间服务规范

（1）主动问好。规范用语是：先生，早上好（下午好、晚上好）。

（2）为客人调水温。打开冷热水龙头试水温。

（3）递送香皂。将梳妆台上的香皂推至客人。

（4）递送小方巾。用托盘将毛巾递给客人。

（5）礼貌送客。规范用语是：先生，请好走。

三、公共洗手间内的提示卡

为保持洗手间的卫生，有些酒店在公共洗手间小便池上方墙面上贴有提示卡（如图 4-12 所示）。提示卡的字极小（箭头所指），需凑得很近才能看清，待客人凑近看清楚字的内容了，提示卡的效果也就达到了，不失为一种良好的沟通方式。提示卡中箭头所指的内容为："如果您还看不清楚这些字，那您离小便池太远了，也许已经弄脏了地面。"

图 4-12　某酒店公共洗手间的提示卡

模块 2.4　餐厅、酒吧清洁保养

❖实训项目4-8

餐厅、酒吧的清洁

一、操作准备

（1）准备好吸尘器、抹布等工具。

（2）备齐清洁剂。

二、操作程序

步　骤	操作要领	质量标准
1. 擦拭柜台和吧台	（1）用半干湿抹布擦去柜台和吧台上的饮料及果汁。 （2）用干抹布擦净柜台和吧台。	干净，无杂物、无污迹。
2. 擦拭餐椅、吧座	（1）用半干湿抹布擦拭餐椅、吧座，必要时抹布蘸上清洁剂擦拭。 （2）用干抹布擦干、擦净餐椅、吧座。	餐椅、吧座擦拭干净。
3. 清洁墙面	（1）用半干湿抹布从上至下擦拭硬质墙面，必要时蘸上清洁剂擦拭。 （2）用干抹布擦干、擦净墙面。	餐后及时清洁，保持干净。
4. 地面吸尘	（1）每餐结束后需对餐厅的地毯进行吸尘。 （2）吸尘前要将地面的碎屑、牙签等捡拾干净，以免损坏吸尘器。 （3）要特别注意餐桌周围和桌椅下地面的清洁。	地面干净，无杂物。

特别提示

清洁餐厅、酒吧需注意以下事项：

1. *妥善安排清洁时间*

对一日三餐或24小时开餐的餐厅，客房部主要清洁工作应安排在夜间进行。白天早餐至午餐、午餐至晚餐的间隔时间较短，需安排员工对餐厅的清洁进行日常的维护。不开早餐的餐厅，则可安排在上午清洁。

宴会厅、会议厅和多功能厅使用率不像餐厅那样高，大部分酒店会安排固定的人员清洁。这些场所一般会制订一套清洁保养计划，客房部根据计划对其墙面、天花板、吊灯、地毯等进行逐项保养清洁；遇有临时的重大活动，需提前安排清洁保养工作。

夜间经营的夜总会、歌舞厅、酒吧等，清洁工作应安排在下午到晚上开业前的这段时间。

2. 及时安排清洁工作

餐厅卫生特别需要及时维护与清洁。因为餐厅开餐时，各种意外都有可能发生，如黄油掉在了地毯上、调味汁倾倒在地面上、咖啡或饮料倒在了椅子上，餐厅员工随时会求助客房部人员。接到餐厅服务要求时，客房部员工应了解是何种食品、发生在何部位、面积多大等情况，迅速做出使用何种清洁工具和清洁剂的决定，尽快赶到现场进行清洁。如果不尽快设法将汁水稀释或溶化污点，地面被踩踏后污渍就会扩大，并渗透到地毯的绒毛中去，加大清洗工作的难度，还有可能留下永久性的污渍。

❖实训项目4-9

沙发、餐椅和墙毯的清洁

一、操作准备

（1）准备好抽洗机、吸尘器、吹干机、毛刷等工具。

（2）水箱装满水，然后按比例加入清洁剂。

（3）连接抽洗机喉管、吸头、手刷。

二、操作程序

步 骤	操作要领	质量标准
1. 除尘	用吸尘器或毛刷给沙发、餐椅和墙毯除尘和去杂物。	沙发、餐椅和墙毯无杂物。
2. 清洗	（1）接通电源，启动泡箱开关，待泡沫从喉管内排出，用毛刷刷洗。重点刷洗扶手、坐垫、沙发腿。 （2）用抽洗机吸头紧贴椅面、墙面，反复抽洗 3~4 次，将水分全部吸干。	清洗后的沙发、餐椅、墙毯无污迹、斑点。
3. 吹干	用吹干机将沙发、餐椅、墙毯吹干。	沙发、餐椅干透后才能使用。
4. 结束工作	用清水冲洗泡箱盖、手刷，切断电源，收齐工具。	保持工具、用品的清洁。

❖相关知识

一、餐厅、酒吧清洁保养的要求

餐厅、酒吧是客人用餐、喝酒的地方。PA 员工的清洁工作只能选择在用餐客人较少的时间进行。因此，清洁工具、清洗方法和清洁剂的选用尤为重要。

清洁工具要小巧、无噪声，尽量避免影响餐厅、酒吧内的客人。清洗用的抹布、地拖应清洁美观，使客人看了放心。化学清洁剂选用不带异味的。

为保证餐厅、酒吧清洁的及时性，不使掉在地上的食物碎渣因踩踏而渗入地毯，可给餐厅、酒吧配备小扫帚和簸箕，或配备地毯清扫器。这种清扫器既无噪声又不会带起灰尘，能利用静电磁力将地毯上的碎渣、杂物吸起，保持地毯的干净、整洁。

二、餐厅、酒吧地毯的清洁保养

酒店不同区域污垢性质不同，作为客人饮食的服务区域，餐厅的地毯、墙面、灯具等除了尘埃之外，以油性污垢和水溶性污垢为主，如菜汁、果汁、酒水、饮料以及酱油、醋等污垢。地毯保养除了每天开餐结束后需吸尘外，还要及时清洁地毯上的污垢。餐厅地毯的保养难度较大，重点应放在预防上，具体做法如下：

1. 喷洒地毯防污剂，阻断污染物

地毯防污剂是酒店地毯保养普遍使用的一种化学药剂。新地毯以及洗干净的地毯喷上防污剂，能在一定程度上和一定时间内阻断灰尘及可溶性污垢对地毯的污染，延长地毯的清洗周期。

2. 规范操作流程，减少人为污染

餐厅服务员上菜和客人用餐都难免将菜汁和酒水、饮料泼洒到地毯上。如果服务流程设计不合理，厨房与餐厅直通，跑菜人员每天从厨房到餐厅来回送菜，很容易将厨房的油污带到餐厅，对餐厅地面造成的污染。为最大限度地降低菜肴传送对地毯的污染，保养好餐厅地毯，应使用推车和托盘传菜，并改厨房直接传菜为窗口传菜。

3. 每天吸尘，减少沙砾沉淀

每天地毯吸尘是地毯清洁保养的最重要的措施，其目的一是保持地毯清洁，及时吸除空气中的尘埃和客人带进来的固体污垢；二是防止细小沙砾沉落在地毯的根部，破坏或切割地毯纤维；三是防止灰尘与餐厅油污菜汁的结合，使地毯出现斑迹而难以去除。

4. 及时点清洁，避免地毯变色

对地毯局部的污染（特别是油污、菜汁等水溶性污染物）需及时进行点清洗，以防止时间长了以后，污垢渗透到纤维内部，形成难以去除的色斑。

5. 全面清洗，恢复地毯色泽

餐厅地毯使用后，不可避免地会被菜汁、果汁、酒水、饮料以及酱油、醋、色素等所污染。因此，有必要定期进行彻底清洗，以恢复地毯原来的颜色和弹性。地毯全面清洗主要有两种方法：一是用地毯专用高泡清洁剂对地毯进行清洗，即干洗；二是用低泡地毯专用清洁剂进行清洗，即湿洗（抽洗）。这两种清洗方法各有利弊。地毯干洗后水分很少，不会使地毯缩水、变形、根部霉烂，易干，不影响客房出租等，但干洗不能去除地毯深层污渍。湿洗能较好地去除深层污渍，使地毯焕然一新，但由于大量的清洁剂溶液渗透到地毯根部，会使地毯变得非常潮湿。尽管现在比较先进的三合一抽吸式地毯清洗机，具有较强的抽吸功能，但也难以将地毯中的水分完全吸出。地毯湿洗后，最好用吹干机及时将地毯吹干。

模块 2.5　会议室的清洁保养

❖实训项目4-10

会议室的清洁

一、操作准备

准备好抹布、尘推、地拖、除渍剂、垃圾袋等工具用品。

二、操作程序

步　骤	操作要领	质量标准
1. 清洁桌子、椅子等家具	用半干抹布擦拭桌椅表面及桌椅腿。	家具干净，表面光亮。
2. 擦拭窗台、踢脚板	用抹布擦拭窗台，注意边角处。	干净无尘。
3. 清洁地面	硬地面拖干净。如果铺地毯则需进行吸尘、除迹跟踪，必要时清洗。	保证地面洁净。
4. 清洁空调出风口	用半干抹布将空调出风口清洁干净。	无脏。
5. 清倒垃圾	将垃圾清倒干净，垃圾桶擦净，换上干净的垃圾袋。	严格执行酒店节能降耗和绿色酒店的质量标准。
6. 结束工作	清洁器具清洁后妥善放置。	保持工具、用品的清洁。

特别提示

会议型酒店会场、会议室的清洁保养任务十分繁重，尤其是大型会议场所，会议室桌椅多，地毯吸尘与清洗跟踪难度大，地毯的保洁保养任务十分艰巨。为了保证会议场所地面的整洁，重点需做好以下工作：

（1）通向会议场所的路段要冲洗干净，特别是雨雪天气，地上不留泥浆、污水。

（2）会场门口铺防尘垫，并尽量延长防尘垫的铺设，以最大限度地减少客人将鞋底泥沙带入厅堂及会场，减少人为污染。

（3）通向会议场所的路段要摆放自动擦鞋机。

（4）定期喷洒地毯防污剂，以阻断灰尘及可溶性污垢对地毯的污染，从而延长地毯的清洗间隔。

（5）每场会议结束后及时吸尘，减少地毯上灰尘沙砾的沉淀。

（6）及时去除地毯上的污迹，避免地毯大面积变色。

拓展知识
香气名片
独一无二

❖相关知识

一、公共区域的业务范围

公共区域一般分为室内部分和室外部分。室外部分又叫外围区域，是指酒店外部归属于酒店的公共区域，如公共停车场、花园、外围垃圾场、草坪及绿化带等。

室内部分又分为前台和后台两部分。前台区域是指供客人活动的范围，如大堂（大厅）公共区域、客用洗手间、餐厅、多功能厅、会议室、宴会厅、泳池等。后台区域是指为酒店员工划分出来的活动和休息的场所，如员工通道、员工活动室及酒店自用办公区域等。

二、公共区域清洁保养的特点

酒店公共区域往往是客人流动量大、活动频繁的地方，因为除了住店客人之外，前来用餐、开会、购物、娱乐的人，往往都停留在公共区域。公共区域的环境和卫生质量直接影响客人对整个酒店的印象，从而影响到酒店的声誉和形象。有人称大厅的卫生是酒店的脸面，也有人说公共洗手间是酒店的“名片”，这都充分说明了公共区域清洁保养对酒店声誉的重大影响。

1. 工作任务繁杂琐碎

公共区域涉及范围广，清洁保养项目繁多，清洁方法和技术要求差别大；客流量大，清洁不易保持，清洁次数频繁，时间不固定；服务员工作地点分散；清洁保养质量不易控制。因此，公共区域服务员需具有较高的质量意识和工作自觉性，管理人员要加大巡视和督促，才能保证公共区域的卫生质量。

2. 工作条件差

公共区域工作条件和工件环境比较艰苦。如负责车场和酒店外围卫生的服务员无论是炎热的夏季，还是寒冷的冬天，都在室外工作。因此，不少服务员思想不稳定，工作不安心。根据这种情况，管理人员既要严格管理，又要关心体贴，使员工热爱并做好公共区域的清洁保养工作。

3. 技术要求高

公共区域清洁项目性质各异，清洁要求差别很大，使用的清洁剂、清洁工具也不同。例如，大理石地面与木质地板的打蜡，前者使用水性蜡而后者使用油性蜡，如果使用不当会损坏大理石或木质地板。可见，公共区域清洁所使用的清洁剂、清洁工具的性能、使用方法及工具的保养维修，均具有较强的专业技术性。

❖工作评估

模块名称＿＿＿＿＿＿　小组＿＿＿＿＿＿　组员＿＿＿＿＿＿　评估日期＿＿＿＿＿＿

项　目		等　第			
		超过标准（A）	达到标准（B）	稍低于标准（C）	与标准差距大（D）
知识掌握	公共区域清洁保养要求				
	公共区域清洁保养质量控制				
技能训练	大厅日常保洁工作				
	公共洗手间的清洁保养				
	餐厅、酒吧的清洁保养				
	会议室的清洁保养				
	安全操作意识				
协同作业	资料收集整理				
	小组活动参与				
	团队合作精神				
	任务完成时间				

模块三　面层材料的清洁保养

教学设计

1. 教师布置工作任务，讲解相关的要求。

2. 以小组为单位实地考察建材市场，了解面层材料；利用网络收集面层材料的相关知识。

3. 在实训宾馆对不同面层材料进行清洁保养练习。

4. 在教师指导下，学生分组完成校内指定区域面层材料的保洁工作。

5. 各项目小组形成完整的项目报告，师生共同进行项目总结。

模块 3.1　地毯的清洁保养

❖实训项目4-11

地毯吸尘

一、操作准备

（1）准备好吸尘器和附件。

（2）清除地毯上体积较大的垃圾和尖利物品。

二、操作程序

步　骤	操作要领	质量标准
1. 吸尘	（1）由里向外按一定顺序吸尘，以免遗漏。 （2）操作时应采用推拉式。推时应逆毛，拉时应顺毛。保证吸过的地毯纤维倒向一致，踩过后不会出现阴阳面。	地毯干净、松软有弹性。
2. 检查	（1）发现地毯有污迹时，及时去除。 （2）发现地毯破损时，立即开维修单报修。	地毯无污迹、完好。
3. 结束工作	用过的器具清洁后妥善存放。	收齐机器用品。

特别提示

（1）使用吸尘器时，应先将清扫场所中较大脏物、纸片等除去，以免工作时被吸入管内堵塞进风口或尘道，影响吸尘器的正常工作。

（2）干式吸尘器不可吸入潮湿泥土或污水，以免损坏电动机。

（3）客房或公共区域的角落、墙边等处的吸尘，应选用合适的吸尘器配件。

（4）吸尘器不要长时间处于连续工作状态，一般不超过2小时，否则影响使用寿命。

（5）使用时一旦发现有异物堵住吸管，应立即停止使用，清除异物后继续使用，否则会烧毁吸尘器电动机。

（6）吸尘器的集尘袋应经常清理，否则会影响吸尘效率。

❖实训项目4-12

地毯局部除污

一、操作准备

（1）准备好抹布、海绵、地毯去渍剂等工具和清洁剂。

（2）辨识污渍种类，选择合适的清洁剂，按比例稀释清洁剂。

二、操作程序

步　骤	操作要领	质量标准
1. 清洁	（1）将稀释后的清洁剂均匀喷洒在污渍表面，浸泡片刻，使之完全分解。 （2）用干净抹布或海绵由外向内揉搓、擦拭，直至污渍清除。 （3）视情况过水，并立即吸除水分。 （4）如果污渍面积较大，应立即报告公共区域领班，安排专业清洁保养工进行清洗。 （5）如果清洁区域地毯未干，可铺上一块干净盖布。待地毯干透后，及时取走盖布，用软毛刷将地毯纤维梳理平整。	地毯洗净、梳理平整。
2. 结束工作	用过的工具清洁后妥善存放。	收齐工具用品。

特别提示

（1）时间是最好的清洁剂。发现地毯污染后应立即清除，污渍最佳的清除时限在24小时以内。因为时间久了，污渍渗透扩散后就会留下永远无法清除的脏迹。

（2）除渍前，如地毯上还存有液体，应先用干布将液体吸干，以降低清洗难度。

（3）使用清洁剂时应从弱到强、从少到多，不能一开始就大量使用。

（4）为避免污迹扩散，擦拭时应由外及里进行。

（5）正确识别地毯污渍，选择合适的清洁剂。

（6）不同的污渍应用不同的方法清除。表4-1为常见地毯污渍的处理方法。

表 4-1 常见地毯污渍的处理方法

污渍种类	处理方法
1. 奶油	（1）用干抹布、纸巾等彻底擦除地毯上的奶油。 （2）用海绵蘸上清洁剂溶液擦拭，如清除不彻底，可重复进行，直到彻底去除为止。 （3）用干抹布将溶液吸干。 （4）用海绵蘸上温水擦拭，再用干抹布吸干水分。
2. 咖啡、可乐、果汁、茶水	（1）用纸巾、干抹布吸干地毯上的咖啡液、可乐汁、果汁、茶水。 （2）海绵蘸上清洁剂溶液擦拭，再用纸巾、抹布吸干溶液。如果污渍是陈迹，可用带微量漂白剂专用溶液擦除。如是茶渍，还应用海绵蘸上专用弱酸性溶液擦拭并将溶液吸干。 （3）用海绵蘸清水擦拭，再用干抹布吸干水分。
3. 糖果	（1）将落在地毯上的糖果渣块彻底刮去。 （2）用海绵蘸上清洁剂溶液擦拭，吸干溶液。 （3）用海绵蘸上清水擦拭，吸干水分。如果不易擦去，可用海绵蘸上干洗剂擦拭，然后用干抹布吸干。
4. 番茄酱	（1）将地毯上的番茄酱彻底刮去。 （2）用海绵蘸上清洁剂溶液揩拭，吸干溶液。 （3）用海绵蘸上清水揩拭，并吸干水分。如果仍然存有色斑，可用海绵蘸上漂白剂溶液揩拭，吸去溶液。 （4）用海绵蘸上清水揩拭，并吸干水分。
5. 口香糖	（1）用专用的口香胶喷剂去除。 （2）用海绵蘸上地毯干洗剂擦拭，然后用干布吸干。 （3）用海绵蘸清水擦拭，再用干抹布吸干水分。
6. 唇膏	（1）用小刀把地毯上的唇膏残迹轻轻刮去。 （2）用海绵蘸上醋酸戊酯或清洁剂溶液擦拭，再用抹布将溶液吸干。如果使用清洁剂，则还应用海绵蘸上清水擦拭，再将水分吸干。
7. 指甲油	（1）用小刀轻轻刮干净。 （2）用海绵蘸上醋酸戊酯或指甲油清除剂擦拭，用干抹布吸干。指甲油较多时，可重复清洁。 （3）用海绵蘸上干洗剂擦拭，并吸干水分。
8. 呕吐物	（1）立即刮去并吸干脏物。 （2）用海绵蘸上清洁剂溶液擦拭。若效果不好，可反复擦拭，再用干抹布或纸巾吸干。 （3）用海绵蘸清水擦拭，吸干水分。
9. 血迹	（1）用纸巾吸干后，用蘸上冷水的海绵擦拭。 （2）水分吸干后，再用海绵蘸上清洁剂溶液擦拭，用抹布吸干溶液。 （3）用海绵蘸上清水擦拭，将水分吸干。
10. 烧焦痕迹	（1）将地毯中簇绒烧焦的一端剪去，然后再用海绵蘸上清洁剂进行擦拭。 （2）对毯绒很短的地毯，可采用砂纸擦拭，消除烧焦处的痕迹。
11. 蜡烛迹	（1）在地毯上盖上盖布，用蒸汽熨斗熨烫，将蜡融化吸到盖布上。 （2）用海绵蘸上干洗剂擦拭，然后吸干水分。

❖实训项目4-13

地毯干洗

一、操作准备

（1）准备好多功能清洗机、擦洗盘、刷子、地毯高泡清洁剂等器具和清洁剂。

（2）在待洗区域放置警示牌，撤除或移开地毯上的家具、杂物。如清洗客房地毯，需撤除床上用品，靠墙的落地窗帘必须打结或夹住，悬离地面约50厘米以上。

（3）辨识污渍种类，选择合适的清洁剂，并按比例稀释清洁剂。

二、操作程序

步　骤	操作要领	质量标准
1. 吸尘、去渍	（1）待洗区域地毯彻底吸尘。 （2）除去污渍。	尽可能吸净地毯灰尘、除净地毯污渍。
2. 清洗	（1）将清洁剂按使用说明配制后，装入多功能清洗机的盛液器内。 （2）清洗时应按从里到外次序设计清洗路线，以免遗漏，并严格按机器使用说明或要求操作。	地毯洗净。
3. 恢复	（1）地毯洗过后，用刷子逆毛将地毯纤维刷起，使之干后有弹性。 （2）将区域内空调开至最高挡，使其通风或用地毯吹干机将地毯吹干。 （3）地毯干后，彻底吸尘，并用抹布擦净墙脚上的残余物。 （4）将清洗完的区域或房间恢复至原来的状态。	（1）地毯干透之前不可留有车辙印或脚印。 （2）洗过后的地毯柔软，富有弹性。
4. 结束工作	将用过的器具清洁后妥善存放。	收齐各种设备、工具。

特别提示

（1）无论用何种方法清洗地毯，对地毯都有一定的损伤，所以，酒店要重视地毯日常的保养工作，尽量少洗地毯。

（2）洗地毯是一项技术要求极高的工作，酒店应配备专职地毯清洗工。员工经过严格培训后才能独立操作。

（3）清洗地毯前，应先将待洗区域地毯上的家具、物品撤除或移开；将待洗地毯彻底吸尘；检查地毯有无污渍，若有应先除渍，以提高洗涤效果。

（4）地毯干透之前不可留有车辙印或脚印。

（5）湿洗最好选择晴好的天气。

案例分享
谁的责任?

❖相关知识

地毯具有美观、安全、舒适、清洁、保温、吸音等特点，因而被广泛用于客房、餐厅、会议室等重要场所，是酒店地面面层装饰的主要材料之一。

一、地毯的种类和特性

地毯因其纤维、构造等方面的不同，在价格、使用区域、美观实用性、耐久性等方面有较大差异。

1. 按地毯材质分类

（1）纯毛地毯

我国的纯毛地毯是以土种绵羊毛为原料，其特点是纤维长、拉力大、弹性好、有光泽、纤维稍粗而且有力，是世界上编织地毯的优质原料。纯毛地毯是高星级酒店客房、会堂、舞台等地面的高级装修材料。目前，一些厂家将我国的土种绵羊毛与进口（新西兰等国）毛纤维掺配使用，发挥进口羊毛纤维细、光泽亮等特点，取得了良好的效果。

（2）混纺地毯

混纺地毯是以毛纤维与各种合成纤维混纺而成的地面装修材料。混纺地毯中因掺有合成纤维，所以价格较低，但使用性能有所提高。如在羊毛纤维中加入 20% 的尼龙纤维混纺后，可使地毯的耐磨性提高 5 倍，装饰性能不亚于纯毛地毯，并且价格较低。

（3）化纤地毯

化纤地毯也称合成纤维地毯，如聚丙烯化纤地毯、丙纶化纤地毯、腈纶（聚乙烯腈）化纤地毯、尼龙地毯等。它是用簇绒法或机织法将合成纤维制成面层，再与麻布底层缝合而成的。化纤地毯耐磨性好并且富有弹性，价格较低，适用于一般建筑物地面的装修。

2. 按供应的款式分类

（1）整幅成卷供应的地毯

化纤地毯、塑料地毯以及无纺织纯毛地毯常按整幅成卷供货。铺设这种地毯可使室内有宽敞感、整体感，但地毯如果损坏了更换不太方便，也不够经济。

（2）块状地毯

纯毛等不同材质的地毯均可成块供应。纯毛地毯还可以成套供货，每套由若干块形状、规格不同的地毯组成。花式方块地毯由花色各不相同的小块地毯组成，它们可以拼成不同的图案。

块状地毯铺设方便而灵活，位置可随时变动，既可给室内设计提供更多的选择性，同时也可满足不同使用者的情趣。另外，磨损严重部位的地毯可随时调换，从而在整体上延长了地毯的使用寿命，达到既经济又美观的目的。

在室内巧妙地铺设小块地毯，常常可以起到画龙点睛的效果。小块地毯可以打破大片灰色地面的单调感，还能使室内不同的功能区有所划分。如客房门口毯、床前毯、走道毯等均是块状地毯的成功应用。

二、地毯的保养

地毯的更新周期一般为 5 至 7 年，但如果保养不善，不到两年地毯便会面目全非；若保养得好，5 年后仍美观柔软如新。因此，酒店必须重视地毯的保养工作。地毯的保养和清洁是有区别的。有些酒店的管理人员总是要到地毯看上去已经很脏了的时候，才安排人员清洁，而这时地毯已很难清洁干净了。因此，定期对地毯进行保养是至关重要的，不仅能使地毯干净，也能减少对地毯的投资。

地毯保养专家经过长期的实践和研究，总结出一套比较完整、系统的保养方式。例如，喷洒地毯防污剂，阻隔污染物；规范操作流程，阻断污染源；每天吸尘，减少沙砾沉淀；及时清洁污点，避免地毯变色；全面清洗，恢复地毯色泽等。

模块 3.2　硬质地面面层的清洁保养

❖实训项目4-14

地面打蜡

一、操作准备

（1）准备好落蜡车、落蜡拖（或落蜡毛套连活动 T 字杆）、底蜡、面蜡等用品。

（2）清除所有障碍物，放置警示牌或拉上警示线。

二、操作程序

步　骤	操作要领	质量标准
1. 清洗地面	彻底清洗地面。	地面洗净。
2. 上底蜡	（1）待地面干透后，上底蜡。打蜡时，先将落蜡拖（或落蜡毛套）浸入蜡液中，用榨水器绞至半干后，再布蜡。注意由远及近、左右循环进行，手法要一致，幅度要大。 （2）待蜡层干后，再上第二遍蜡，方法同上。	（1）打蜡时，最好迎着光线操作以看清蜡道。 （2）打蜡要薄而均匀，不能有遗漏。
3. 上面蜡	（1）底蜡完全干透后，上 2~3 层面蜡，方法和步骤与上底蜡基本相同。 （2）每次打蜡要留有足够的干燥时间。	每上一层蜡后，需留一定的干燥时间，方可上另一层蜡。
4. 抛光	（1）待蜡干透后，根据产品说明决定是否用抛光机进行抛光。 （2）抛光时，注意按次序进行，避免漏抛。	蜡面光亮平整。

续表

步　骤	操作要领	质量标准
5. 复位	撤除警示线或警示牌，恢复至正常状况。	及时复位。
6. 结束工作	设备、工具清洁后，放在规定位置。	收齐各种设备工具。

特别提示

（1）蜡有底蜡、面蜡之分，底蜡用于封死硬质地面上的小气孔，面蜡用于日常的保养。

（2）大理石、花岗石、水磨石等孔隙多的地面通常使用水性底蜡及面蜡。水性底蜡可保持 1~3 年。木材材料使用油性底蜡及面蜡，油性底蜡可保持 3~5 年。

（3）打蜡时应选择晴好的天气，避免将尘土带入打蜡区域。

（4）打蜡时防止碰撞墙面和其他物件。

（5）注意安全操作。

❖实训项目4-15

地面抛光

一、操作准备

（1）选用合适的擦洗机、抛光机、百洁刷、吸尘器、油灰刀、抹布、中性清洁剂、喷洁蜡等。

（2）先用吸尘器将地面灰尘和沙砾吸掉。

（3）清除所有障碍物，放置警示牌或拉上警示线。

二、操作程序

步　骤	操 作 要 领	质 量 标 准
1. 清洁地面	先用吸尘器将地面灰尘和沙砾吸掉。视情况，用油灰刀、抹布、中性清洁剂去除污渍。	地面清洁干净。
2. 喷磨	（1）对推尘去除不掉的蜡面局部脏迹和走动较多的地方，用喷壶将喷洁蜡均匀地喷至抛光机前 2 米范围内，立即磨光，使脏物被百洁刷片吸收。 （2）喷磨后，用干净拖把清洁地面或用吸尘器吸尘。	注意更换用脏的百洁刷片。
3. 抛光	用抛光机配抛光垫进行抛光。	地面光亮平整。
4. 复位	撤除警示线或警示牌，恢复至正常状况。	及时复位。
5. 结束工作	设备、工具清洁后，放在规定位置。	收齐各种设备工具。

特别提示

（1）操作前先检查电动机器，尤其注意电源插头和电线。将机器的各个配件装好后，方可将电源插头插入插座。

（2）安全操作。工作时注意将电线抛到机器后，防止电线被卷入机器或绊倒人。

❖实训项目4-16

地面除蜡

一、操作准备

（1）选用合适的擦洗机、擦洗盘、吸水机、拖把、手刷、玻璃刮刀、除蜡水等用品。

（2）按比例稀释除蜡水。

（3）移开地面上物体，或用锡箔纸保护好。清除杂物，并使空气流通。

（4）放置警示牌或拉上警示线。

二、操作程序

步　骤	操作要领	质量标准
1. 上除蜡水	用拖把将稀释后的除蜡水均匀涂布于待洗地面上（避免地面太湿）。如面积较大，则应洗一段地面，上一些清洁剂，不能预先将地面全部湿遍。	一次性涂布除蜡水，面积控制应在28平方米以内。
2. 洗地	（1）从左至右，用擦洗机一段段地磨洗，边擦洗边用拖把或吸水机将残液吸除，不能让残液在地面上干燥。 （2）机器洗不到的边角需用手刷擦洗或用玻璃刮刀轻轻地刮净。 （3）沾上污迹的墙面也应一并清洗。	洗地时，将电线拉在肩上，不要让松弛的电线团在地上或落到擦洗盘下面。
3. 用清水漂洗地面	（1）用清水将地面漂洗干净。 （2）用拖把或吸水机吸除水分。	为中和除蜡水的碱性，可在最后一遍漂洗时加入适量的醋酸。
4. 复位	撤除警示线或警示牌，恢复至正常状况。	及时复位。
5. 结束工作	用过的器具清洁后妥善存放，擦洗盘应挂放。	收齐各种设备工具。

特别提示

（1）清洁大理石时避免使用酸性清洁剂。因为酸性清洁剂会与大理石产生化学反应，使大理石表面变得粗糙，失去光泽和韧性。

（2）有选择地使用碱性清洁剂。因为有些碱性清洁剂，如碳酸钠、碳酸氢钠、磷酸钠等会对大理石有损伤。

（3）忌用肥皂水清洁大理石地面。因为肥皂水会在地面上留下黏性沉淀物而不易清除，使大理石地面变滑，影响行人安全。

（4）地面预温后，再将清洁剂泼洒在上面，以防止清洁剂中的盐分被大理石表面的细孔吸收。

❖相关知识

酒店常见的地面石材材料主要有人造大理石、天然大理石、天然花岗石、水磨石、地面砖等。下面介绍大理石地面、花岗石地面、木材地面、水磨石地面以及瓷砖地面的清洁保养。

一、大理石地面

1. 使用前必须清洗、打蜡

新铺的大理石地面，在使用前必须清洗、打蜡。打两层底蜡和两层面蜡。打蜡的目的是，用蜡层封密大理石的空隙并使大理石表面形成一层薄膜，从而防止毛孔的继续扩大和毛孔内细菌的繁殖，以及污垢的集聚，并防止硬物对大理石地面的直接磨损，较好地保护大理石表层。

2. 重视防护工作

对大理石地面进行必要的防护工作，既可保持其清洁美观，又能延长其使用寿命。防护工作主要有：铺放防尘垫、日常保洁、日常清洗、定期清洗、定期打蜡与抛光。

（1）铺放防尘垫。在大理石地面周围的出入口处，要铺放防尘垫，但不能直接在大理石地面上放置踏脚垫或有橡胶底的地毯，因为它们会与蜡粘连，形成难以清除的污渍。

（2）日常保洁。先清除地面脏屑，然后用经牵尘剂浸泡处理过的拖把或尘推进一步除尘，保持地面光亮、无灰尘。但日常清洁一般很难彻底去除地面的顽固污迹，或不能使地面恢复光滑的状态。因此，必须进行定期彻底清洁和周期性打蜡。

（3）日常清洗。湿洗主要针对被严重污染的大理石面层，特别是含有油性污染和无法用尘推去除的牢固地粘在地面上的各种污渍等。对于这些污渍用化学药剂和水进行彻底地清洗。

（4）定期清洁。定期清洁通常安排在深夜进行。清洗前，将所有物件撤离，准备好合适的清洁器具和清洁剂，设置警示线或警示牌，提醒行人注意安全。将稀释好的清洁剂倒入洗地机内，开动洗地机进行擦洗，同时打开吸水机开关，边擦洗边吸除污水。对洗地机无法清洗到的边角部位，可用拖把浸泡清洁液拧干后擦洗或用海绵人工擦洗。

（5）打蜡保养。打蜡保养是大理石地面清洁保养的传统做法。

（6）抛光保养。打过蜡的地面，经过一段时间的使用后必然会出现地面模糊、失去光泽的现象，这是因为蜡是软的膏体，被行人反复踩压后，一方面客人鞋底的泥土、灰尘、沙砾会掺在里面，使蜡受到污染而失去原有的光泽；另一方面反复的踩压使蜡变得厚薄不均。解决这一问题的最好办法，就是用抛光的方式将地面重新恢复到原来的状态。

3. 定期除蜡、打蜡、抛光

清洁上蜡的地面必须先除去尘污及原有的面蜡。如果仅仅是局部区域的面蜡磨损可采用补蜡方式；但若是地面看上去暗淡无光、尘污较多，则需彻底除蜡并重新上蜡。

4. 晶面处理

晶面处理是一种在欧美各国广为采用的石材护理工艺。20 世纪 90 年代初，石材晶硬护理工艺技术从西欧引进中国内地，被许多星级酒店、银行、高级会所、写字楼等采用。这种方法是通过晶面处理机底盘的高速旋转和摩擦使石面和特制的化学药品（晶面液）加热、浓缩并压缩成高密度、高硬度的结晶晶膜，从而在被处理的地面上形成一层清澈、透明的硬膜，地面变得坚硬、平滑，光亮照人。晶面加硬可用于大理石地板、水磨石地板、花岗石地板，但它不适合于有划痕、深划过及被碾压过的地面。

晶面处理的最大优点是，它能有效地阻隔坚硬物体的摩擦、细菌和污垢的侵蚀以及酸性物质和其他化学物质的腐蚀，便于清洁保养和除尘，增强大理石的光泽度，从而使被晶硬处理过的大理石更加艳丽。

二、花岗石地面

花岗石地面的清洁保养比大理石简单，主要工作如下：

1. 打蜡抛光

新铺设的花岗石表面平滑，几乎没有什么孔洞可供底蜡渗入。因此，蜡很难牢固地附着在地面上，行人在上面一走，就很容易将蜡面踏掉，所以不宜打蜡。

花岗石地面如果遭受的污染、磨损比较轻，可以免除烦琐的打蜡工作，只需使用喷磨的方式喷上一层薄薄的喷洁蜡进行保护。为避免污渍的渗入，最好预先使用封闭剂对地面进行封闭。

花岗石地面投入使用后，由于行人走向不同、力度不同，各处受到的磨损情况有所差异。经过一段时间（半年至一年）之后，表面就会发生凹凸不平的变化，产生不规则的细微的孔隙，这时才适宜进行打蜡处理。打蜡程序与大理石基本相同。

2. 防护工作

（1）日常保洁。花岗石地面每天要用喷上静电除尘剂的除尘地拖，经常性地拖去污渍、灰尘及脚印。夜间或客人较少的时候，可用擦地机配合中性清洁剂擦洗地面；洗完后，用吸水机把污水吸走。为了保证地面的光洁度并使其色泽亮丽，洗完的地面要喷上喷洁蜡，并用抛光机抛光。

（2）定期保养。花岗岩地面经过一段时间使用后，会积有细菌、泥土及微小的沙砾等污渍，如长期不进行彻底清洗，会使花岗岩地面产生划痕及受到腐蚀，使其失去表面的光泽。所以每隔一段时间需用擦地机进行全面清洗。洗完后，用吸水机将污水吸走；待地面干后，再喷上喷洁蜡，并进行全面的抛光。

三、木材地面

木材地面有软木材料和硬木材料之分。木材地面的特点是：具有一定的使用耐久性，自重轻、导热性能低、有弹性、舒适度好，但耐火性差，且容易因空气中温度、湿度的变化或长期水清洁而导致裂缝、翘曲、破损、腐朽，而且因木材纤维易破裂，较易被磨损，所以尤其要重视清洁保养工作。

1. 打蜡、抛光

（1）新铺木材地板在使用前先砂擦、吸尘、打蜡抛光。

（2）在木材地板上打蜡，一般需打三层蜡，而且每一层都需抛光。

2. 防护

（1）在铺设木地板的区域入口处铺防尘垫，以减少行人出入时带进的灰尘和沙砂。

（2）用喷上牵尘剂的拖把除尘或尘推推尘，也可使用吸尘器吸尘，保持地面光亮、无灰尘。

（3）用油灰刀、细砂纸、抹布去除地面上的小斑迹，并根据情况补蜡。

（4）蜡面局部有脏迹，可用抛光机、喷洁蜡局部擦洗，待其干后，进行补蜡并抛光。

（5）客人活动频繁区域，如客厅、多功能厅、舞厅等处，需每天抛光。

3. 定期起蜡、打蜡、抛光

打过蜡的地面，经过一段时间的使用后必然会出现地面模糊、失去光泽的现象，另一方面反复地踩压也会使蜡变得厚薄不均，需要起蜡、打蜡、抛光，将地面重新恢复到原来的状态。

四、水磨石地面

1. 打蜡

水磨石地面在使用前必须清洗、打蜡。打两层底蜡和两层面蜡：用蜡层封密地面的空隙并在地面表面形成一层薄膜，保护水磨石地面表层。需要注意的是，水磨石地面表层孔隙多，地面打蜡需用水性蜡。

2. 日常维护

经常除尘、除迹，避免沾染油脂类污物。

3. 适时清洗

清洗前，先用干净的温水预温地面，然后用合适的清洁剂溶液清洗，最后用清水冲洗干净并擦干。

特别提示

清洁保养水磨石地面时，通常选用含碘硅酸盐、磷酸盐等清洁剂和合成清洁剂。切忌使用碱性清洁剂，因为碱性清洁剂会使水磨石地面粉化。

五、瓷砖地面

瓷砖是由黏土和水混合后放在窑中烧制成的。瓷砖有表面平滑光亮和不平滑光亮两种：光滑的瓷砖有一层与瓷砖本身不同质的不透水的物质表层，不光滑的瓷砖则没有。

拓展知识
地面材料的选购

（1）瓷砖地面日常清洁保养无特别要求，主要是要避免地面潮湿，避免使用强碱性的清洁剂，平时用抹布或拖把将地面擦拭干净即可。

（2）避免使用强酸清洁剂，因为此类液体侵蚀瓷砖表面及拼接处，会使瓷砖失去光泽和发生脱落。

（3）避免使用粗糙的东西摩擦，否则会使瓷砖面永久磨损。

模块 3.3　墙面面层的清洁保养

❖相关知识

墙面（包括柱面）是室内空间的垂直面，通常是人们视线首先接触到的部位。因此，墙面清洁卫生工作的好坏直接影响到整个环境。

酒店墙面的装饰日新月异，使用的装修材料品种繁多，有硬质石材类墙面、墙纸墙面、软墙面、木材墙面、镜面金属墙面、文化石墙面等。下面主要介绍酒店常见墙面面层材料及清洁保养的方法。

一、硬质墙面

酒店常用的硬质墙面有瓷砖和大理石墙面。前者多为厨房和卫生间墙面的装饰材料，此类墙面一般经过施釉，而且花形图案较多。后者多为大厅墙面的装饰材料，一般经过抛光处理。硬质墙面具有防水、防污、防火及一定的装饰性能。硬质墙面受到的摩擦少，主要污染物为灰尘、水珠等。如果是大厅墙面，则主要为灰尘。硬质墙面的清洁保养工作主要如下：

（1）用掸子掸除墙面表面的灰尘和蜘蛛网。

（2）用浸过清洁剂的半干抹布，沿着墙面从上往下来回擦拭，再用清水抹布湿擦，彻底擦净。

（3）定期用喷雾蜡水清洁，这种蜡水具有清洁功效并能在墙面表面形成透明的保护膜，使墙面光洁、不易污染。

（4）定期用碱性清洁剂清洗，洗后需用清水将清洁剂漂净，再用干抹布擦干。

二、墙纸墙面

墙纸是酒店常见的墙面装饰材料，大多用于客房、会议室和餐厅等场所。墙纸的清洁保养工作主要如下：

（1）用掸子掸除墙面表面的浮尘和蜘蛛网。

（2）定期吸尘。将吸尘器换上专用的吸头，依次全面吸尘一次。

（3）耐水墙纸墙面上的污迹，可用浸过清洁剂的湿抹布擦洗，再用清水抹布擦净，最后用干抹布擦干水迹。

（4）不耐水的墙纸墙面的污迹，则可尝试用橡皮、细砂纸等轻擦去除。

三、软墙面

软墙面是用锦缎等覆盖墙面、内衬海绵等物的墙面，是一种高级的墙面装饰方式。这种墙面高雅、华贵、温暖，立体感强，吸音效果好。软墙面内衬海绵等填充物，用水擦后难以干透，处理不好还会留下明显的水印，所以软墙面不能经常用清洁剂擦拭。为了便于清洁保养，又不影响装饰效果，在进行室内装潢时，最好在距地面 1 米以下的地方用木板贴面，1 米以上处再用软墙面装饰。

四、木材墙面

木材墙面一般采用柚木板、水曲柳板、榉木板、胶合板等粘贴而成，其表面常刷有硝基清漆。木材墙面的清洁保养工作主要如下：

（1）用干抹布沿墙面从上而下擦拭。

（2）对轻度局部污迹，可用浸过清洁剂的半干抹布在表面用力反复擦拭，然后用干净湿抹布彻底擦净。

（3）定期打家具蜡，以保证墙面的光洁度。

（4）防止硬物或尖锐物刮坏墙面，如有损坏，应及时报工程部及时修复并补漆。

拓展知识
床头板上的黑痕

五、镜面金属墙面（柱面）

镜面金属墙面（柱面）一般采用玻璃、不锈钢、紫铜、金箔等装饰而成，进行清洁保洁工作时应谨慎小心，以免损伤墙面而留下痕迹。

（1）镜面墙面（柱面）的清洁方法与玻璃的清洁方法基本相同。

（2）不锈钢的饰面，应用绒布擦拭，并用不锈钢光亮剂定期上光。

（3）紫铜、金箔等饰面，一般只需用掸子轻轻掸几次即可；若仍有污迹，可将清水喷洒在其表面，再用绒布根据需要轻擦，最后擦上相应的光亮剂。

六、文化石墙面

文化石墙面是目前较为时尚的一种用各类文化砖装饰而成的墙面。文化石墙面凹凸不平，易于藏尘，日常可用掸子掸除污尘，清洁时需细心。

❖工作评估

模块名称＿＿＿＿＿　小组＿＿＿＿＿　组员＿＿＿＿＿　评估日期＿＿＿＿＿

项目		等第			
		超过标准（A）	达到标准（B）	稍低于标准（C）	与标准差距大（D）
知识掌握	地面材料的种类及特性				
	地面材料的清洁保养方法				
	墙面材料的种类及保养要求				
技能训练	地毯的清洁保养				
	大理石、花岗岩的日常保养				
	木材地面的清洁保养				
	墙纸的清洁保养				
	软墙面的清洁保养				
	安全操作意识				
协同作业	资料收集整理				
	参与小组活动				
	团队合作精神				
	任务完成时间				

思考题

1. 说出酒店常用清洁剂的种类及性能。

2. 如何做好清洁剂的管理工作？

3. 什么是公共区域？如何做好公共区域的清洁保养工作？

4. 整理出一套酒店公共区域的清洁保养标准。

5. 如何做好地毯的清洁保养工作？

6. 大理石地面的清洁保养方法有哪些？

实训练习

1. 在实训宾馆，跟班见习公共区域日常保洁工作。

2. 在教师指导下，分组进行地毯吸尘、地毯清洗、地面打蜡抛光等技能训练。

3. 每组准备两小块脏地毯，学生分组进行地毯局部去污比赛。

4. 在教师指导下，学生分小组、分区域清除学校教学楼墙面上的污迹。

拓展训练

1. 走访酒店清洁用品市场，熟悉各类清洁剂、清洁器具的品牌及价格。

2. 分组参观两家星级酒店的公共区域，考察其公共区域的清洁保养状况，找出不足之处，提出改进意见。

3. 分小组调研装饰市场，熟悉各类面层材料及其特性。

项目五　布草房与洗衣房的运行

❖引言

在酒店经营活动中，布草房与洗衣房主要负责酒店所有布草、制服的分类、收发、洗涤等工作，其管理水平和服务质量高低，都会直接影响到酒店经营活动的正常开展及客人对酒店形象的评价。

熟悉布草房与洗衣房的业务、掌握布草房与洗衣房的运行、提供优质的洗涤服务是本项目的重点。本项目课程技术性、体验性、知识性等的要求都比较高。

通过小组学习的方式，激发学生的潜能，使其自觉进行技能训练，自主收集资料，分工合作，分析问题、解决问题，培养专业能力、沟通协调能力和团队合作意识。

❖学习目标

1. 熟悉布草房与洗衣房的运行流程。
2. 能做好布草收发、分类、储存、盘点工作。
3. 熟悉洗衣设备及洗涤剂的用途。
4. 熟悉各类布草的洗涤流程及洗涤出品要求。
5. 能识别并去除常见的衣物污迹。

❖核心概念

布草

属于酒店专业用语，是对酒店毛巾类、台布、床单、枕套等的统称，泛指现代酒店里差不多一切跟布有关的东西，包括客房布草、餐厅布草及员工制服等。

模块一　布草房的运行

教学设计

1. 教师向各组分发任务单，要求学生收集相关资料。
2. 参观酒店布草房，熟悉布草房的布局，了解布草房的运行流程。
3. 在实训宾馆布草房进行收发、分类、盘点等实训练习。
4. 各项目小组形成完整的项目报告，师生共同进行项目总结。

模块 1.1　布草的收发

❖实训项目5-1

客房布草的收发

一、操作准备

准备好相关表单与笔。

二、操作程序

步　骤	操作要领	质量标准
1. 脏布草的收取	（1）客房服务员做房结束后将脏布草分类并清点，做好记录。 （2）布草收发员在规定时段到楼层收取脏布草，与"楼层布草交接表"（见表 5-1）数据进行核对，无误后双方签字确认。	分类清楚，数据准确，记录明确，字迹清晰。
2. 干净布草的配送	（1）布草收发员根据"楼层布草交接表"数据配送干净布草到各个楼层。 （2）客房服务员核对数据，无误后双方签字确认。	数据准确，记录明确，字迹清晰。
3. 入布草柜	客房服务员将干净布草存放在楼层工作间内。	按布草柜标签分类入柜。

表 5-1　楼层布草交接表

楼层＿＿＿＿＿＿　　日期＿＿＿＿

序号	种类	规格	送洗数量	布草房发数	多提	少取	备注
1	床单	1.3					
		1.5					
		1.8					
2	被套	1.3					
		1.5					
		1.8					
3	枕套						
4	小方巾						
5	……						
布草房签名							
楼层签名							

特别提示

大部分酒店采取“以一换一”的方式交换布草，即送多少脏布草换多少干净的。如果需要超额领用，应在交接表“多提”一栏中注明数量。布草房发放布草若有短缺，也应在“少取”栏目中注明。

❖实训项目5-2

餐厅布草的收发

一、操作准备

准备好相关表单与笔。

二、操作程序

步　骤	操作要领	质量标准
1. 脏布草的收取	（1）餐厅服务员将脏布草分类并清点，做好记录。 （2）布草收发员在规定时段到餐厅收取脏布草，核对数据，无误后双方在“餐厅布草交接表”（见表 5-2）上签字确认。	分类清楚，数据准确，记录明确，字迹清晰。
2. 干净布草的配送	（1）布草收发员根据“餐厅布草交接表”数据配送干净布草到各个餐厅。 （2）餐厅服务员核对数据，无误后双方签字确认。	数据准确，记录明确，字迹清晰。
3. 入布草柜	餐厅服务员将干净布草存放在餐厅工作间内。	按布草柜标签分类入柜。

表 5-2　餐厅布草交接表

餐厅__________　　　　日期________

序号	种类	规格	送洗数量	布草房发数	多提	少取	备注
1	台布						
2	桌裙						
3	口布						
4	小方巾						
5	……						
布草房签名							
餐厅签名							

特别提示

餐厅布草一般采用“以一换一”的发放方法，即以脏布草换回同等数量的干净布草。

❖实训项目5-3

员工制服的收发

一、操作准备

准备好相关表单与笔。

二、操作程序

步　骤	操作要领	质量标准
1. 申领	（1）由申领部门填写“制服申领单”，注明员工部门、工种。 （2）部门经理审批。	填写正确，字迹清晰。
2. 发放	（1）制服收发员根据员工身材准备好制服。 （2）待员工试穿合适后，收发员将号码标记在制服上，并将配套的其他物品按规定统一发给员工。	员工制服一套交员工自己保管，另一套由布草房保存。
3. 记录	将发放制服情况登记在“员工制服登记卡”（见表5-3）上，并存档。	记录及时、准确。

表 5-3　员工制服登记卡

EMPLOYEE UNIFORM CARD

姓名　　　　　　　　　　员工号码

Name:________　　　　ID No.

部门职位　　　　　　　　职务

Dept/Section:________　　　Position:________

日期 Date	服装式样 Description of Uniform	数量 QTY	签字 Signature	归还日期 Date Ret.	接收人 Rec'd By	备注 Remarks

续表

日期（Date）： 须知 Notice 对发放给我的制服，我应负责，无论由于何种原因，改变职务或离开酒店时，我将如数交回所有制服。 我同意，制服如有遗失或非正常损坏，需修补时赔偿费从本人工资中扣除。 我深知，这些制服是酒店的财产，决不允许带出酒店。 I understand that the uniforms issued to me are my sole responsibility and that it I should change position or leave the company for any reason whatsoever，I will return the complete uniforms as issued. I authorize the hotel to deduct from my salary the cost of any missing items or for the cost of repairing uniform damaged from other than normal wear. I further understand that these uniforms will NOT be taken off the hotel property at any time. 员工签名 Acknowledged:（Employee's Signature____________________）

❖实训项目5-4

员工制服的换洗

一、操作准备

准备好相关表单与笔。

二、操作程序

步　骤	操作要领	质量标准
1. 收取脏制服	制服收发员将员工送洗的脏制服清点准确，填写“员工制服送洗表”（见表5-4）。	清点准确，字迹清晰。
2. 分类	将脏制服分类放入不同的布草分拣筐内。	分类正确。
3. 发放干净制服	取出相应的干净制服（干净制服与脏制服号码须一致），送交员工（员工领用时，再次核对号码）。	制服发放正确、无差错

特别提示

员工换洗制服应在规定时间进行。

表5-4　员工制服送洗表

月份__________　　　日期________

部门	员工工号	衬衣	西服	长裤	领带	马夹	裙子			收衣员	领取人

续表

部门	员工工号	衬衣	西服	长裤	领带	马夹	裙子			收衣员	领取人

❖相关知识

一、布草收发制度

收发环节是控制布草进出、防止布草流失的重要环节。酒店必须建立完善的收发制度和严格、合理的收发程序，确保布草安全进出。

（1）新购布草要先入库、入账，然后再凭申领单领出使用。在领出使用时，要有详细记录，要完善领发手续。

（2）对日常洗涤后藏存的布草，以“以一换一”的方式进行发放，即用脏布草换取相同规格和数量的干净布草。

（3）布草房发放布草时，必须遵循先洗先出的原则。先发放最早洗过的布草，让刚上架的布草散尽热气。

二、布草槽

一些规模比较大的高楼层建筑酒店，为提高工作效率，客房楼层内设有布草槽。布草槽从客房楼层通到洗衣房。在客房每一个楼层工作间内设有一个布草门（如图 5-1、图 5-2 所示），为安全起见布草门平时需要上锁。客房服务员将脏布草清点、分类、打包（脏布草数据单放在包裹内），在规定的时段内将打包好的脏布草投入到布草槽中，由洗衣房员工清点、核对。

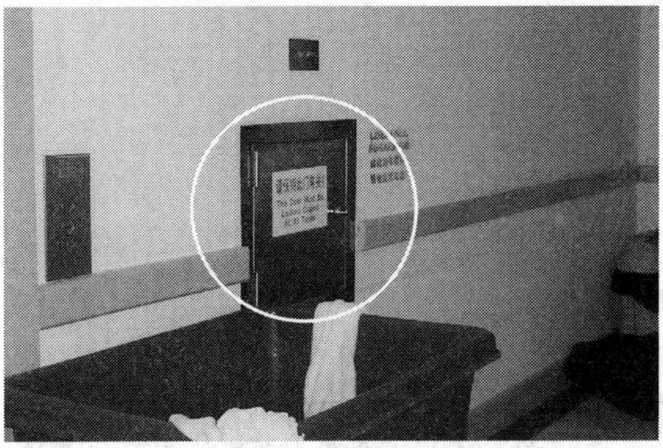

图 5–1　布草槽（1）

图 5–2　布草槽（2）

模块 1.2　布草的盘点

❖实训项目5-5

客房布草的盘点

一、操作准备

（1）盘点前提前一周给相关部门发出备忘录，包括盘点时间、地点、相关区域、路线。

（2）准备好相关的报表。

二、操作程序

步　骤	操作要领	质量标准
1. 清点	（1）客房部实地清点本部门区域内的所有棉织品（包括工作间、工作车、洗衣房及布草房所有货架上的干净布草和脏布草）。 （2）盘存期间，布草房派员工到客房部抽查核对。	（1）所有布草不能流动。 （2）点数准确。
2. 报告	各区域员工将清点后的结果报布草房。	数据准确。
3. 统计	（1）布草房统计盘存结果，将全部计算结果填写在“客房布草盘点表”（见表 5–5）上。 （2）布草房须在布草盘点工作结束后完成所有布草的计算工作。	计算准确，填写清晰。
4. 分析	及时将各项数据汇编完成并进行分析，附件抄送财务部及相关部门。	科学分析，提供信息。

特别提示

（1）布草房负责酒店所有布草的盘存。

（2）提前一周通知有关部门确切的盘存时间。

（3）盘点当天，布草换洗工作需在盘存结束后进行。

表 5-5　客房布草盘点表

部门________　　盘点日期________　　制表人______

品名	额定数量	客房		楼层工作间		布草房		洗衣房		盘点总数	报废数量	补充数量	差额总数
		定额	实盘	定额	实盘	定额	实盘	定额	实盘				

❖实训项目5-6

餐厅布草的盘点

一、操作准备

（1）盘点前提前一周发出备忘录给相关部门，包括盘点时间、地点、相关区域、路线。

（2）准备好相关的报表。

二、操作程序

步　骤	操作要领	质量标准
1. 清点	（1）餐饮部实地清点本部门区域内的所有棉织品（工作间、餐厅、洗衣房及布草房所有货架上的干净布草和脏布草）。 （2）盘存期间，布草房派员工到餐饮部抽查核对。	（1）所有布草不能流动。 （2）点数准确。
2. 报告	各区域员工将清点后的结果报布草房。	数据准确。
3. 统计	（1）布草房统计盘存结果，将全部计算结果填写在"餐厅布草盘点表"（见表 5–6）上。 （2）布草房须在布草盘点工作结束后完成所有布草的计算工作。	计算准确，填写清晰。
4. 分析	及时将各项数据汇编完成并进行分析，附件抄送财务部及相关部门。	科学分析，提供信息。

表 5–6　餐厅布草盘点表

部门__________　盘点日期__________　制表人________

品名	额定数量	餐　厅		工作间		布草房		洗衣房		盘点总数	报废数量	补充数量	差额总数
		定额	实盘	定额	实盘	定额	实盘	定额	实盘				

❖相关知识

一、布草的保管

1. 储存地点和环境的选择

布草的储存应选择通风好，微生物不易繁殖，不易霉变，远离火源、蒸汽，具有良好的温湿度（温度不超过20℃、湿度约50%以下）的区域。不能选择湿气大、不通气的地下室，或靠近厨房、火源、浴室的地方。此外，布草存放地还要考虑到安全防盗。

2. 布草储存条件和设备设施

布草房室内墙面应做必要的防渗漏处理，地面应做防潮湿处理（铺上PVC地砖），天花板要吊顶、防灰。此外，还应安装排风扇、抽湿机。这样才能有效地防止室内产生湿气。为使布草得到妥善的保管，还应当在布草房置有足够的隔架、橱柜以方便各种布草的分类摆放。布草摆放要离地面、墙面有一定的距离，离其他化学物品也要有一定的距离。

3. 布草存放要求

布草需根据不同种类、不同颜色等分类摆放，采取整数定量摆放、整数定量码垛等。有些企业采用的“五五摆放”“四号定位”值得借鉴。“五五摆放”指同一种物品以“五五成行、五五成方、五五成串、五五成包、五五成堆、五五成层”摆放。所谓“四号定位”，即按库号、架号、层号、位号对物资进行统一编号、合理摆放，以便存放取送和检查盘点等。

4. 布草储存管理制度

保持室内清洁，定期灭虫害，严禁烟火，限制无关人员的进出。布草架上的布草应盖上防尘罩；梅雨季节，应视气候条件开窗通气；对购进的不同布草要先入库入账，后发放。

5. 布草架各类布草的存放规定

（1）所有布草房的架子、搁板要排列整齐，客房、餐厅布草及员工制服需分类存放，并用标签注明，便于管理（如图5-3至图5-6所示）。

（2）暂时不用的布草要贴好标签放在布草架上封存，注明种类、尺寸及数量。

（3）报废布草需贴好标签放在布草架上，并注明“报废布草”。

图5-3 布草房（1）

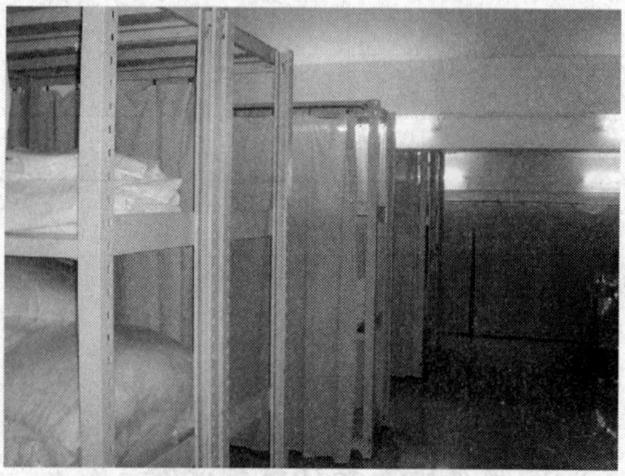

图5-4 布草房（2）

图 5-5　布草房制服存放（1）

图 5-6　布草房制服存放（2）

二、布草的储备

充足的布草和适当的储存是维持客房正常运转的保证。

（1）按酒店的标准，每一间客房所需配备的布草总量称为 1 套。

（2）通常酒店需要备 3 套标准的布草用来周转：1 套在客房，1 套在洗衣房，另 1 套在布草房或者在楼层工作间。

（3）确保每一间客房内的布草都按 1 套的标准摆放。

（4）储存在布草房或楼层服务工作间的布草，须折叠整齐，存放在架上并贴好标签。

三、布草的盘点

布草的定期盘点是客房物品管理的一项重要工作内容。定期对客用布草盘点，可以防止布草流失，了解布草的库存和在用情况，把握布草的正常周转，确保对客服务工作有条不紊展开。布草盘点需以布草购进档案及相关账本为依据，对在洗、在用、库存和报损的统计要精确，做到账目与实际相符。

四、布草的修补及报损

（1）检查。从洗衣房返回的所有棉织品和布草都要彻底检查是否有破损。

（2）修补。任何能够修补的布草、毛巾都要交给缝纫工做必要的缝补。

（3）鉴定。所有低于标准的布草均需经过主管鉴定后，才能决定是否继续使用或做进一步的处理。

（4）记录。将全部报废的布草（种类、数量）登记在“布草报废记录表”（见表 5-7）上，每月将汇总报告交主管和财务部。

五、布草的再利用

客房部每年因种种原因，会报废大量的床单、枕套、毛巾等布草，如果将这些报废的布草随便丢弃，将是一种损失和浪费，因为这些报废布草可以合理地再利用。例如，报废的床单和毛巾可以改作抹布，这不仅可降低物耗成本，而且可培养员工的节约意识。

报损布草的再利用应当遵循这样一个原则，即“以大改小”。例如，报废的大床单首先应该考虑是否可以改制成单人床单；报废的单人床单可以改成儿童床单，还可以改制成枕套或后勤用桌布、厨房用围裙，连围裙也改作不了的，最后可改作成抹布。需注意的是，客房内报损的毛巾，包括大浴巾应用作其他部门的抹布；如果在客房当抹布使用，则需要在报废毛巾边上缝制一条彩色线，以明显区别客房在用的毛巾。

表 5–7　布草报废记录表

品　名	规　格	数　量	报废原因	处理意见	备　注

申报人＿＿＿＿＿＿　　批准人＿＿＿＿＿＿　　日期＿＿＿＿＿＿

六、布草的二次污染与预防

布草的二次污染不仅会增加布草洗涤的难度，造成洗涤成本的增加，而且还会加速布草的损坏。因此，酒店客房部应重视布草的二次污染与预防工作。

1. 二次污染的原因

二次污染是指布草从客房、餐厅撤换下来之后，在收集、送洗过程中形成的新污染。二次污染的原因主要如下：

（1）布草随意摆放，服务员各种时不时地不小心踩踏布草。

（2）服务员操作不规范，在卫生间用毛巾当抹布擦拭地面，用枕套擦镜面玻璃等。

（3）酒店没有配备专用布草推车，员工在运送布草时，用报废的床单打包，在地上拖拉，造成污渍。

2. 二次污染的危害

二次污染给布草造成的损害很大，因为二次污染的污渍都是不容易去除的顽渍。例如，锈渍的附着力就特别强，必须用专用的去渍剂才能去掉；布草在地上拖拉的过程中纤维与地面强摩擦，污渍渗入纤维中很难去除。二次污染不仅加大了洗衣房员工的工作量，而且由于过多地使用洗涤剂，造成布草纤维的损伤，致使布草破损报废率上升，从而增加酒店经营成本。

3. **布草二次污染的预防**

（1）加强员工教育，增强员工的责任心，要求员工平时规范操作，充分认识二次污染对酒店造成的损失。

（2）配备必要的清洁用品与工具，如抹布的配备，运送布草配备布草车。

（3）科学设计清扫整理客房的操作程序。不少酒店为避免服务员清扫客房时将客房布草当抹布使用，在客房操作程序设计上做了调整，要求服务员清扫客房时先将需更换的布草撤出来放在工作车布草袋中，然后再清扫客房。

拓展知识
酒店布草更新及破损原因分析

（4）管理人员需加强巡视检查，发现问题，及时处理。

（5）制定相关制度，对不负责任的员工除了批评教育外，还应予以一定的经济处罚。

❖工作评估

小组名称＿＿＿＿＿＿　小组＿＿＿＿＿＿　组员＿＿＿＿＿＿　评估日期＿＿＿＿＿＿

项　目		等　第			
		超过标准（A）	达到标准（B）	稍低于标准（C）	与标准差距大（D）
知识掌握	布草房的运行				
	布草管理方法				
技能训练	布草收发				
	布草盘点				
	布草报废				
	报表填写与数据分析				
协同作业	资料收集整理				
	参与小组讨论				
	团队合作精神				
	任务完成时间				

模块二　洗衣房的运行

教学设计

1. 教师向各组分发任务单，要求学生收集洗涤用品的相关资料。
2. 参观酒店洗衣房，了解洗衣房功能布局，熟悉各类布草的洗涤流程。
3. 在教师指导下，学生在实训宾馆或校实训教室进行衣物去污、熨烫等技能训练。
4. 各项目小组形成完整的项目报告，师生共同进行项目总结。

模块 2.1　洗衣房功能布局与设备用品

❖相关知识

一、洗衣房功能区域划分

洗衣房设备较多，有干洗、水洗、熨烫等业务，合理的功能区域布局可以提高整个洗衣房的运行效率。图 5-7 为某酒店洗衣房布局图。

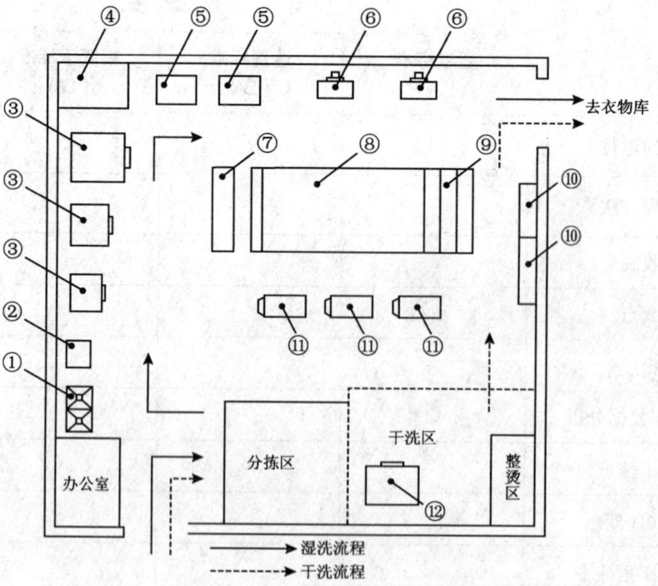

图 5-7　某酒店洗衣房布局图

①——双槽洗涤池；②——家用洗衣机；③——洗脱机；④——空压机房；⑤——烘干机；⑥——压烫机；⑦——工作台；⑧——大烫机；⑨——折叠机；⑩——布草架；⑪——布草车；⑫——干洗机

1. 脏布草、脏衣物处理区

脏布草、衣物与干净的布草、衣物，应从不同的出入口进出。送进洗衣房的脏布草需要分类，所以靠近洗衣房进口处应留有分拣的地方，并配有打码机和称重器，以便衣物打码编号、布草称重。

2. 水洗区

水洗区一般放有水洗设备。水洗区按洗涤流程通常设在脏布草、衣物处理区旁，便于脏布草、衣物处理完后，就近放入洗衣机。一般规模较大的酒店配有大小不同容量的全自动洗衣脱水机若干台，以便于选择使用。此外，洗衣机旁应放置电烘干机与蒸汽烘干机。

3. 干洗区

干洗区主要摆放干洗机。按作业流程通常在洗衣房内单独划出一个区，将所有与干洗有关的设备放置在一起，如光面熨衣机、绒面熨衣机、人像熨衣机、抽湿机等。机器熨烫和人工熨烫设备尽可能相对集中在一起，这样更有利于提高工作效率。

4. 熨烫折叠区

熨烫折叠区应靠近干衣机，以便对洗过的布草进行熨平、折叠处理。熨烫折叠区配有熨平机、折叠机等设备（如图 5-8 所示）。

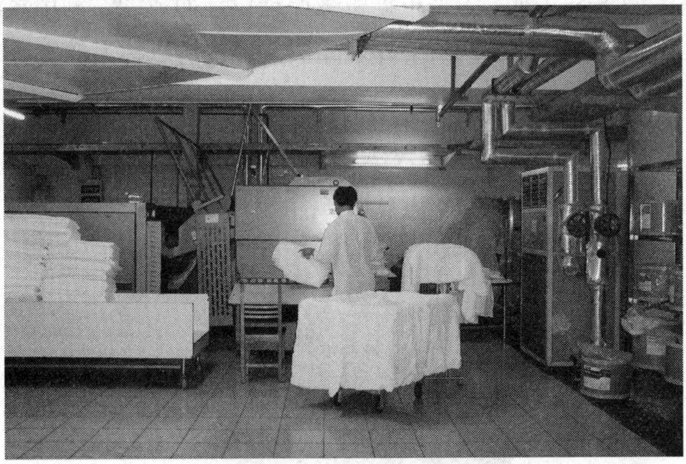

图 5-8 熨烫折叠区

二、洗衣房的设备

洗衣房设备的配备应根据酒店规模、洗涤业务量，以够用、管用、好用，以及节能、高效、安全为原则。

1. 湿洗机

湿洗机主要用于洗涤床单、枕套、毛巾等布草，分全自动、半自动、机械操作三种，容量大小不一。洗衣房最好能同时配备大小容量不同的湿洗机，既保证大宗布草的洗涤效率，又能满足小件衣物的洗涤需要，节省能源。

2. 烘干机

经湿洗机洗净甩干后的布草及衣物仍含有较多水分，若直接整烫，耗时、耗力，所以洗衣房应配置不同容量的烘干机。烘干机分电和蒸汽两种，酒店应根据能源供应情况选择。

3. 布草熨平机（大烫机）

布草熨平机专门用于熨烫床单、枕套、台布等面积较大的布草。其原理是通过蒸汽高温杠杆滚压，平整和干燥布草。新一代的熨平机只需人工将甩干后的布草平整送入熨平机传送带，机器便自动熨平、熨干、折叠，有些机器还能在折叠时辨别布草的洗净度和破损情况，将不合要求的自动剔除。

4. 干洗机

干洗机用于洗涤不能水洗的衣物，工作原理同湿洗机，所不同的是除有主洗机外，还增加了回收干洗液的装置。另外，现在普遍使用的干洗剂为有毒溶剂，所以还附有安全装置。

5. 人像熨衣机

人像熨衣机（如图 5-9 所示）是根据熨烫原理设计而成的，利用蒸汽和压力共同作用来达到平整、定型衣物的效果，由于外表酷似人形，所以称人像熨衣机。

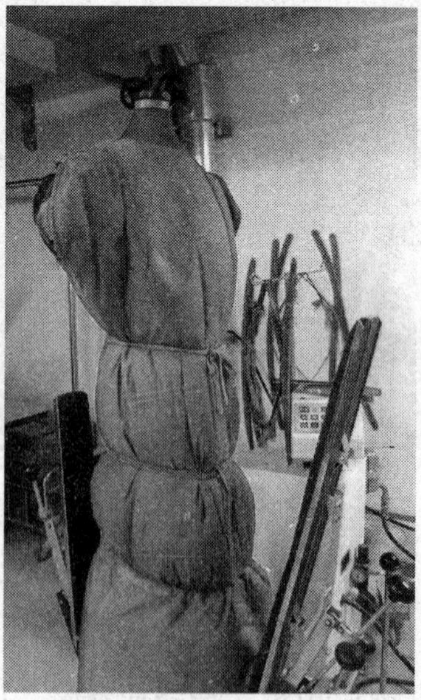

图 5-9　人像熨衣机

6. 绒面蒸汽熨衣机

绒面蒸汽熨衣机是根据熨烫原理设计的，可以熨烫大部分的衣物，因而有万能熨衣机之称。该机器操作方便、熨烫质量好、省时省力。

7. 光面蒸汽熨衣机

光面蒸汽熨衣机主要熨烫一些能耐一定温度和可直接加热的纤维织物，对纯棉、混纺或某些化纤类织物熨烫效果更好，具有省时、省力、效率高、熨烫质量高等优点。

三、洗衣房用品

1. 打码机

打码机专用于衣物的打码编号，是以加热的形式将不干胶打压到衣物上，打压的同时将编号印在不干胶片的正面，快速完成编号。打码机替代了将编号写在布条上再缝在衣物上的烦琐工作。

2. 熨斗

熨斗几乎可以熨烫所有的衣物，特别适宜熨烫某些特殊的服装或衣物的某些部位，如肩、领。洗衣房通常选用自动调温型蒸汽电熨斗。根据蒸汽的不同提供方式，电熨斗可分为两类：一是外接蒸汽式，由中央蒸汽系统提供蒸汽；二是内置蒸汽发生器，使用时不断补充水源即可。

3. 去渍台

去渍台（如图 5-10 所示）用于布草衣物的去渍。在去渍台上，可以对织物各部位进行清楚地检查、彻底地去渍。去渍台与真空抽湿机配套使用。

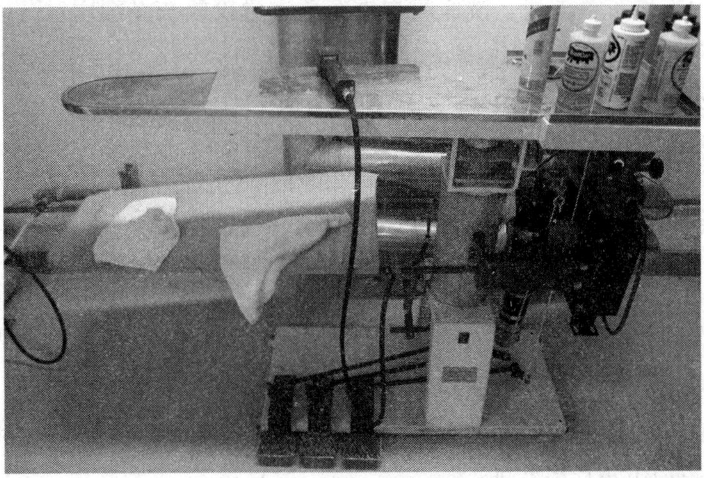

图 5-10　去渍台

4. 烫床

烫床与熨斗配套使用，可以将整件衣物平铺在上面熨烫。

5. 烫台板

烫台板的面积只有普通烫床的四分之一至三分之一，熨烫西裤、裙子、衬衣等比较灵活方便。

6. 喷水壶

喷水壶，即普通市售喷雾式塑料喷水器，熨烫衣物时根据需要喷水。

7. 棉枕头

棉枕头用棉花做枕芯，外包软布缝制而成，作为垫子用在一些不规则形状的衣物部位，如某些衣物的肩部、胸部、裤腰等。棉枕头一般长 15 厘米、宽 9 厘米、厚 5 厘米。

8. 木手骨

木手骨用木板制成，侧剖视图似“刁”字形，木板以长 70 厘米、宽 12 厘米为宜。上层木板垫有棉毯，用软白布包好并缝合，上下两板相隔 20 厘米左右，熨烫衣物袖子等处时使用。

9. 去渍刷

去渍刷用于刷除衣物上的污渍，有黑鬃刷和白鬃刷两种。黑鬃刷一般用于干性溶剂，白鬃刷用于湿性溶剂。

10. 刮板

刮板是一种去渍的辅助工具，用来软化污渍，使去渍剂更易渗透到织物中。刮板可用骨头、金属或塑料制成。

11. 地磅秤

地磅秤专用于称布草重量。洗涤时根据布草重量投放洗涤剂用量，以达到最佳清洗效果。

12. 其他工具

不锈钢挂衣推车、不锈钢布草平板手推车、不锈钢洗衣盆等。

四、洗涤剂

1. 主洗剂

通用的主洗剂（pH=10）均为有机合成类，除含碱外，还含有表面活性剂、过氧化氢、增白剂、泡沫稳定剂、酶制剂和香精等。主洗剂有液体和粉状两种：液体主洗剂含有机成分多、易溶化；粉状除垢效果好（含碱量高），但不能完全溶化和均匀分布。全自动洗衣机最好使用液体主洗剂。

2. 化油剂

化油剂（13<pH<14）又称乳化剂，是专为洗涤餐巾和台布而配制的，与主洗剂同时使用可去除台布、口布及衣物上的油污。

3. 酸粉

酸粉（柠檬酸和醋酸，pH=3）有粉状和液体两种，用于中和碱。主洗剂的碱性在漂洗时不容易过清，因此，在布草洗涤最后一次过水时，加入适量的酸粉去中和碱，能使布草的 pH 值降至 6~6.7，以增加使用时的舒适度，延长布草的使用寿命。

4. 氧漂剂

氧漂剂（pH=3）又称过氧化氢漂白剂，专用于彩色织物的洗涤。主洗时适量加入，可避免碱对色彩的破坏作用，从而保持布草的原有色彩。

5. 氯漂剂

氯漂剂分次氯化钠（8<pH<9）及过硼酸两种（pH=10），起漂白作用，主洗时适量加入。

6. 上浆粉

上浆粉有淀粉和聚乙烯醇两种浆料，用于台布、餐巾、某些制服等。通过上浆，能使被浆织物表面挺括，防止纤维起毛，有良好的观感，同时使被浆织物表面有一保护层面，可延长织物的使用寿命。

7. 柔软剂

在洗涤的最后一次过水时加入适量的柔软剂，可使织物表面和内部平滑并增加其柔软度。

8. 干洗剂

干洗剂比较适用于呢绒、丝绸等高级衣料的干洗。干洗剂去油污快，不损伤衣料，具有挥发性，清洗后不用漂洗，不留下水痕和油剂。目前常见的干洗剂有二氯乙烯和四氯乙烯。

9. 衣领净

衣领净是一种具有乳化、增溶、润湿等性能的清洗剂，能有效地除去衣服、袖口上的斑迹和油性污垢，不损伤衣服。

五、洗涤设备的维护和保养

1. 正确操作

洗衣房应与工程部门配合，根据厂家提供的技术指标，对所有洗涤、熨烫等设备制定严格的操作规程。操作规程主要包括：操作顺序、操作方式、常见问题分析与处理、操作过程错误操作行为的杜绝等。洗衣房应对员工进行操作技能及操作规范培训，员工经考核合格后方能上岗操作。

2. 定期与不定期检查

对机器设备的定期与不定期检查是洗衣操作工的工作职责，也是及时发现问题、避免重大故障事故发生的有效方法。如发现机器设备出现故障应及时与工程部或供货商取得联系，及时解决问题。

3. 定期保养

所谓定期保养，是指针对设备设施的不同特点及故障易发部位定期进行清洁、润滑、紧固、调整等，以最大限度地延长设备的使用寿命。

模块 2.2 衣物去污

❖实训项目5-7

衣物去污

一、操作准备

（1）清洁去污台。

（2）准备去渍剂及去污工具。

二、操作程序

步　骤	操作要领	质量标准
1. 判断污渍种类	去污前应首先判断污渍的种类，以选择合适的去渍剂和去污方式和方法。	判断准确。
2. 选择去污方式	依据污渍的种类选择合适的去污方式。	去污方式恰当。
3. 选择去渍剂	不同的污渍类型使用不同的去渍剂。	选择合适的去渍剂。
4. 去污	（1）喷枪使用前先放水，防止积水或水锈弄脏衣服。使用的角度要合适（约 30 度角），离织物 10 厘米以外，否则强力会破坏织物纤维结构，造成“并丝”（特别是丝绸、麻类衣服）；如使用蒸汽喷枪，过热的蒸汽也易造成织物掉色。 （2）使用毛刷时应注意顺织物的纹路刷洗。 （3）使用小刮板将有污渍的部位展平；掌握用力度，应用刮板来回刮动，不可强行刮除。	（1）准确使用去污工具。 （2）衣物污迹去除干净。
5. 结束工作	清洗去污台，用过的工具清洁后妥善存放。	及时清洁，妥善存放。

特别提示

（1）去污前，仔细鉴别织物特别是新衣服的染色度、纤维成分，防止掉色。

（2）越快越好。衣物沾上污渍立即使用清水和去渍剂，将很容易去掉污渍；如果搁置十几个小时，再加上高温、干燥气候，污渍将很难去除。

（3）以点带面。使用去渍剂前，一定先在本件衣物内衬边角处做试验，确保去渍剂对布料纤维、纹路、绒面、色牢度没有任何影响时，才可在衣物上进行去渍。

（4）衣物需先去污后洗涤，因为某些污渍如血迹，一经加热后很难去除。

（5）对时间长的污渍采用每次少用去渍剂、反复去污的原则。

（6）次次除净。用两种去渍剂去污渍时，要先将第一次使用的去渍剂清洗干净，再用第二种去渍剂，不可多种去渍剂同时使用。

（7）用沾、刷、喷、滴除污渍时，应从污渍四周开始，防止扩散、起圈。

（8）去污时，污渍面应向下，并放置在毛巾或吸水纸上，在织物反面施加去渍剂，尽量少用强力擦洗。

（9）多次少用。去污剂多次使用、每次少用，比一次多量就想见效安全系数高。任何水洗去污的衣服，去污后需及时将去渍剂洗净，防止咬色或伤害织物。

（10）防止万一。身边准备水池、喷水枪、干洗油，要随时注意面料、纤维变化，一旦发现细微变化，立即水洗或干洗去除去渍剂。

❖相关知识

一、衣物污渍的来源、分类及鉴别

1. 污渍来源

（1）大气污垢。灰土、粉尘、烟尘、植物花粉、燃料残渣、杂菌、微生物。

（2）人体污垢。人体分泌物如皮脂、汗液、皮屑。

（3）工作环境污垢。如厨房中的油垢等。

2. 污渍分类

（1）油性污渍。油溶性的液体，或如动、植物油脂等，通过乳化、分散除去。

（2）固体污渍。属不溶性污渍，如尘埃、泥土，可以通过洗涤剂、机械作用，分散于水中除去。

（3）水溶性污渍。来自人体分泌物及食品类，如糖、淀粉、蛋白质、无机盐等。此类污渍往往不是单纯地黏附在织物上，而是一个互相联结形成的复合体，还会随着时间的延长及外界条件的影响发生氧化反应，或受到微生物的作用形成更为复杂的化合物。

3. 常见污渍类型

（1）湿性污渍。糖渍（饮料、果汁、茶汁、葡萄酒等）、油渍（食用油、矿物油、石蜡、沥青等）、单宁渍（咖啡、饮料、果汁、茶汁、葡萄酒、白酒、烟草等）、蛋白渍（鸡蛋、牛奶、冰激凌、血渍、汗渍、尿渍、粪便等）、染料渍（钢笔水、圆珠笔油、口红、纺织染料、药品等）、金属渍（铁锈、显影剂等）。

（2）干性污渍。如油漆、胶、涂料、蜡等。

4. 污渍的鉴别

要想成功地去除衣服上的污渍，就必须正确地鉴别污渍。

（1）摸。从有污渍的地方摸上去的感觉判断。如果是硬的，有可能是颜料、胶水或漆；如果是软软的，那么可能是饮料食物或唇膏。

（2）闻。如果污渍染上的时间不是很久，那么其气味有助于鉴别；汗水、香水、酒、呕吐物、药品和一些食物都有不同的气味。

（3）颜色。黄色到棕色污渍常是咖啡、茶、铁锈、糖、尿液、香水或血渍，蓝色污渍常是墨水、圆珠笔油、蔬菜汁，红色污渍常是墨水、圆珠笔油、唇膏、指甲油、红葡萄酒，黑色或灰色污渍常是柏油、污斑、灰尘、油脂、墨水。

（4）外表。当污渍只停留在织物的表面时，称表面污渍，这类污渍主要是颜料、柏油、黏合剂；如果污渍渗透到织物内，织物正反面都能看见，是可吸收污渍，这类污渍主要有饮料、墨水、血渍等。

（5）位置。污渍在衣服何处部位，对于鉴别污渍非常重要。食物污渍常在衣服前面，汗渍常在领口、腋下。

日常所见的污渍，大多数为复合型污渍，即使同类污渍，污渍成分比例也不完全相同。如血渍，由于所含的血红蛋白、血清、铁离子因人而异，也不完全相同；又如饮料菜汁含有糖、单宁、色素等。所以指望用一种去渍剂除掉复合型污渍是不现实的。

二、织物的分类及特点

1. 按衣料

（1）纯棉织物。手感柔软；拉出一根线来，断处纤维松散、不齐；燃烧灰烬少，呈浅灰色。

（2）麻织品。外观挺括、手感较硬，燃烧快、灰烬少。

（3）毛呢织品。弹性好，光泽柔和；呢面平整、挺括；用火烧时，有烧鸡毛臭味，没有灰。

（4）真丝织物。柔软，富有光泽，手摸有冷凉感觉；缓缓燃烧，缩成一团，形成黑色小球。

（5）混纺化纤织物。用火烧时，有少量不太浓郁的气味并有少量灰。

2. 按颜色

按颜色分为：白色、浅色、深色和黑色。

3. 按脏污程度

按脏污程度分为：一般脏、较脏、特别脏。

4. 按织物特点

（1）毛织品。属蛋白质性质，耐碱性差，不耐高温，适宜干洗。

（2）棉麻织品。耐碱、耐高温，易出现褶皱，洗后要熨烫。

（3）丝织品。一种娇嫩的蛋白质，应在中性洗涤液中洗涤。

（4）化纤织物。洗涤去污比较容易，温度不能太高；过水时一定要过清，否则会泛黄、变色。

衣物洗涤时需分门别类，由浅入深，分开洗涤才能使衣物不搭色、不沾污，确保洗衣质量。

三、去污方法

1. 冲洗法

大多数的水溶性污渍，可直接用去渍台上的去渍枪除掉。用这种方法去渍前，一定要检验织物对蒸汽冲击力、温度的耐受度，正确判断污渍，以防污渍经加热后固化更难除去。

2. 刷洗法

大多数饮料渍、蛋白渍、单宁渍、油渍，可用刷洗法除去。先用温水润湿污渍，使其软化，再轻刷直到去除。

3. 刮洗法

对糖渍、蛋白渍、油漆渍、各种胶、涂料渍采用这种方法。在这类污渍表面点滴去渍剂，待其渗透、润湿、分散，然后用刮板轻刮污渍，再配合其他方法去除污渍。

4. 浸泡法

对陈旧性污渍，不能用以上方法快速去除时，可采用浸泡法：用相关的去渍剂及器皿，对织物的污渍部位进行浸泡，使污渍与相关去渍剂发生物理、化学反应，使污渍软化、溶解，再配合其他方法去除污渍。

拓展知识
衣物常见污渍的去除方法

5. 吸收法

对真丝、纯毛或染色严重的污渍可采用吸收法。在污渍表面点滴去污剂，待其溶解、分散，然后用棉布在污渍正、反面吸，促使污渍转移到棉布上，再用干净的棉布重复以上步骤，直到污渍去除干净。

模块 2.3　洗涤流程

❖实训项目5-8

水洗流程

水洗是通过水对衣物的湿润，洗涤溶剂对污渍的分解、乳化等化学作用，以及手工搓擦或机械力的转动所产生的冲击力使衣物上的污渍脱离衣物，溶于水中被水带走，最终使脏衣物恢复到原来的洁净状态。水洗流程主要如下。

1. 预洗（冲洗）

不加任何化学药剂，仅仅是利用水和机械力的作用，将织物上的部分水溶性污渍和不溶性污渍冲离织物，以提高主洗效果。冲洗的时间一般为 3 分钟。

2. 排水

将冲洗后的污水排掉，以提高下一道工序的洗涤效果。

3. 主洗

主洗是指根据被洗织物的质地结构，污渍的性质、污染程度，一次装载量所设计的标准水位、标准洗涤剂用量、标准水温、标准时间，对被洗织物进行规范的清洗。主洗是整个过程中的关键，经过主洗，绝大多数污渍将被去除。主洗水温在 80℃ ~85℃，时间 10~15 分钟。

4. 低脱

通过洗衣机内转筒旋转的离心力将清洁剂溶液与脏水从衣物上脱离。

5. 中间过水

用干净的清水，对主洗后织物进行过滤，使残留在织物上的洗涤剂以及污渍液体被彻底排出。中间过水对降低碱度，调节温度以便进行下一步的漂白创造有利条件。中间过水一般采用低水位，过水次数视实际情况而定。

6. 漂白

漂白是一种“染色”补救手段，即对无法去除的织物上的污渍、色斑通过漂白（染色）将其掩盖，同时使白色织物有良好的白度，有色织物的色彩还原到原有的鲜艳水平。漂白剂常用的有氧漂、氯漂。

7. 排水、过水、中脱

根据情况决定排水、过水、中脱的次数。

8. 柔软、中和、增白和上浆

布草经过主洗和过水后，可以根据需要进行柔软、中和、增白和上浆的处理，使之达到理想要求。

9. 高脱

中脱是洗涤过程中的脱水，脱水时间短，织物的含水量较大；高脱是洗衣的最后一道工序，是最后一次脱水，脱水时间较长，织物的含水量减少，有利于缩短烘干时间。

特别提示

目前，酒店所用洗衣机都是全自动的，无论是湿洗还是干洗，其洗涤程序都是根据洗涤需要事先设定好的。操作人员的主要任务是：判断哪些布草和衣物湿洗、哪些干洗，同时还需要根据污渍的性质、污染的程度来设定洗涤的温度、时间等。

❖实训项目5-9

干洗流程

干洗的对象是一些毛料、丝绸等做工精细的衣物，或是一些不宜水洗的衣物。干洗流程主要如下。

1. 准备溶剂

根据衣物情况加入适量的水和干洗剂（水不大于衣物重量的0.25%~0.3%，干洗洗涤剂不大于衣物重量的1%~4%），然后开启小循环系统约30秒，再把准备好的干洗剂溶液泵回工作溶液缸里备用。

2. 干洗

（1）将经过预处理的衣物放入干洗机筒体，关好机门。

（2）控制液体泵，将准备好的干洗剂溶液泵进筒体到高液位。

（3）开启正反转洗涤，开启液体泵对洗涤液经过滤器循环5~6分钟。

（4）将洗剂溶液泵回工作溶剂（或蒸馏）缸，再从洗剂溶液缸里泵溶剂进筒体到高液位，做漂洗处理（约2分钟）。

（5）高速脱液40~50秒。

（6）衣物烘干处理，温度约45℃、时间约15分钟。

（7）衣物冷却处理，约5分钟。

特别提示

（1）干洗油易挥发，其蒸汽有毒，干洗工在开门放入或取出衣物时应戴上过滤式防毒面具。

（2）在进行纽扣收集器、棉尘收集器等干洗油回路的日常清洗时，也应戴上防毒面具，并套上橡胶手套。

（3）从干洗机中取出的衣物应在通风良好处放置，冷却后再进行熨烫，这样可以散去大量干洗油蒸汽。

（4）一旦少量干洗油进入眼睛，立即用大量清水（自来水）冲洗约10分钟，并在冲洗完毕去医务室诊治。一些酒店在洗衣房配有紧急洗眼站（如图5-11所示）。

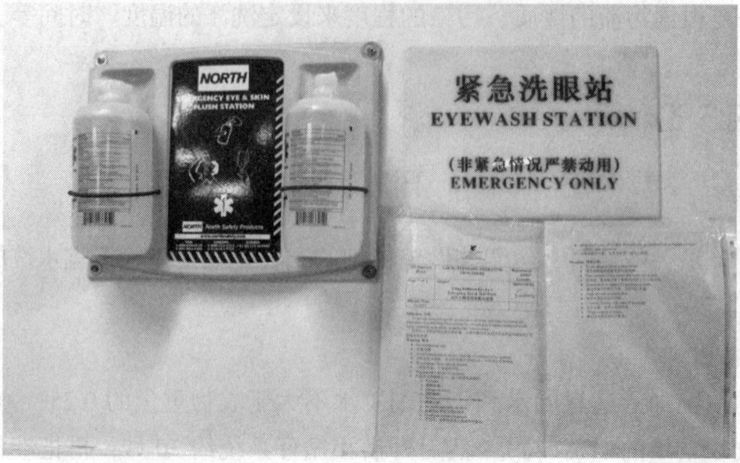

图 5-11　洗衣房紧急洗眼站

模块 2.4　洗衣房设备管理

洗衣房设备多，保养要求高。下面以某酒店为例，介绍洗衣设备清洁保养制度及要求。

一、洗衣设备清洁保养制度

所有设备均由各组指定专人负责并报部门办公室备案（人员可定期轮换）。洗衣设备清洁维护由各组领班督促员工完成，主管及经理不定期进行抽查。凡不按规定、清洁保养工作欠佳的个人，第一次给予口头警告，第二次部门书面警告存档，第三次填写过失单。凡工作特别突出者，部门予以表扬并酌情给予奖励。

二、洗衣设备清洁保养标准

（1）机器内部凡可清扫到的部位应与表面一样无灰尘、无油污、无杂物。

（2）机器周围（1 米内）地面清洁，保持干净。

（3）电器部位只清扫表面，不触动电器内部，以防止发生危险。

（4）清洁机器顶部的管道。

（5）需要更换的附属件，如垫布等，及时报告主管或经理，然后更换。

三、洗衣设备维护项目及要求

见表 5-8 所示。

表 5–8　洗衣设备维护项目及要求

设备名称	清洁保养项目	要　求
1. 水洗机	①投料器 ②机器表面	每天清洁 每天清洁
2. 烘干机	接尘器尘毛	每天清除
3. 干洗机	①机器表面 ②接尘器 ③主轴 ④风扇电动机	每天清洁 每天加油 每天加油 每天加油
4. 工衣夹机	①机器表面 ②衬垫	每天清洁 损坏或用脏后及时更换
5. 空气压缩机	排水、放气	每天进行
6. 人像熨衣机	①人像机罩 ②机器表面	用脏或破损后及时更换 每天清洁
7. 熨平机	①机器表面 ②传动部位	每天清洁 每天或每周加油 1 次
8. 各类熨衣机	①机器表面 ②衬垫	每天清洁 用坏或用脏后更换
9. 打码机	机器表面	每天清洁
10. 吸湿机	①机器表面 ②排放冷却水	每天清洁 每班后排放
11. 电熨斗	底座及表面	每天清洁

❖工作评估

小组名称＿＿＿＿＿＿　小组＿＿＿＿＿＿　组员＿＿＿＿＿＿　评估日期＿＿＿＿＿＿

项　目		等　第			
		超过标准（A）	达到标准（B）	稍低于标准（C）	与标准差距大（D）
知识掌握	洗衣房的功能布局				
	洗衣设备与用品的相关知识				
	洗涤剂的种类及用途				
技能训练	衣物污渍的去除				
	洗涤用品的使用				
	洗涤设备的保养				
	安全操作意识				

续表

项　目		等　第			
		超过标准（A）	达到标准（B）	稍低于标准（C）	与标准差距大（D）
协同作业	资料收集整理				
	团队合作精神				
	任务完成时间				

思考题

1. 写出客房布草和餐厅布草收发的流程图。
2. 布草储存需要哪些条件？
3. 如何做好布草房的管理工作？
4. 说出常用的洗涤剂及用途。
5. 参观酒店洗衣房，画出洗衣房的布局图。
6. 如何做好洗衣设备的管理工作？

实训练习

1. 在实训宾馆，分组模拟进行布草收发、盘点等练习。
2. 分组为实训宾馆制订一套布草管理制度。
3. 在教师指导下，分组进行衣物污迹鉴别及除污工作。

拓展实践

1. 参观、考察酒店洗衣房及布草房，并分析其布局与流程设计的合理性。
2. 通过网络收集相关资料、走访酒店用品公司，了解目前酒店布草的发展趋势。

项目六　客房督导管理

❖引言

做好督导管理、保证客房产品的质量，是客房管理工作的主要任务。本项目课程是整个项目课程的重点之一，实践性、理论性、技术性等的要求都比较高。

本项目采用任务驱动法，通过人员管理、质量管理、设备用品管理及安全管理等模块的教学，使学生熟悉客房督导管理的要求、方法与技巧以及数字化在客房管理中的运用。

通过小组学习的方式，激发学生的潜能，使其自主地收集资料，分析问题、解决问题，构建学生数字化思维，培养学生督导管理能力、分析问题解决问题能力及创新创造能力。

❖学习目标

1. 熟悉客房部人力资源管理的内容及重点。
2. 掌握客房质量控制的方法。
3. 熟悉客房设备管理的要求及方法。
4. 能做好客房用品的管理工作。
5. 熟悉客房安全管理的要求及方法。
6. 熟悉数字化技术在客房管理中的运用。

❖核心概念

督导

督导（Supervisor），顾名思义，就是监督与指导。广义的酒店督导，指酒店一线现场管理人员，如酒店各部门的领班、主管、经理等。狭义的酒店督导，指管理者在工作中通过巡视、观察，发现问题，预防并处理问题，从而使酒店营业正常进行的一系列工作，即对下属工作的监督和指导。

模块一　人员管理

教学设计

1. 教师下达工作任务单，分组收集酒店人力资源管理资料及案例。
2. 学生分组走访酒店并与相关人员座谈交流，了解酒店客房部人力资源管理现状。
3. 分组以实训宾馆或本市某酒店客房部为样本设置组织机构、进行编制定员。
4. 分组设计客房部新员工岗前培训计划，编写培训方案，进行培训演练。
5. 各项目小组形成完整的项目主题报告，师生共同进行项目总结。

模块 1.1　编制定员

☞案例导入6-1

如何编制定员

小吴曾在南京的一家星级酒店担任客房部主管，最近他被招聘到一家正在筹建的四星级酒店任客房部经理。这家四星级酒店拥有 480 间客房（均折成标准间计），所有客房平均分布在 20 个楼层。20 个楼层中有 1 个楼层为行政楼层，设有楼层服务员，分早、中两班，每个班次一个服务员，负责楼层对客服务工作；其他楼层对客服务员工作由客房服务中心统一调控。客房清扫员的工作定额为：早班每人 12 间客房，中班每人 48 间客房。客房楼层管理人员设主管和领班两个层级。该酒店实行每天 8 小时、每周 5 天工作制。员工除固定休息日外，还可享受每年 7 天的带薪假期和 10 天的法定假日，估计员工病事假为年人均 10 天。预计该酒店年均客房出租率为 80%。小吴现在面临的问题是如何给客房部编制定员。

❖相关知识

一、员工的编制定员

客房部员工的编制定员，主要有以下步骤：

1. 选择服务模式

酒店客房服务模式实际上说的就是酒店客房的宏观运营模式，它直接影响到客房部的编制定员。由于各种类型的酒店设施设备的配备不尽相同，因此，在客房服务模式的选择上，也有不同的做法。

2. 设置组织机构

客房部的组织机构如何设置，与所需配置的员工数量有着直接的关系。如果客房部的分支机构、机构层级及所设的工作岗位多，所需配置的员工数量必然也多。客房部在设置组织机构时，应尽量压缩层级，减少分支机构和工作岗位，从而尽量减少人员配置。

3. 确定工作量

工作量是编制定员的重要依据，工作量的大小与所需的员工数量成正比。客房部在编制定员时，必须科学准确地预测部门、各分支机构及各岗位的工作量。对于整个部门而言，客房部的工作量主要包括三个部分，即固定工作量、变动工作量和间断性工作量。

4. 制定工作定额

客房部制订工作定额通常采用技术测定法。技术测定法就是通过分析员工的操作技术，对各部分工作所消耗的时间进行测定、计算、综合分析，从而制订定额。如表 6-1 所示，按单项操作时间测试表中所列项目和要求，对一些具体操作项目进行测试，可以获得各单项操作的标准时间，再根据各项工作的具体内容、操作程序和规格标准，将准备工作和善后工作等所花费的时间全部考虑进去，就可确定有关工作的定额标准。

表 6-1　单项操作时间测试表

序号	工作项目	基本时间（分钟）	间歇许可（%）	意外耽搁（%）	标准时间（分钟）

例如，某酒店早班客房服务员的工作定额测定如下：早班客房服务员的工作时间为 8 小时，一天计 480 分钟，其中班前准备和下班结束工作共需要 45 分钟，工间休息 30 分钟，对客服务 45 分钟，更换布草、领取物品 30 分钟，剩余的 330 分钟可用于清扫整理客房。如果走客房和住客房平均每间清扫整理的时间为 25 分钟，那么早班客房服务员的工作定额即为$\frac{330}{25}=13.2$（间）；如果是专职的客房清扫员，其工作定额还可更高一些。

5. 编制定员

客房部编制定员的基本方法有两种：一是按岗位定员，二是按劳动效率定员。按岗位定员比较容易操作，比如说客房部根据工作需要设 1 个内勤、2 个主管等。按劳动效率定员，就是根据工作量、员工的劳动定额、出勤率等，计算出所需员工的数量，计算公式为：

$$\text{定员人数}=\frac{\text{日工作总量}}{\text{员工劳动定额}}\div\text{出勤率}$$

二、客房对客服务模式

目前我国酒店业客房对客服务大致有以下几种模式：

1. 客房服务中心

客房服务中心是现代酒店客房服务的主导模式，是客房管理的神经中枢。多数酒店客房服务中心与客房部经理室安排在一起，这样既可以节省空间，又方便管理。客房服务中心主要通过电话形式为住客提供服务。通常客房服务中心应有同时接听两部以上电话的能力，大型酒店可以采用小型交换机来保证信息运量。

客房服务中心模式有助于对客房服务人员的调度与控制；保证客房管理信息的畅通，有助于加强对客房整体运营效率的把握。

2. 前台直管模式

前台直管模式适用于体量比较小的酒店。一些酒店由于客房数量较少，客房服务往往采用前台直管模式，即将客房直接划归前台管理，不设客房服务中心，而是在前台班组中设客房服务和清扫小组来对客房进行管理。

前台直管模式的最大优点就是节省人力成本，将客房纳入前台管理系统之内，保证前台管理与客房管理的统一性。但这种模式在对客服务方面有时不够及时。

3. 宾客服务中心（一键式服务）

部分酒店成立宾客服务中心，为客人提供一键式服务。住店客人只需要拨一个特定的号码，店外客人只需拨酒店总机，订餐、订房、客房服务中心、送餐、问讯、叫醒等服务，均由宾客服务中心协调解决，做到“服务一键式，沟通零距离”。一键式服务对客人而言，更为方便；对酒店而言，更为经济。采用宾客服务中心服务模式的酒店，客房部不再设客房服务中心，客房服务中心的其他职能如工作钥匙领发、遗留物品管理等可由客房部办公室承担。

4. 行政楼层管家式服务

从 20 世纪 90 年代开始，我国一些中高档酒店在客房区域专门设立行政楼层，集酒店前台登记、结账、餐饮、商务中心及客房贴身管家服务为一身，为客人提供更为舒适的环境，让客人享受更加优质的服务。从客人进店开始，贴身管家便听从客人的吩咐和安排，包括为客人打扫房间、收送客衣、订餐送餐、发送传真、安排外出旅游等，让客人享受到亲切而舒适的服务。

三、客房部工作量

1. 固定工作量

固定工作量是指那些只要酒店开门营业，就必然存在且必须有人去按时完成的日常性例行工作任务，如客房管理工作、客房服务中心工作、布草房工作、公共区域清洁保养工作等。只有保质保量地完成这些工作，才能保证部门甚至整个酒店的正常运营，以及酒店的规格标准。

2. 变动工作量

变动工作量是指随着酒店业务量等因素的变化而变化的那部分工作量。对客房部来说，其变动工作量主要是指受住客率等因素影响的那部分工作量，如客房的清扫整理、对客服务、洗衣房的布件洗烫等。因此，客房部在预测这部分工作量时，还是以客房出租率为主要依据。

3. 间断性工作量

间断性工作量通常是指那些周期性较强、只需定期或定时完成的非日常性工作量，又称为计划卫生，如酒店外墙、外窗的清洗，地毯的清洗，大理石地面的清洗、打蜡等工作，这些在平时的客房日常清扫中工作量也不小。

模块 1.2　劳动力安排

☞案例导入6-2

如何安排劳动力

南方某酒店 5 月份正值旅游旺季，每天的住客率平均达到 90%。由于酒店开业筹建时客房部人员编制相对较为紧张，加上后来有一部分员工跳槽，酒店也没有给客房部补充新的员工，客房部人手相当紧张。为此，客房部经理召集主管开会，共同商讨如何在暂时不增加人手的情况下，既提高服务质量，又使部门工作能够正常开展。

❖相关知识

劳动力安排既是客房部人力资源管理的一项重要内容，又是客房部运行过程中的一项日常性工作。对劳动力进行合理安排和有效控制，一方面能够保证客房部的正常运作，另一方面能够避免人力浪费。

一、采用多种用工制度

针对客房工作变化多、随机性强的特点，在企业性质的酒店里，客房部最好采用合同工和临时工相结合的用工制度。如果当地的劳动力资源比较充足，客房部在编制定员时，非技术性工种的合同工人数可适当少一些，以满足最小工作量时的用工需求，这样可以有效地避免因工作量较少而造成的人员闲置现象。当客房出租率较高、工作量较大时，酒店可适当招聘一些临时工来缓解人员紧张的矛盾。对临时工可采用计时或计件工资制。如果当地的劳动力资源不够充足，客房部则应将合同工的编制定得充裕些，以免一旦忙起来因无法补充人员而使大家都疲于奔命，甚至连正常的工作节奏都被打乱。

很多酒店都与本地及外地的职业院校有着良好的合作关系。对酒店来讲，职业院校的实习生是优质的劳动力；对于职业院校而言，酒店是稳定的实习基地。但值得酒店注意的是，近年来实习生的供求关系已经发生了变化，在我国的很多地区，过去是学校有求于酒店，而现在是酒店有求于学校，甚至一些境外酒店也在参与竞争。因此，酒店必须调整观念与做法，采取有效措施吸引实习生。

拓展知识
客房清洁服务外包

二、改革薪酬分配制度

分配制度对于调动员工的积极性、提高服务质量、控制用工费用等方面起着关键的作用。合理安排和控制劳动力的基本目的，也正是为了在充分调动员工积极性的基础上，最大限度地保证运行，提高服务质量，减少工资支出。

客房清扫工作一般采用计件制。实行计件工资制度需注意以下几点：

（1）合理制订工资标准，即单位小时或单位工作量的标准工资。

（2）建立健全严格的质量考核制度，因为计件制有可能促使员工过分追求速度而忽视质量。

（3）保证员工的基本收入。生意好的酒店，员工基本都能有较为饱满的工作量，收入也比较有保障，会安心工作。而生意比较差的酒店，员工工作量不稳定，有时甚至可能无事可做，其收入就没有保障。酒店应该采取适当措施，如保证员工的基本收入，以稳定员工队伍。

三、根据客情变化灵活排班

客情是酒店的晴雨表，酒店管理人员应了解客源市场，及时从酒店预订部门获得相应客情信息，及时对员工进行调度。由于客情是不断变化的，客房部的工作量也因此而变化。客房部的员工排班必须依据客情变化而灵活操作。通常管理人员每月根据预测的客情、活动安排、工作量等情况，安排员工次月的班次，注明休假、加班、替班等情况（见表 6-2）。原则是先安排合同工，然后根据工作量的变化安排实习生与临时工（小时工）。

客房部必须准确地了解客情，重视客情的预测预报，以便提前做好工作的准备。如在旅游高峰期，客房部管理者应充分做好准备，增加员工的工作班次，合理安排员工休息，做到未雨绸缪。当酒店要举办大型会议等活动时，客房部往往需要提前清洁、准备场所，公共洗手间也可能需要安排专门人员。

表 6-2　客房部员工排班表

月份__________　　排班人__________

日期	1	2	3	4	5	6	7	8	9	10	11	12	13	14	15	16	17	18	19	20	21	22	23	24	25	26	27	28	29	30	31
姓名	班次																														

备注：白班，A；中班，B；夜班，C；替班，T；休息，#

四、制订弹性工作时间

制订弹性工作时间是保证客房部正常运行、减少员工编制的一项有效措施。客房部通过制订各种工作计划来调节工作的节奏、平衡工作总量，保证在客情不满时也能人人有事做，客情满时事事有人做，如安排客房计划卫生、临时清洁保养工作、员工培训等都是很好的调节时间的办法。控制员工出勤率的办法也是多种多样，除了利用绩效工资和考核办法外，还可通过合理安排班次、轮休补休等措施，来减少员工缺勤或闲置。

如某酒店规定员工早班每天工作时间为 8 小时，不考虑员工 1 个小时的午餐休息时间，核心工作时间可以从上午 8 时到下午 3 时，而上班实际开放时间为上午 6 时到下午

5 时；在核心工作时间内，所有员工都要求来到工作岗位，但在核心区段前后的弹性时间内，员工可以任选其中的 2 个小时工作。

弹性工作制的实施可以使员工更好地根据个人需要安排自己的工作时间，行使一定的自主权。员工更可能将他们的工作活动调整到最具生产率的时间内进行，同时更好地协调工作时间与工作以外的活动安排，从而提高劳动生产率。

五、部门内部或跨部门进行劳动力调配

客房部经常会出现各岗位之间业务量不均的现象：有些岗位任务繁重、人手不够，而有些岗位则工作量不足、人浮于事。客房部能在部门内部调配的，则在内部调配；如果内部调配仍无法解决问题，则可通过酒店人力资源部跨部门调配。酒店要加强交互培训，使大部分员工一专多能，以应对酒店临时性的人力调配。目前，国内有些酒店成立突击小组，由人力资源部管理，其成员都是经过全面培训的多面手，能够胜任酒店前台各岗位的服务工作，且集中住在酒店的倒班宿舍。当某些部门的人手不够时，由这些部门向人力资源部提出申请，经核准，突击小组的员工可以前往帮忙或顶岗。这是一种非常有益的尝试，值得探索。

拓展知识
人人都是铺床高手

模块 1.3　员工培训

☞案例导入6-3

新员工岗前培训

某酒店新招了一批客房服务员，这些员工都没有工作经验，也没有受过专门的训练。客房部为了保证服务的质量，准备专门对这批员工进行为期一周的岗前培训。那么，如何为新员工制订岗前培训计划并实施培训工作呢？

❖相关知识

“培训是酒店成功的必由之路。”现代酒店业的竞争，其本质就是酒店员工素质的竞争，而员工素质的高低又很大程度上取决于酒店对员工培训的重视程度。

一、培训的类型

1. 入店教育

入店教育的对象是刚招聘的新员工。入店教育工作通常由酒店人力资源部负责。在

一些规模较大的酒店，几乎每天都有新员工入职。为了便于统一安排新员工的入店教育，有些酒店规定每星期一为新员工入职日，各部门招聘的新员工都在这一天到酒店报到，统一进行入店教育。入店教育的主要内容：举行欢迎仪式，学习酒店的员工手册，熟悉酒店的环境、了解酒店情况，办理有关手续，解疑释难。

2. 岗前培训

新员工在上岗前必须接受专门的业务培训，培训结束后，还须接受严格的考核，考核合格才能上岗。新员工的岗前培训是酒店培养和造就合格员工的最佳途径。客房服务员岗前培训内容主要有：部门组织机构及岗位职责，部门规章制度，安全守则，礼貌礼节，仪表、仪容及个人卫生要求，沟通技巧，客房产品常识，清洁剂及清洁器具的使用，客房清洁保养及对客服务程序，楼层物资管理，各类表单使用等。

3. 在职培训

对在职员工进行培训，是整个酒店及部门培训工作的重点，也是酒店及部门日常工作的重要内容。在职培训内容：一是缺什么补什么，如技能技巧的培训、礼节礼貌与仪容的反复培训；二是新设备、新技术的培训，客房上网操作培训；三是综合素质提升培训，如外语培训、案例分析、投诉处理等。

4. 发展培训

发展培训的主要目的，就是培养管理人员和业务骨干。通过培训使其能够担任更高层级的职务或承担更重大的责任，发挥更大的作用。这种培训的内容和方式等，需根据培训对象的基础及发展的目标与具体情况来确定和安排，通常要有一套系统的方案。

二、培训计划的制订

1. 工作分析

培训成功的基础在于准备工作。培训前，客房部需对工作任务及员工的培训需求进行分析。工作分析主要包括确定员工须掌握什么知识，每位员工须承担什么任务，以及应达到的操作标准等。

工作分析通常按以下三个步骤进行：

（1）确定工作所含的知识。确定工作所含的知识，指的是一个员工要胜任本职工作，除专业知识和专业技能外，还须掌握其他相关的知识。

（2）编制任务单。编制任务单，是指员工在工作职责范围内应该和必须完成的工作任务。

（3）编制操作程序表。操作程序表，是指服务员完成工作任务的操作程序和质量标准（参见本教材相关内容）。

2. 制订培训计划

任务单是制订新员工培训计划的极好工具。在制订培训计划时，可以按任务单的工作分批逐项对学员进行培训，直到员工能胜任工作为止。

下面为某酒店客房部新员工的一周培训计划。

客房部新员工一周培训日程表

第一天

◇部门情况介绍

◇个人着装与仪表要求

◇紧急情况处理程序

◇失物招领程序

◇物品回收利用程序

◇安全操作常识

◇员工政策

◇客房服务员任务单

第二天

复习第一天学习的内容

◇团队协同作业要求

◇电话礼貌用语

◇楼层安全工作

◇客房部钥匙管理

◇职业安全

◇清洁用品的使用

◇维修保养知识

◇特殊清洁要求

◇客房部库存物品相关细则

◇工作任务单任务 1~5

任务 1　使用客房任务分配单

任务 2　领取客房用品

任务 3　领取客房清洁用品

任务 4　保持工作车与工作区域整洁

任务 5　进入客房

第三天

复习第二天学习的内容

◇客房部服务员岗位职责

◇优异业绩标准

◇小费处理

◇非正常客房情况应对

◇彻底清扫任务

◇房态代码

◇工作任务单任务 6~12

任务 6　客房清洁前的准备

任务 7　开始清洁卫生间

任务 8　清洁浴缸与淋浴间

任务 9　清洁马桶

任务 10　清洁洗脸盆与大理石台面

任务 11　清洁卫生间地面

任务 12　结束卫生间清洁作业

第四天

复习第三天学习的内容

◇工作任务单任务 13~21

任务 13　清洁客房内壁橱

任务 14　整理床铺

任务 15　客房除尘

任务 16　补充客房固定物品与消耗品

任务 17　清洁窗户、窗帘轨与窗台

任务 18　对客房做最后整理

任务 19　吸尘器吸尘并最后检查

任务 20　解决检查中发现的工作疏漏

任务 21　离开客房

第五天

复习第四天学习的内容（必要时可多安排一些培训时间）

◇工作任务单任务 22~26

任务 22　完成下班前的其他工作

任务 23　翻转并轻拍床垫

任务 24　添加或撤除客房内特殊服务设备用品

任务 25　清洁套房

任务 26　提供夜床服务

◇员工在培训师的指导下完成一间房间的全部清洁工作

第六天

◇员工独立清洁少量的房间

◇员工取得进步后，给员工增加工作量

三、培训方法的选择

培训方法多种多样，负责员工培训的培训师需根据培训的内容合理选择，以达到最佳的培训效果。

1. 讲解

讲解是培训的主要方法，但这种方法往往也是最枯燥的方法。采用此方法，一方面对培训师的要求很高，另一方面对场地和教学设备也有很多要求。

2. 示范训练

示范训练主要适用于技能培训，即通过培训师的操作示范以及训练提高学员的技能。

3. 专人指导

专人指导多用于对新员工的培训。新员工一般会产生陌生感和局促感，要让他们尽快适应环境，熟悉工作，融入集体，较好的办法就是为其安排专门的指导老师，对其进行个别的甚至是一对一的帮助和指导。

4. 角色扮演

角色扮演是一种能够将学习和兴趣、特长结合起来的培训方法。常常由学员分别扮演各种特定的角色，如客房服务员和住客等。角色扮演可使扮演者在表演过程中感受气氛、获得知识、悟出道理，而其他观看的学员也能同时受到启发和教育。

5. 情景教学和案例分析

由培训师设计一些情景或给出一些案例，让学员进行讨论和分析，找出答案和解决问题的办法。这种方法对于培养员工分析问题、解决问题的能力非常有效。

模块 1.4　员工培训数字化运用与管理

一、员工培训数字化

传统的培训大多是经验式的，系统性不够，而且记录的方式大都是纸质表格化的。在时代发展的今天，传统的培训已不适应新的工作要求。在内容上，要求知识的系统化，包括培训内容要点系统化、根据工作岗位和工作任务而设定的专门化和完整化。在具体工作岗位上，各酒店可以根据其特点来开发岗位的培训内容要点。

在具体的培训实施方面，酒店可以使用符合自身要求的内容来对客房服务员进行培训，也可以使用校企双元专业教材进行一定的个性化培训。

二、使用产教融合教学培训平台

1. 导入培训资源

（1）导入课程培训资源

出于企业师带徒、碎片化培训的特点，培训资源的导入应适应岗位培训的需求，方便部门设定培训计划、掌握员工培训进程、统计培训计划完成情况等（如图 6-1 所示）。

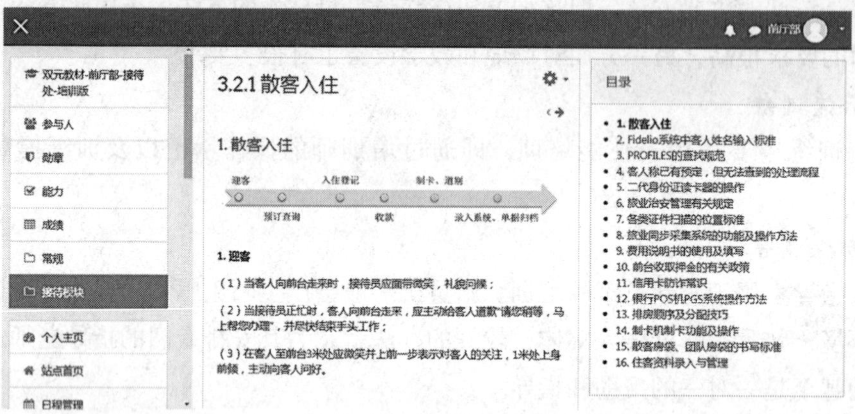

图 6-1　课程培训资源

（2）导入考核试题

培训的内容导入和计划制订是进行员工培训的前提，而进行培训考核是对培训效果、培训质量的必要检测。针对各个岗位的工作职责和工作内容开发试题是一种有效的知识检验方法。为检查员工的培训效果，应根据培训内容设置相应的练习题或者试卷，按照培训计划完成相关考核（如图 6-2 所示）。

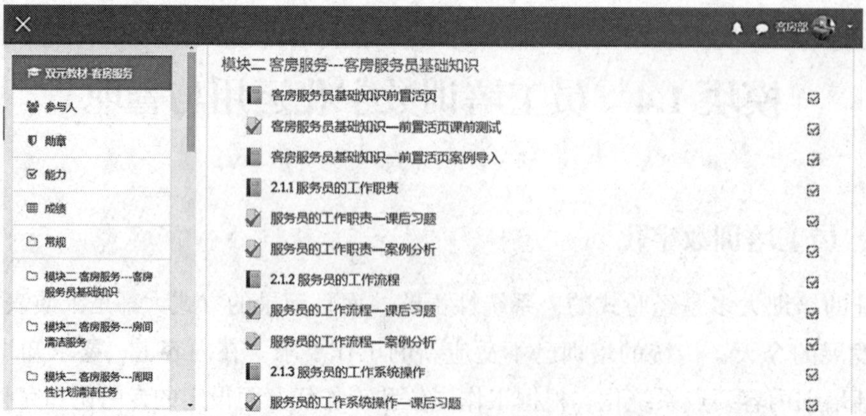

图 6-2　考核试题

2. 建立独立账号

每位员工或实习生都需要建立个人独立账号，用来登录系统。在系统中，员工或实习生需要完成培训要求的资源浏览、练习测试、学习心得上传等任务，以及其他在学习或实习工作过程中所产生的、有助于提升自我能力的资料上传等。

3. 员工和实习生线上学习

（1）课程学习

员工或实习生根据工作要求按培训计划进度进行线上学习，系统自动记录学习进度。在导师的指导下观看线上视频教程、线下进行操作训练。线上考核的结果自动记录，线下考核的结果上传平台（如图 6-3 所示）。

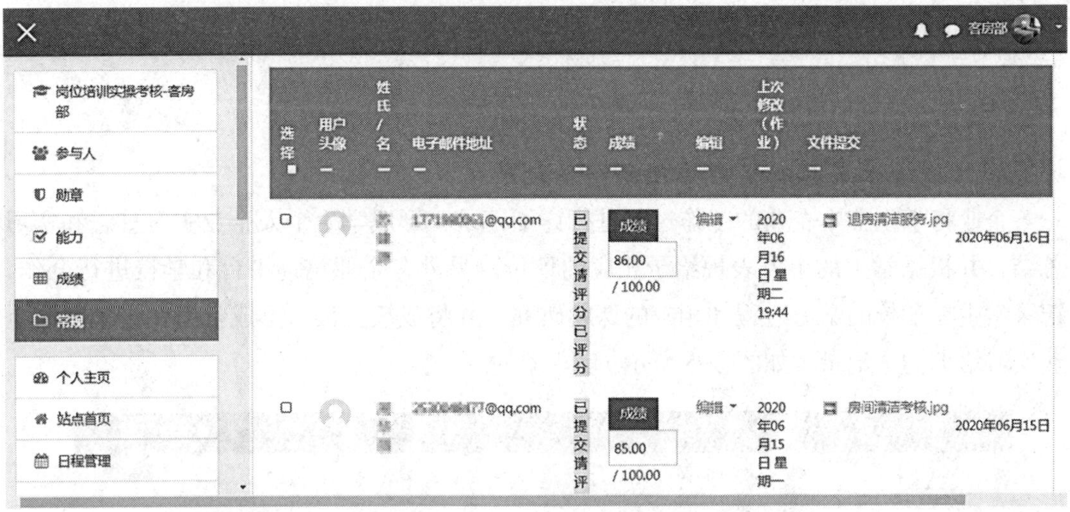

图 6-3　技能考核上传系统

（2）线上课程讨论

员工或实习生可在线上课程评论区进行相关课程讨论，发表个人对课程以及相关工作的看法。

（3）学习总结

员工或实习生定期对所学课程以及在工作中学到的知识进行总结，形成总结报告，上传到教学培训平台（如图 6-4 所示）。校内导师和企业经理可对学生的阶段性学习成果进行评价，以此来了解学生的基本学习情况。

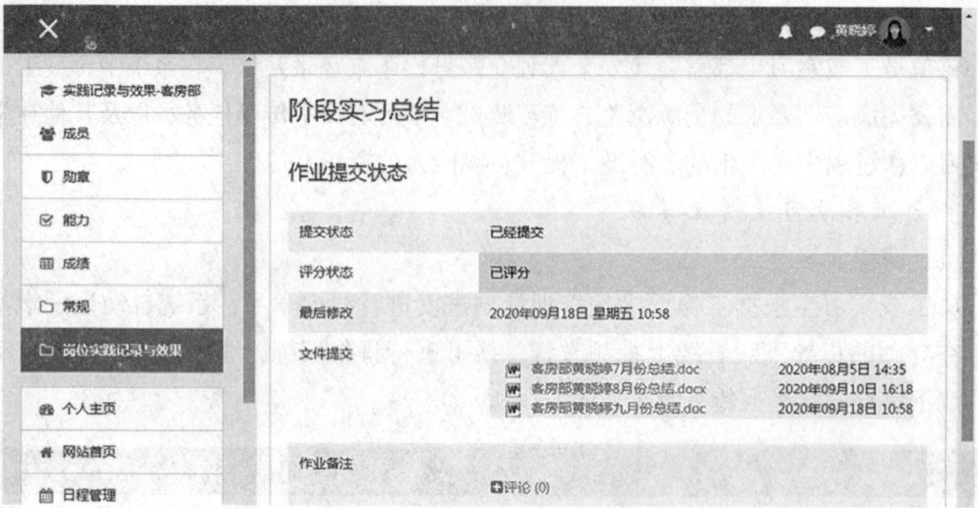

图 6-4 学习总结

4. 生成每位员工或实习生的全档案记录

企业将学生在本企业的工作过程进行详细记录，形成学生个人企业实习日志和实习总结，并根据学生的个人表现给予相应的评价。另外，企业培训平台和学校进行合作，记录学生在学校的学习过程和相应的课题研究，并将成绩上传，形成学生在校学习与企业实习培训的全记录（如图 6-5 所示）。

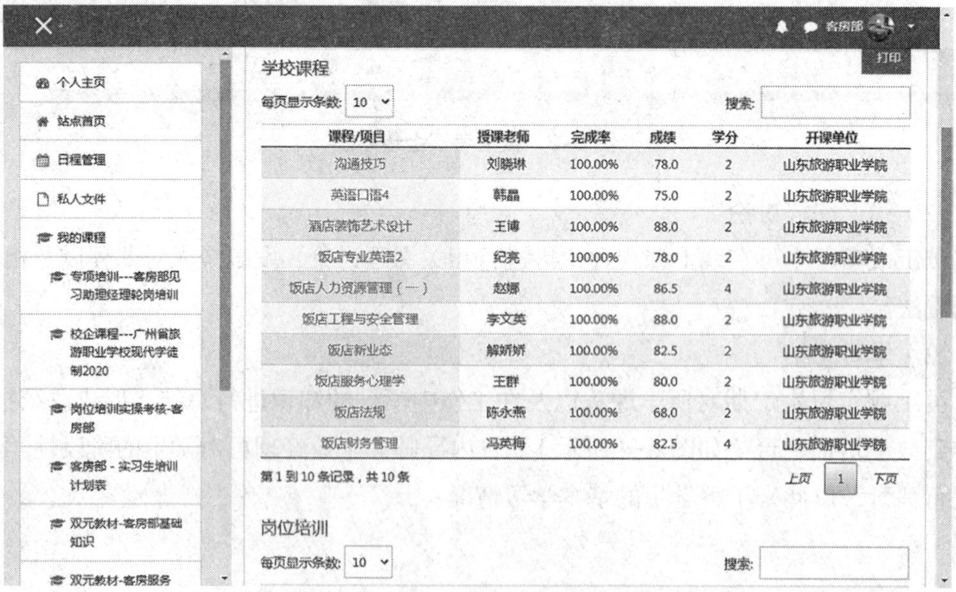

图 6-5 学校课程与企业岗位培训

学生的成长过程不单是学习课程知识，还有工作过程的学习和项目研究，周记、月记都可以上传到平台，形成学生较完整的成长记录档案（如图 6-6 所示）。

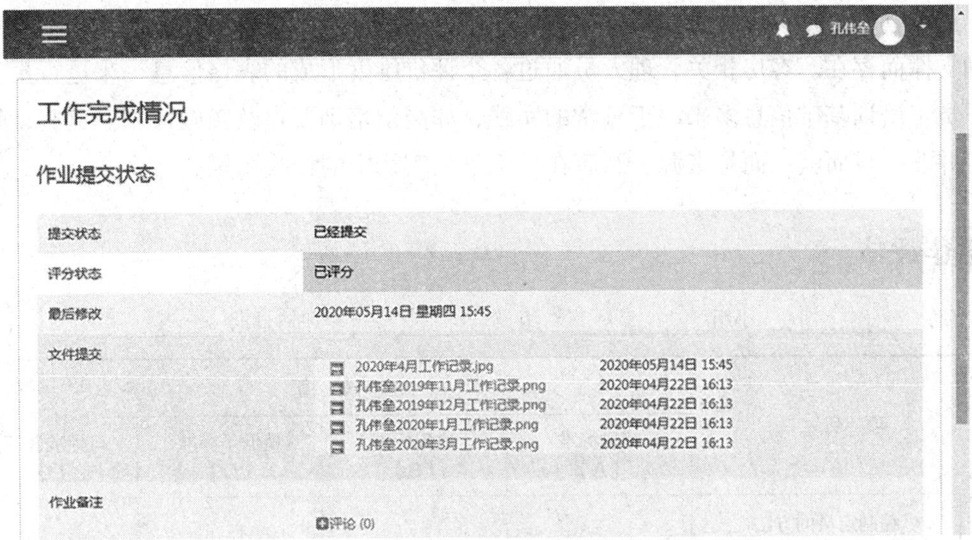

图 6–6　工作过程记录

5. 形成电子应聘简历

系统自动形成员工或学生电子版应聘简历，并可以打印成纸质版的简历。详细内容可以通过纸质版上的二维码浏览，这样的方式可以较为客观地反映员工的职业生涯，便于其后续参加应聘。

员工或学生本人可通过扫描培训证明中的二维码，输入学生账号与密码查看学习详细记录（如图 6–7 所示）。

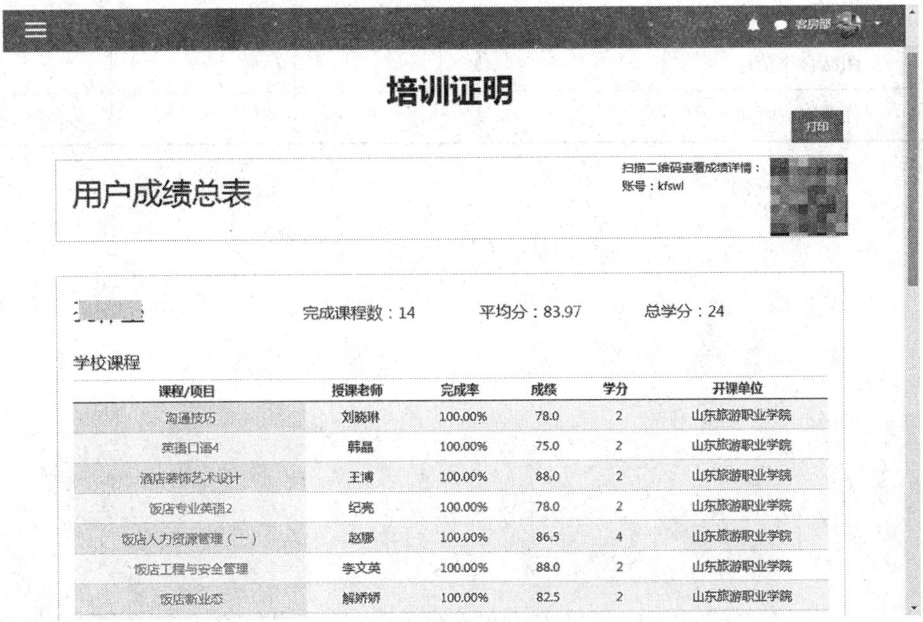

图 6–7　电子应聘简历

员工管理包括员工评价和员工培训。其中，员工评价的基础信息多作为该项任务的辅助支撑而存在。客房相关管理人员通过各个评价维度形成的表格信息，来进行员工评价。员工培训基础信息多来源于日常的实践，如岗位培训要点及实施计划。这些计划的制订并非一蹴而就，而是来源于酒店在员工培训实践中的经验积累。

❖工作评估

模块名称__________　小组__________　组员__________　评估日期__________

项　目		等　第			
		超过标准（A）	达到标准（B）	稍低于标准（C）	与标准差距大（D）
知识掌握	编制定员的方法				
	工作定额测算方法				
	员工培训方法				
	员工培训数字化运用				
技能训练	客房部工作定额的测算				
	客房部员工排班				
	新员工培训计划制订				
	员工培训演练				
协同作业	参与小组讨论				
	团队合作精神				
	任务完成时间				

模块二　质量管理

教学设计

1. 教师布置工作任务，讲解相关的知识。
2. 以小组为单位收集客房质量问题的相关案例。
3. 在模拟客房，学生在教师的指导下进行查房等技能的实地演练。
4. 学生分组，在实训宾馆进行一日楼层主管跟班见习工作。
5. 各项目小组形成完整的项目报告，师生共同进行项目总结。

模块 2.1　客房清洁保养质量管理

☞案例导入6-4

OK 房不“OK”

某酒店大堂副理接到612房住客的来电，投诉客房马桶水箱内无水。大堂副理答应马上派人前去修理。不到5分钟，一个工程维修人员出现在612房间。他先代表酒店向客人道歉，接着便熟练地动手修起来。一支烟工夫，故障就排除了，水箱里很快便注满了水。

后经查明，由于楼层主管当天工作量大，检查612走客房不仔细，没有检查出马桶问题，将有问题的客房报了前台OK房。

❖实训项目6-1

查房程序

一、操作准备

（1）准备好相关表单与笔。

（2）了解已清扫完毕的客房房号。

二、操作程序

1. 进入客房

按进房程序进入房间。

2. 检查卧室

（1）房门：无指印，锁完好，安全指示图等完好齐全，“请勿打扰”牌及早餐牌完好齐全，安全链、窥镜、把手等完好。

（2）墙面和天花板：无蛛网、斑迹，无油漆脱落，墙纸无起泡、起翘等现象。

（3）护墙板、地脚线：清洁无尘，完好。

（4）地毯：吸尘干净，地面无斑迹、烟痕。如需要则做洗涤、修补或更换的标记。

（5）床：铺法正确，床上用品干净，床下无垃圾，床垫按期翻转。

（6）硬质家具：干净明亮，无刮伤痕迹，位置正确。

（7）软面家具：无尘无迹。如需要则做修补、洗涤标记。

（8）抽屉：干净，使用灵活自如，把手完好无损。

（9）电话机：无尘无迹，指示牌清晰完好，话筒无异味，功能正常。

（10）镜子与画框：框架无尘，镜面明亮，位置端正。

（11）灯具：灯泡清洁，功率正确，使用正常；灯罩干净，接缝面墙。

（12）垃圾桶：状态完好而清洁。

（13）电视与音响：清洁，使用正常，频道设在酒店规定挡，音量调在酒店规定挡。

（14）壁橱：衣架的品种、数量正确且干净，门、橱底、橱壁和格架清洁完好。

（15）窗帘：干净、完好，拉合自如。

（16）窗户：清洁明亮，窗台与窗框干净完好，开启自如。

（17）空调：滤网干净，工作正常，温控符合要求。

（18）小酒吧：清洁、无异味，物品齐全，温度开在低挡。

（19）客用品：数量、品种齐全，状态完好，摆放位置正确。

3. 检查卫生间

（1）门：前后两面干净，状态完好。

（2）墙面：清洁、完好。

（3）天花板：无尘、无迹，完好无损。

（4）地面：清洁无尘、无毛发，地砖接缝处完好。

（5）浴缸及淋浴间：内外清洁，电镀器具干净明亮，皂缸干净，浴缸塞、淋浴器、排水阀和开关龙头等清洁完好，瓷砖接缝干净、无霉斑，浴帘干净完好，浴帘扣齐全，晾衣绳使用自如。

（6）脸盆及大理石台面：干净，电镀器具光亮，水阀使用正常，镜面明净，灯具完好。

（7）马桶：里外干净，使用状态良好、无损坏，冲水流畅。

（8）排风机：清洁，运转正常，噪声低，室内无异味。

（9）客用品：品种、数量齐全，状态完好，摆放位置正确。

4. 填写相关报表

按要求逐项填好“楼层主管工作单”（见表 6–3）；如需返工，则填写“返工单”。

表 6–3　楼层主管工作单

楼层＿＿＿＿　服务员＿＿＿＿　主管＿＿＿＿　日期＿＿＿＿

<table>
<tr><th>房号</th><th>状况</th><th>时间</th><th>卧室检查记录</th><th>卫生间检查记录</th><td rowspan="8">1. 特殊客人
贵宾：
长 / 常住客人：
残障客人：
生病客人：</td></tr>
<tr><td></td><td></td><td></td><td></td><td></td></tr>
<tr><td></td><td></td><td></td><td></td><td></td></tr>
<tr><td></td><td></td><td></td><td></td><td></td></tr>
<tr><td></td><td></td><td></td><td></td><td></td></tr>
<tr><td></td><td></td><td></td><td></td><td></td></tr>
<tr><td></td><td></td><td></td><td></td><td></td></tr>
<tr><td></td><td></td><td></td><td></td><td></td></tr>
<tr><td></td><td></td><td></td><td></td><td></td><td rowspan="5">2. 当日做房总数：
床位数：</td></tr>
<tr><td></td><td></td><td></td><td></td><td></td></tr>
<tr><td></td><td></td><td></td><td></td><td></td></tr>
<tr><td></td><td></td><td></td><td></td><td></td></tr>
<tr><td></td><td></td><td></td><td></td><td></td></tr>
<tr><td></td><td></td><td></td><td></td><td></td><td rowspan="5">3. 需要解决的问题：</td></tr>
<tr><td></td><td></td><td></td><td></td><td></td></tr>
<tr><td></td><td></td><td></td><td></td><td></td></tr>
<tr><td></td><td></td><td></td><td></td><td></td></tr>
<tr><td></td><td></td><td></td><td></td><td></td></tr>
</table>

特别提示

（1）查房时须按一定程序进行。查房的基本程序是：按顺时针或逆时针方向，循序进行，依次检查，避免疏漏，提高速度。客房检查的标准应根据客房清洁保养的质量标准，进行分解、细化。

（2）检查客房是客房部各级管理人员的日常工作，尤其是早班主管的重要工作。一天一般需检查60~80间客房，查房量大。查房时，要认真仔细，不能有疏漏。

（3）随着酒店业的发展，客房设备用品也在更新，检查表的内容也应不断地丰富和完善。

返工单

客房检查返工单

房号________ 日期________ 姓名________

请完成下列工作：

完成后请交还，谢谢！

检查者____________

❖相关知识

某客房部经理曾经说过：客房是酒店的心脏。除非客房的装修完好、空气新鲜、家具什物一尘不染，否则你将无法让客人再次光顾。客房清洁保养质量工作的好坏直接影响客人对酒店产品的满意程度、酒店形象品牌和经济效益。

一、制定相关标准

要进行质量控制和管理，就必须制定相应的标准。采用标准化的管理是保证客房产品质量稳定性的基本要求。

（一）确定标准应考虑的因素

与清洁整理客房有关的标准，具体地说，主要有如下因素：

1. 进房次数

一般来说，进房次数适当地多表示服务规格较高，但必须注意，这样一来各方面的成本都将上升。因此，确定进房的次数要做全盘考虑，而酒店的档次、客源对象和营业成本应作为主要考虑因素。当然，无论规定了几次进房，一旦客人需要整理客房，酒店则应该尽量满足其要求。

2. 操作标准

为使客房各项工作有条不紊地进行，避免操作过程中对物品的浪费和服务员时间、体力的浪费，安全操作，保证工作质量，管理人员应制订一整套操作程序，明确每项工作如何做，如走客房的清洁整理程序、开夜床程序等。操作程序中通常应有：步骤、操作要领、质量标准等。操作标准最好用表格的形式表述，具体可参见本教材相关内容。

制定操作程序标准后，可将操作要领和质量标准制成图片或光盘张贴或播放，制成图表、文字说明人手一份，供培训和日常工作对照检查之用。管理者需要通过多种方法使员工养成遵守操作标准的良好习惯。

3. 布置规格

各种类型的客房应设哪些客用品、数量多少及如何摆放，都应有图文说明（如图 6-8 所示），以确保规格一致、标准统一。客房布置讲求美观、实用、简洁。

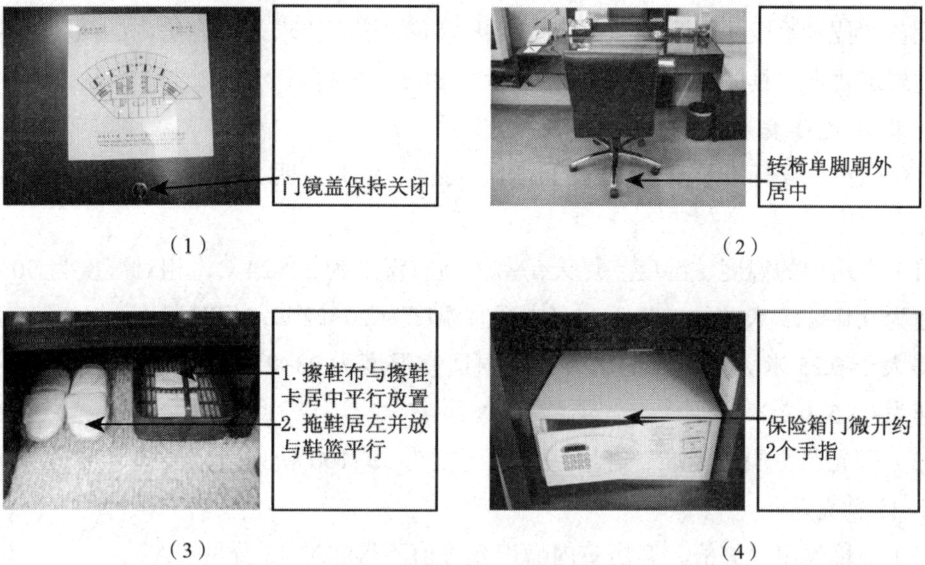

图 6–8　客房布置规格

4. 整洁状况

客房整洁状况包括两个方面内容：生化标准和视觉标准。前者往往由酒店外专业部门来做定期或临时抽样测试与检验而知，后者需要酒店自己来把握。总之，整洁与否主要看能否把握客人的要求，因为客房产品质量最终的评判者是住客。如果要为整洁状况定一个标准，那么它应该处于这样一个范围：从每一个客人都能接受直到每一个客人都感到满意。

（二）制定质量标准

质量标准是指客房清洁保养工作要求达到的效果，其总体要求是体现酒店及客房的档次和服务的规格，满足客人的需求。具体的标准可分四大类：感官标准、生化标准、微小气候标准和工作效率标准。

1. 感官标准

感官标准指酒店员工及客人通过视觉、触觉等感觉器官直接感受到的标准。客房感官标准总体要求：视觉上要求清洁整齐，用手擦拭要求一尘不染，空气清新无异味，室内无噪声污染。当然，客人与员工、员工与员工之间的标准很难完全一致。要掌握好质量标准，就需多了解客人的要求，并以客人要求为出发点，总结规律性的标准。

2. 生化标准

客房的清洁卫生质量仅用感官标准来衡量是不够的。例如，一只光亮的杯子是否清洁卫生呢？无法加以肯定，还必须用生化标准来衡量。

生化标准包括的内容通常是不能被人的感觉器官直接感知的，需要利用某些专门的仪器设备和技术手段才能测试和评价。生化标准的核心要求是，客房内的微生物指标不得超过规定要求，具体要求参见项目二模块四的相关内容。

3. 微小气候标准

客房微小气候标准要求客房内的温度、湿度、采光照明、噪声及风速等，符合人体的最佳适宜度。

（1）客房内的温度、湿度。夏天：室内适宜温度为 22~24℃，相对湿度为 50%，适宜风速为 0.1~0.15 米 / 秒。冬天：室内适宜温度为 20~22℃，相对湿度为 40%，适宜风速不得大于 0.25 米 / 秒。其他季节：室内适宜温度为 23~25℃，相对湿度为 45%，适宜风速为 0.15~0.2 米 / 秒。

（2）采光照明质量标准。客房室内照明度为 50~100 勒克斯，楼梯、楼道照明度不得低于 25 勒克斯。

（3）环境噪声允许值。客房室内噪声允许值不得超过 45 分贝（A）。

采用中央空调系统的酒店对客房内的温度、湿度、噪声、新风量、气流速度等均有较严格的规定，能较全面地满足人体对于舒适和卫生的要求。有的酒店还为空调器配有杀菌灯、空气净化器和空气负离子发生器，使客房的清洁卫生质量更符合生化标准。

4. 工作效率标准

虽然客房服务员的操作有快慢，但熟练员工的平均速度（按标准间计）应达到：走客房 30~40 分钟，住客房 20~25 分钟，空房整理与开夜床约 5 分钟一间房。但在实际工作中常常会例外。因此，计算工作定额时需要考虑到一些相关的因素，如工作职责的要求：是专职从事客房清扫，还是要兼做别的工作？每层楼的客房数量，最好不要安排员工跨楼层清扫客房；工作区域的状况：客房面积大小、家具摆设繁简、外界环境影响等，都对工作量构成或大或小的影响。

二、建立检查制度

客房清洁保养需由专门人员进行检查，使管理程式化、经营规范化。在客房质量检查的过程中，客房部各级管理人员都有自己的职责。

（一）检查人员

1. 服务员自查

服务员自查，要求服务员每整理完一间客房，要对客房的清洁卫生状况、物品的摆放和设备家具是否需要维修等进行检查。服务员自查的重点：客房设施设备是否好用、正常？客用品是否按规定的标准、数量摆放？自查的方式是边擦拭灰尘边检查。此外，在清扫完房间、准备关门前，还应对整个房间进行一次回顾式检查。服务员自查的好处是：加强员工的责任心，提高客房的合格率，减轻主管（领班）查房的工作量，增进工作环境的和谐与协调。

2. 主管查房

主管查房是服务员自查后的第一关，常常也是最后一道关。因为主管负责 OK 房的报告，总台据此就可以将该客房向客人出租。客房部必须加强主管的监督职能，让其从事专职的客房某楼面的检查和协调工作。主管查房时，对服务员清扫客房的漏项、错误和卫生不达标情况，应开出返工单。

主管查房数量因酒店建筑结构（每层客房数的多少）、客房检查项目的多少以及酒店规定的主管职责的多少的不同而有所不同。通常，一个早班主管应负责工作区域的60~80 个房间的检查工作。原则上应对其所负责的全部房间进行普查，但对优秀员工所负责清扫的房间可以只进行抽查，甚至“免检”，以示鞭策、鼓励和信任。

主管查房时对下列房间应优先检查：首先检查那些已列入预订出租的房间；尽快对每一间整理完毕的走客房进行检查，合格后向客房服务中心报告；检查每一间 VIP 房；检查维修房，了解维修进度和家具设备状况；检查每一间外宿房并报告总台。

主管查房的作用主要如下：①拾遗补漏。由于繁忙、疲惫等原因，再勤勉的服务员也难免会有疏漏之处，而主管的查房犹如加上了双保险。②帮助指导。对于业务尚不熟练的服务员来说，主管的检查是一种帮助和指导。只要主管的工作方法得当，这种检查不失为一种有效的在职培训。③督促考查。主管的普查也是促进服务员自觉工作的一种鞭策力。主管的检查记录是对服务员考核评估的一项凭据，也是筛选合格服务员的一种方法和手段。主管查到问题开出返工单后，必须要求员工进行返工并对返工情况进行复查。④控制调节。主管通过普查可以更多地了解到基层的情况并反馈到部门，而酒店管理者又通过主管的普查来实现其多方位的控制和调节。

3. 经理抽查

经理抽查楼层清洁保养质量是客房部管理工作的一个组成部分。客房部经理每天应抽出一定的时间到楼面巡视、抽查客房清洁保养质量，掌握员工工作状况，改进管理方法，修订操作标准，了解客人意见。经理抽查房间应每天保持一定的数量，应特别注意对 VIP 客房的检查。

客房的逐级检查制度应一级比一级严。所以，经理的查房要高标准、严要求，亦即被称为“白手套”式的检查。经理的检查通常不定期、不定时。检查的重点是房间清洁卫生的整体效果、服务员工作的整体水平如何，以及是否体现了酒店的管理意图。

（二）查房方法

为提高客房检查的效率，保证客房检查的效果，客房部各级人员查房时，应充分运用看、摸、试、听、闻等方法，对客房进行全方位的检查。

一看。看是检查客房的主要方法。查房时，要查看客房是否清洁卫生，客房物品是否配备齐全并按规定摆放，客房设备是否处于正常、完好状态，客房整体效果是否整洁、美观。

二摸（擦拭）。管理人员查房时，对客房有些不易查看或难以查看清楚的地方，如踢脚线、边角旮旯等，需用手擦拭，检查是否干净。

三试（试用）。客房设施设备运转是否正常、良好，除查看外，还需试用，如试用客房电话机、水龙头放水、使用电视机等。

四听。客房室内噪声是否在允许范围内，日常检查主要靠听来判断，无法判断的再借助于相关仪器检测。另外，检查客房设施设备，在看、试的同时，还需用耳听是否有异常声响，如卫生间水龙头是否有滴漏水声，空调噪声是否过大等。

五闻。客房内是否有异味、空气是否清新，需要靠嗅觉器官来判断。

三、推行免检制度

管理的最高境界是没有管理。随着酒店改革力度的加大，人员编制的紧缩，在一些管理比较成熟、员工素质比较高的酒店，客房部尝试推行免检制度。具体的做法是，对一部分资深的员工（通常任客房清扫员 2 年以上）进行考评，根据考评的结果评出免检员工，对其所做的客房采取抽查的方式，抽查其中的 1~2 间，其余客房免检。客房免检制度的推行，一方面可以增强员工的参与感和积极性并精简管理人员；另一方面可以加速客房的周转，因为免检员工清洁整理的走客房不需领班检查，服务员可以直接报总台 OK 房，减少了流程，提高了效率。

拓展知识
某酒店客房免检制度

对免检员工的激励，酒店通常采用两种方法：一是物质激励，即在每月的工资中加上津贴；二是适当减少免检员工每天的做房量。如广州某五星级酒店，普通客房服务员早班一个班次的工作定额为 14 间客房（折成标准间计算），而免检员工定额为 12 间，因为免检员工必须对自己工作负全部的责任，工作更需细心踏实，工作压力较大。

四、严格考核

对客房楼层的员工及其工作进行严格的考核，是客房清洁保养质量管理的又一重要措施。考核的结果要尽量量化，并将考核结果与工资、奖金挂钩。考核要公开、公平、公正，考核结果需及时公布、定期汇总、落实兑现。

五、实行表单化管理

在客房清洁保养管理过程中，要重视表单的作用。这些表单在日常信息沟通、工作计划、任务分配、工作汇报、业务考核、总结分析等工作中作用重大。

客房清洁保养工作常用的表单有："客房服务员工作报表""客房状态报表""楼层主管工作单""维修通知单""宾客意见表""综合查房表""客房服务员工作考核表"等。

各种表单是对客房服务和管理活动各种原始数据和事实的忠实记录。客房部应培训员工正确使用，规范填写有关表格；定期进行整理、统计、分析，一般每月统计一次，每年汇总。通过比较、分析，发现问题、找出原因、制订措施，以改进、提高客房管理水平。

模块 2.2　客房质量检验的数字化运用

客房质量检验的数字化运用是客房管理数字化中的一个重要组成部分。其操作程序在很大程度上依靠系统的支持。楼层主管的查房工作，由系统自动记录次数，生成检查率；主管第一次检查卫生合格的房间，由系统自动统计出查房一次性通过率。两者是反映客房清洁人员工作效率的重要影响因素，也是酒店考查员工绩效的重要指标。同时为清扫客房时间标准化、操作程序标准化以及人员安排提供参考性的建议。

一、操作程序

1. 主管收到待检查工单

客房服务员完成清洁工作后，通过系统向相应的楼层主管提交待检查工单。楼层主管根据收到的待检查工单（如图 6–9 所示），查看实时房态之后，进入房间开始检查。

图 6–9　主管收到待检查工单

2. 检查

（1）复查遗留物品

楼层主管进入房间检查宾客是否有遗留物品。

如有遗留物品，则通过系统登记遗留物品的详细信息，方便后续联系宾客。

（2）复查工程维修

主管复查设施设备的状况，检查已经维修过的设施设备是否能够正常使用，其他设备是否需要报修。如有需要维修的设施设备，则在系统中提交报修工单，报修工单直接发送到工程部负责人员处。

（3）复查清洁质量

主管根据酒店客房清洁要求复查房间清洁卫生状况。为避免遗漏，可通过系统中提供的客房质量管理要求明细逐一检查。如发现问题，则进入以下流程：

——返工。楼层主管点击检查不通过（如图 6-10 所示），客房服务员在系统中收到需重新清洁卫生的通知（如图 6-11 所示），重新进行打扫。

——复检。客房服务员根据主管反馈的清洁问题，重新打扫卫生后再次提交检查工单，楼层主管收到待检查工单（如图 6-12 所示），重新进入检查程序。

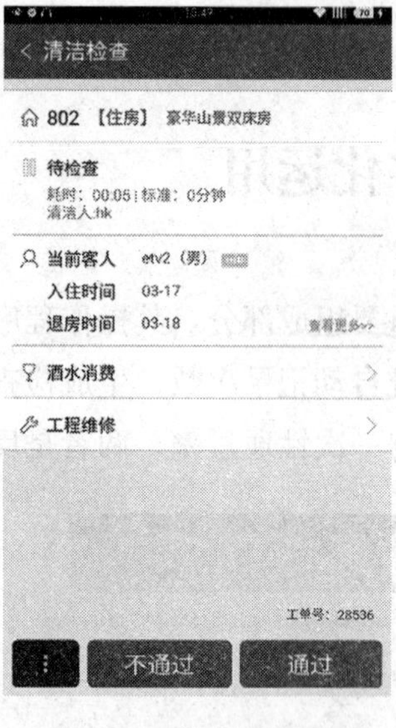

图 6-10　楼层主管返工单

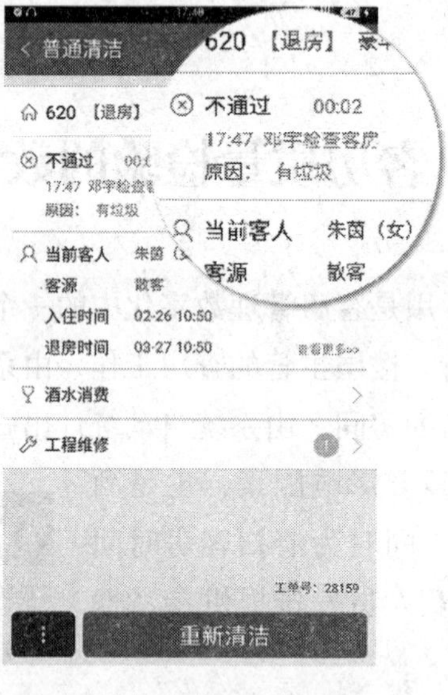

图 6-11　客房服务员收到返工单

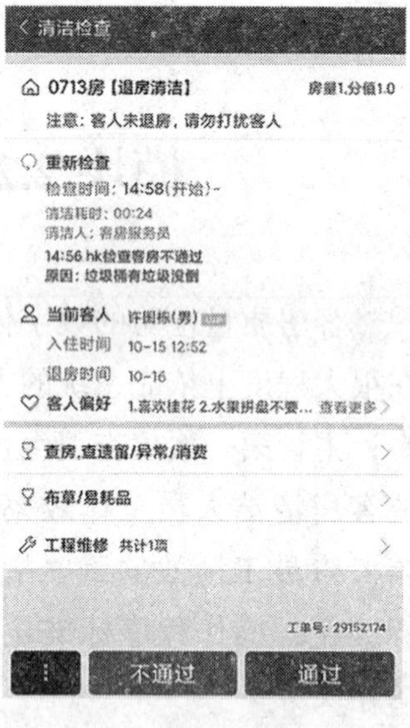

图 6-12　楼层主管收到返工单

如以上三项均无问题，则楼层主管点击检查通过，并通过系统对房间状态进行实时更改，利用权限对外（总台）放房。

二、系统的优势分析

1. 操作流程简化

传统的主管查房模式，主要通过楼层主管对纸质报表的记录、客房服务员和楼层主管的报表交接来完成，存在容易产生工作疏漏、纸质报表保存困难等问题。使用房务工作系统的方式减少了报表交接的环节，楼层主管和客房服务员可以直接通过系统查看工作内容、接收工作信息，简化工作流程，工作方便快捷。

2. 信息及时更新

楼层主管可以通过系统查看实时房态和客情，以落实自己的工作任务。以房务工作系统替代传统的固定电话和对讲机，加快了信息的传递速度。这样的信息更新模式，便于楼层主管的查房工作。

3. 员工考核和针对性培训

系统后台自动记录楼层主管的查房率、查房的一次性通过率等相关数据，并在系统中生成分析报表。一方面，这些数据和报表可以量化工作内容和工作情况，更加直观地反映员工的工作效率，便于后期对员工的绩效考核。另一方面，数据的记录落实到个人，系统详细地记录每个员工的工作情况，通过观察和总结这些数据，可以对员工进行针对性的培训。

模块 2.3 客房对客服务质量管理

客房对客服务工作项目多，随机服务性强，不同的客人评价标准不一。如何满足客人需求，控制对客服务质量，给客人营造一个温馨的“家外之家”“第二办公室”，是客房部管理人员需要不断研究的一个课题。

一、制定相关标准

1. 服务程序标准

服务程序标准是服务环节的时间顺序标准，如送茶水服务程序、擦鞋服务程序等，即在服务操作上先做什么、后做什么。服务程序标准是保证服务全面、准确及流畅的前提条件。

案例分享

不按程序进客房导致投诉

2. 服务时效标准

服务时效标准是指接到客人需求多久将服务输送到，如接到客人要求送茶水电话后，3 分钟之内将沏好的茶水送至客房等，类似体现时间、效率的标准。此项标准是保证客人能得到及时、快捷、有效服务的前提条件，也是客房服务质量的保证。

3. 服务设施、用品标准

服务设施、用品标准是指酒店为客人所提供的设施、用品的质量、数量标准。此项标准是在硬件方面控制服务质量的有效方法，通常从质量、数量、状态三个方面去制定的标准。例如，四星级酒店要求每间客房配备冰桶一只，并配冰夹；状态上要求提供 24 小时的冷热水服务。

4. 服务状态标准

服务状态标准是对服务人员言行举止所规定的标准。例如，某酒店客人满意标准如下：

标准一：遇见客人时，先微笑，然后礼貌地打个招呼。

标准二：以友善热诚和礼貌的语气与客人说话。

标准三：迅速回答客人的问题，并主动为客人找出答案。

标准四：预计客人需要，并帮助解决问题。

5. 服务技能标准

服务技能标准是对客房服务人员应达到的服务操作水平所制定的标准，如铺床标准、走客房清扫整理标准、开夜床标准等。服务员只有熟练掌握服务技能，才能提供优质的服务。

6. 服务规格标准

服务规格标准是针对不同类型宾客制定的不同规格标准，如在贵宾的房间放置鲜花、水果等。

7. 服务质量检查和事故处理标准

服务质量检查和事故处理标准是对上述各项标准贯彻执行情况的检查标准，也是衡量客房服务质量是否有效的尺度。此标准重点由两方面内容构成：一是对员工的奖惩标准，二是对宾客补偿及挽回影响的具体措施。

二、提升客房服务质量

1. 培养服务意识

服务意识是员工应该具备的基本素质之一，同时也是提高服务质量的根本保证。客房部很多工作是有规律可循的，可以由客房部管理人员根据这些规律制订服务程序和操作规程，以保证服务质量。同时要求服务员具备良好的服务意识，做好服务工作。

例如，绝大多数客人晚上休息时，喜欢将客房的遮光窗帘拉合好，才会睡得香甜；然而有一些客人却因一天的工作劳累，常常一觉睡到天明，为了不影响第二天的繁忙工作，希望将遮光窗帘中间留出一条缝。这就需要服务员细心观察、用心服务，提供客人满意的服务。

2. 提高服务技能

服务技能和操作规程是提高客房服务质量和工作效率的重要保障，客房部服务员必须熟练掌握。客房部可以通过强化训练、组织竞赛等多种手段来提高客房服务员的服务技能。

3. 提供个性化的服务

提供规范化的服务是保证客房服务质量的基本要求，但不应仅仅满足于为客人提供这一类的服务，因为每一位客人都是不同的，都有自己的个性与特色，必须为其提供相应的个性化服务，才能使客人满意加惊喜。例如，著名武侠小说家金庸先生下榻在国内某五星级饭店期间，一天清晨，他刚出门，遇上服务员小沙，她轻声称呼道："早晨好，大师兄。"精神矍铄的金先生为之一愣，旋即开心笑了。因为这是他最喜欢的称呼，但他不明白服务员是如何知道的。原来为了接待好金庸先生，服务员花了两个晚上时间上网查询资料，得知他笔下的"大师兄"均是集高强武艺、侠肝义胆、乐于助人为一身的英雄人物。这就是超值的个性化服务，也许仅仅是这一点体贴，就会为饭店培养一批忠诚宾客。

三、做好部际沟通协调

要提高客房服务质量，还必须做好与酒店其他部门的合作与协调，特别是前厅部、工程部、保安部等部门。因为客房部与这些部门的联系密切，客房部的工作必须得到上述部门的理解和支持才能顺利完成。此外，客房部也必须理解和支持上述部门的工作，加强与这些部门的信息沟通。例如，客房部与前厅部每天需相互通报和核对客房状况，保证客房状况的一致性和准确性。对前厅部来说，要销售客房，并能快速、准确为入住客人安排客房，就必须准确了解每一间客房当时的实际状况，否则就会出现差错。对客房部而言，要合理安排客房清洁整理工作，保证对客服务的质量，同样也必须准确了解每间客房的状况。

四、重视服务细节

一流的酒店，都非常注重服务的细节。时时处处事事从客人角度考虑，为客人提供方便。例如，一些酒店为方便客人，卫生间的淋浴喷头可以旋转，客房服务员清扫时会把喷头喷嘴方向对着墙，以免客人洗浴放水时水往外喷洒。小事成就大事，细节成就完美，客房服务必须关注细节，在细节上多下功夫。

五、广泛收集客人意见

客人是客房服务的直接消费者，最能发现客房服务中的缺陷，因此对服务产品也最有发言权。要提高客房服务的质量，征求客人的意见十分重要。征求客人意见可以有多种途径：设置客人意见表、直接向客人征求意见、员工意见反馈等。

一线员工是与宾客接触最多、对宾客的需求及满意情况最为了解的人，他们的信息来源最丰富、最快捷、最直接、最可靠。国际上流行的、行之有效的员工信息反馈系统（Employee Feedback System）充分反映了国际酒店对员工信息的重视程度。客房服务员会比管理者更经常地听到来自住客这样的信息："你们的毛巾太硬了，用得非常不舒服！""枕头太低了。"

员工往往有许多的信息、想法与建议，如能通过合理的渠道加以收集、反馈，其效果将是非常显著的。管理者需培训员工学会收集信息，对信息有敏感性。另外，酒店要从制度上提供保证，建立一个快速反馈机制，保证员工广泛收集意见并及时反馈，使之成为员工工作的一个组成部分。

六、重视在线口碑管理

1. 网络点评

随着互联网的快速发展和移动互联网时代的到来，越来越多的消费者通过网络获取信息、发表评论。2021 年 8 月中国酒店协会联合众荟信息发布的《2021 年中国住宿业市场网络口碑报告》显示，2020 年共产生点评 2455 万多，分析观点 0.9 亿多个。网络点评、在线口碑越来越受到企业的重视。

对点评的管理也不再局限于及时回复好评与处理差评，很多酒店对点评内容进行更深入的分析，从客人的体验反馈中发现管理、服务、设施中的不足，找到改善的地方，从而不断优化管理与服务，提升酒店的品牌力和竞争力。如某酒店根据网评，更换了淋浴系统，洗漱用品改为欧舒丹品牌，种种举措，赢得了住客的好评。

2. 点评回复

据《2021 年中国住宿业市场网络口碑报告》统计，80% 的客人在预订酒店之前会先浏览 6~12 条评论，并查看酒店的点评回复。点评回复是酒店专业态度的展示，尤其是针对非好评内容的恰当回复能避免差评负面效应的扩大。有调研显示，62% 的消费者表示，相比那些对客户评论置之不理的酒店，消费者更愿意选择积极回复客户评论的酒店，由此可见点评回复的重要性。酒店管理人员一定要及时回应宾客的在线评论尤其是差评。

拓展知识
二维码扫描
点评

模块 2.4　对客服务数字化运用与管理

随着互联网和移动通信技术的不断更新迭代，移动互联网技术在酒店行业得到广泛的应用。

一、对客服务数字化运用的优势

1. 提升服务效率与品质

客房服务数字化的运用有效减少中间环节和话务量，减少客房服务时间，提升服务效率。同时对多个客房服务场景进行跟踪，保障客房服务的落实。

2. 明确工作分配

客房服务员能清楚了解自身工作安排，系统化工作分配有效预防“一单多人做、多单无人做”的情况。一单一人，合理清晰安排工作任务，客房服务省时高效；同时，工作任务责任到人，有利于酒店经理人加强工作管控。

3. 数据分析统计宾客需求

分析宾客对客房服务的网络评论意见，内部统计分析宾客的客房服务需求，内外渠道结合助力了解宾客满意度。

二、宾客需求信息的收集与分析

1. 客房高频服务项及平均耗时

宾客需求的高频次和低频次的服务内容，都可以基于数据来进行决策——需要增配或者减配。一来减少物料消耗成本，二来也减少服务输送所耗费的客房服务员的时间和精力。另外，通过及时发现高频服务及耗时较长的服务，管理者可根据问题进行具体分析，并找到相应的解决方案（如图 6-13 所示）。

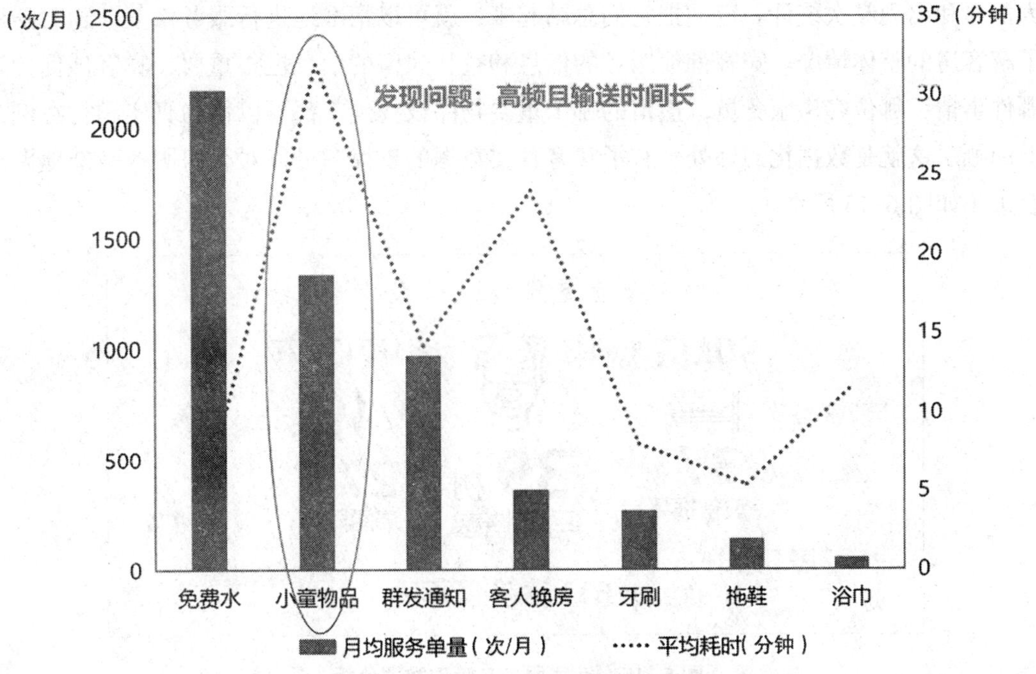

图 6-13　高频服务项及平均耗时

2. 客房服务的峰值时段

在服务和物品输送中，通过系统中的数据统计，可以得知在一天中各个时间节点的客房服务需求频率，发现宾客服务的峰值时段，酒店即可在相应的时间段多配置客房服务员（如图 6-14 所示）。

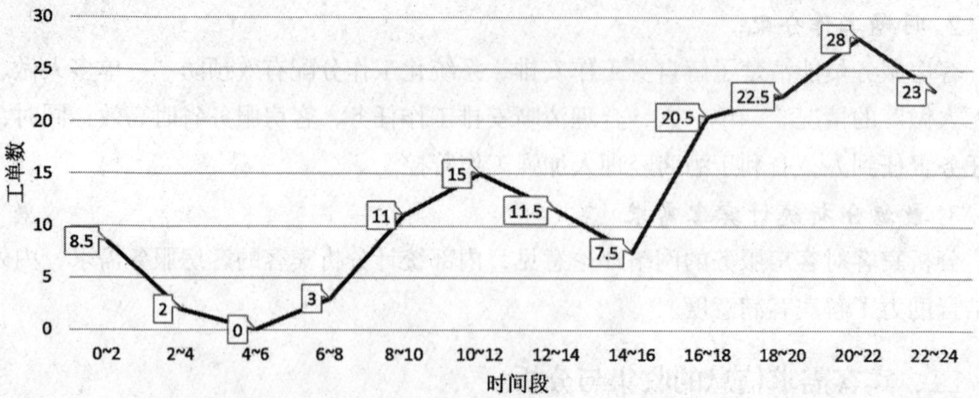

图 6–14　宾客服务的峰值时段

3. 客房服务与管理数据分析

宾客住店期间，系统会汇总一些特定的宾客信息，精准地掌握宾客声音。例如，宾客提出换房，换房的原因是多样的，可能有设施损坏、房间有异味、下水道堵塞等。通过记录每次换房的原因，系统可以生成精准到具体宾客、具体房间和具体时间的换房原因汇总和出现频次统计。定期把它们总结起来，就可以精准地进行服务修复，随时随地了解客房的整体情况。宾客催促服务的信息和查找遗留的信息也很重要，宾客催促的是哪件事情、哪位客房服务员，遗留的哪个重要物品没找到，都可以作为真实题材在例会上回顾。这就是数据化的好处。有了宾客真实数据的支撑，可以对客房服务精准地做出改进（如图 6–15 所示）。

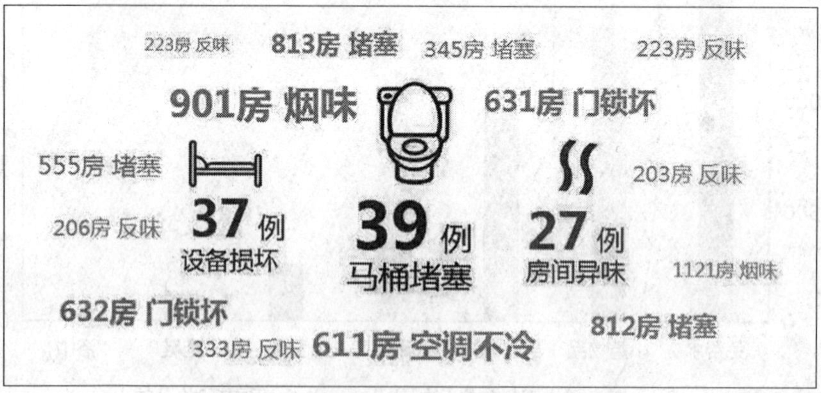

图 6–15　客房服务与管理数据分析

数字化的运用能够有效地简化工作流程、提高客房服务员的工作效率和服务质量。对客服务是最为典型的例子，包括宾客需求信息的搜集、分析，以及离店查房、宾客入住、宾客租借物品和客房卫生等方面。

❖工作评估

模块名称__________ 小组__________ 组员__________ 评估日期__________

项目		等第			
		超过标准（A）	达到标准（B）	稍低于标准（C）	与标准差距大（D）
知识掌握	客房清洁保养质量标准				
	客房对客服务质量标准				
	服务质量提升方法				
	在线口碑的重要性				
技能训练	客房卫生质量检查（查房）				
	客房质量标准制定				
	宾客意见收集及分析				
	客房质量管理数字化的运用				
协同作业	资料收集整理				
	参与小组讨论				
	团队合作精神				
	任务完成时间				

模块三　客房设备管理

教学设计

1. 分组参观酒店客房，了解客房设备配备的发展趋势。
2. 通过网络或实地考察收集绿色饭店、绿色客房相关资料。
3. 参观本地酒店设备用品商店，了解客房各类设备及用途。
4. 分组为实训宾馆设计一套客房设备管理制度及相关表格。
5. 各项目小组形成完整的项目主题报告，师生共同进行项目总结。

模块 3.1　账卡的建立

❖实训项目6-2

账卡的建立

1. 分类

所有的设备均需分类，分类要细致。

2. 准备账本

通常设备有多少种，账本就应有多少页。每一页应登记品种、规格、数量等项目（见表 6-4）。

3. 编号

在建客房设备档案时，要按一定的分类法进行分类编号，使每件设备都有分类号，以便管理。设备的编号，酒店一般采用三节编码法。第一节表明设备种类，第二节表明部门，第三节表示设备编号。例如，客房的书桌可写成：C3-6-8；C——家具类，3——书桌，6——客房部，8——书桌的编号。

4. 建卡

在建账的基础上客房设备还要建立相应的档案卡（见表 6-5）。建卡要求做到“账卡相符”。此外，设备在使用过程中发生维修、变动、损坏都应在档案卡上做好登记，设备的使用状况也要做好记录。

表 6-4　楼层设备账本

楼层__________

名　称	编　号	规　格	数　量	领　出	结　存	建账日期	经手人

表 6-5　客房设备档案卡

项　目	购买日期	供应商	价　格

型　　号____________
出外维修____________　　　编　号____________

日　期	价　格	维修项目	修理方式

特别提示

在建账过程中要做到“账物相符”和“账账相符”。

❖相关知识

客房设备管理是客房管理的重要内容。客房设备是客房服务的物质基础，其品种多、投资大，管理是否科学合理，将直接影响到客房的服务质量及经济效益。因此，客房部要加强客房设备的全过程管理，即从设备的选择到设备的日常使用、保养、维修及更新改造等各个环节都要加强监督管理，在满足客人需求、保证服务质量的前提下，努力降低成本，提高社会效益与经济效益。

一、客房设备的配置要求

客房设备选择的基本要求是：技术先进，价格合理，符合酒店的要求，适应客人的需要，有利于提高工作效率和服务质量。因此，在配置时应结合酒店自身的客房档次、客房种类、目标市场等因素，并综合考虑以下方面的要求。

1. 档次与适用性

酒店客房设备的购置和更新要与酒店的档次相适应。酒店的档次有两种：一是酒店星级，二是酒店内部不同服务项目或不同设备的档次。例如，客房有普通客房、豪华套间等，需要根据不同等级的客房配备不同等级的设备。

配备客房设备还要考虑适用性。凡是直接或间接作为客人享用的设备，要以满足客人的生活需要为主，同时提供相应的享受功能，如一些酒店在套房配有自动熨裤架、衣帽架。

2. 方便性和协调性相结合

客房设备的配置首先要考虑到客人使用的方便、简易，同时也要方便客房员工管理和服务。例如，客房服务中心的电话号码应越简单越好，许多酒店采用了一键式客房电话服务。一些酒店在客房内配备可调节上下高度的挂衣杆、熨衣板及熨斗，方便客人挂放、整理衣服。

客房设备的大小、造型、外观、色彩、质地等必须与客房相协调，使整个房间有一个统一的主色调。如果整个房间的陈设布置对比度反差太大，会给人一种东拼西凑之感。图 6-16、图 6-17 为某五星级酒店的女性客房，色彩和谐，布置温馨。

图 6-16 女性客房卧室

图 6-17 女性客房起居室

3. 节能性与环保性相结合

随着我国绿色酒店工作的推进，酒店越来越重视节能与环保工作。客房的各种设备配置，都要考虑节能性和环保性。节能性以电器设备能耗低为优选，如绿色小冰箱、节能灯等。与此同时，还应该有必要的环保措施。不少酒店推出“绿色客房”，即客房采用无污染的“绿色装饰材料”，家具制作避免使用可能引起过敏反应的化学合成板、塑料板或墙纸，选择未经加工木材和玻璃制品或竹藤制品。此外，客房应使用“绿色用品”，如天然纤维、棉、麻织品的用品等。

二、客房设备配置的趋势

1. 个性化

作为现代化的酒店，客房的设备配置应从宾客的角度出发，使客人在使用客房时感到更加方便、舒适。比如，客房中传统的三连柜（书桌、行李柜、电视机柜）组合型家具不但使用起来不方便，而且使得酒店客房“千店一面”，而分体式单件家具使客房独具特色，住宿时间长的宾客还可按自己的爱好、生活习惯布置“家居”。一些商务酒店在客房设备配置上，充分考虑了商务客人的需求，如配备多功能商务办公桌（如图6–18所示）。

2. 科技化

随着科技的不断发展，一些高科技逐渐应用到酒店的客房。客房的智能化趋势体现了个性化的理念。在智能化的客房，客人可以坐在屏幕前与商务伙伴或家人进行可视会议或交谈，可以将窗户按自己的意愿转变为美丽沙滩、辽阔大海、绿色草原的美景，还可以在虚拟的客房娱乐中心参加高尔夫球等自己喜爱的娱乐活动，房间内的光线、声音和温度都可根据客人的个人喜好自动调节。

3. 更具安全性

安全是客人的基本需求之一。客房设备的选择和购置必须要考虑其安全性及相应的应急措施。例如，家具饰物的防火要求、冷热水龙头的标志、电器设备的保护装置，甚至包括防滑、防静电、防碰撞、防噪声污染等要求。

未来的客房设备设施将更加注重其安全性。比如，客房设置无钥匙门锁系统，以客人的指纹或视网膜鉴定客人的身份；客房中安装红外感应装置，服务员不用敲门，只需在工作间通过感应装置即可知道客人是否在房间，但不会显示客人在房间中的影像；床头柜和卫生间内安装紧急呼叫按钮；客房保险箱内设有电源插座（如图6–19所示），方便客人手机、电脑充电。这些设备大大增强了客房的安全性。

图6–18　多功能商务办公桌

图6–19　客房保险箱内的电源插座

模块 3.2　客房设备历史档案的建立

❖实训项目6-3

客房设备历史档案的建立

一、操作准备

（1）准备相关的图纸资料、照片、织物样品等。

（2）备齐相关的文具用品。

二、操作程序

1. 绘制楼层客房布局图

楼层客房布局图能明确标出每间客房的分布情况、房间类型、功能设计以及酒店客房的类型、数量及每间客房的房间编号等，为客房设备维护保养提供第一手资料。

2. 客房装饰布局的照片资料存档

每一种类型的客房都应保留如下照片资料：床和床头柜、座椅、写字台、行李柜，卫生间地面、墙面和电器等，套房的起居室和餐室、厨房等。

3. 将织物样品存档

将客房内的各种装饰织物的样品，如地毯、壁纸、纱帘、窗帘、床上用品及各种装饰织物等存档，记录样品的供应商、规格、颜色等数据，方便织物更新时能迅速找到同规格的产品。

4. 建立客房设备档案

客房设备以每间客房为单位，按类分档建立，如家具饰物档案、纺织品及地毯档案、卫生间设备档案、客房建筑饰物档案等。档案内容涉及设备编号、名称、品牌、产地、规格、价格、购买日期、保修期等（见表 6-6）。

特别提示

以上这些资料建立后，还应根据新的变化不断补充和更新。

表 6-6　客房设备历史档案

房号＿＿＿＿＿　　类型＿＿＿＿＿

配备设施	规格特征	制造商	装修或启用日期	维修保养记录
床垫				
床架				

续表

配备设施	规格特征	制造商	装修或启用日期	维修保养记录
床头板				
书桌				
床头柜				
书桌椅				
沙发				
行李柜				
台灯				
床头灯				
地灯				
镜子				
窗帘				
地毯				
……				

模块 3.3　日常管理制度的制订

❖相关知识

一、做好培训工作

客房部需加强员工培训，培养其良好的职业道德及责任心，自觉爱护设备，掌握楼层各类设备的用途、性能、使用及保养方法。

二、制订保养制度

所有的设备均应制订保养制度，定期对设备进行检查维护，使其处于正常的状态，如定期给家具上蜡，电话机消毒，注意防潮、防锈、防腐蚀、防超负荷使用。对于存在库房中的备用设备或维修、报废设备必须擦拭干净、摆放整齐，并有防护措施。

三、做好相关记录

客房设备不可随意搬进搬出，任何客房设备的搬动或更换，都必须办理相关手续。

所有需要出门维修的设备，即使是从客房部拿到工程部，都必须在客房部做好记录。同时，要在原设备摆放处打上维修标志或有备用品补充上去，直到维修的设备送回原处。

四、制订报损、赔偿制度

如果住客不慎损坏了客房设备，应根据酒店有关赔偿制度索赔并填写“客房设备用品遗失／损坏报告表”（见表 6-7）。如果无法修复，应按有关程序报废。若是员工损坏设备，则根据具体情况做出相应的赔偿处理。

五、定期盘点

客房楼层设备要定期盘点，以免日久或交接频繁出现误差。发现账物不符，须找出原因，及时处理。

表 6-7　客房设备用品遗失／损坏报告表

房　号	团体／散客	报告时间	物品名称	损　坏	遗　失	数量（单位）	报告人	接报者	备　注

模块 3.4　客房设备的维修

❖实训项目6-4

客房设备报修程序

1. 检查

客房服务员每天清扫客房时，需认真检查客房设备，发现损坏及时报修。

2. 报修

客房服务员电话报客房服务中心联络员，联络员应按要求做好登记（见表 6-8），填写维修单，一式三份。如遇紧急情况，可先电话通知工程部维修，之后再补维修单。

3. 维修

维修人员在规定时间内到客房进行维修。住客房须由客房服务员陪同。如客人在房间，应征得客人同意后方可进行维修。

4. 验收

维修完后，楼层主管负责验收并签名确认（见表 6-9）。

特别提示

客房设备维修效率和效果直接影响到酒店客房产品的租用与质量。因此，酒店有关部门及人员应及时了解、掌握当天的维修情况。大多数酒店规定，客房部（客房服务中心联络员）每日需与工程部核实维修情况，并制作“维修统计表”（见表 6-10）。维修统计表一份交工程部，一份留存，其他送有关部门和人员（大堂副理、值班经理或运转总经理）。工程部根据此表核查当天维修情况，发现问题及时处理。

表 6-8　客房维修登记表

房号	维修项目	申请			催办			维修时间	维修结果	维修人	验收人
		时间	申报人	受理人	时间	催办人	受理人				

续表

房号	维修项目	申请			催办			维修时间	维修结果	维修人	验收人
		时间	申报人	受理人	时间	催办人	受理人				

表 6–9　设备维修单

安排	电话 书面	日期	部门
收到	日期	时间	文书
批准	总经理	承接商	工程师
负责	工程师	组长	小组
工作地点 / 设备编号			
工作说明			例行维修
			紧急
			停止
			预防性维修
			房内有客
联系人			
联系电话			
负责计算（财务部）			
工作完成	日期	时间	执行人
工作开始	日期	时间	执行人
工作检查	组长	所用时间	发单日期
工作接收	日期	时间	接收人
在背面列出所有使用的备件及材料			

表 6-10 维修统计表

填表人＿＿＿＿＿＿ 填表日期＿＿＿＿

日 期	房 号	维修单号码	维修内容	维修结果

模块 3.5 客房设备的更新改造

❖相关知识

一、计划性的修补和保养

酒店每年需要投入一定的资金对客房设备进行有计划地修补和保养工作。例如，对客房设备进行全面检查和保养，对家具进行修补和油漆，清洗窗帘、床罩及家具饰物，对地毯进行修补和深度清洗，清洗和粉饰天花板、墙面等。

二、部分更新

客房设备使用 5 年左右，对下列项目应实施更新计划：地毯、墙纸、沙发布、靠垫、窗帘、部分家具、装饰品等。由于酒店业竞争日趋激烈及客人需求的不断变化，酒店客房更新周期越来越短，有些酒店几乎年年都有部分设备的更新。

三、全面改造

酒店的全面改造往往 10 年左右进行一次。要求对客房陈设、布置和格调等进行全面彻底地改造，如更换地毯、改变客房风格、调整房内布局等。

客房设备的更新，尤其是全面更新改造，一定要做广泛的市场调查，了解国内外同行业情况，掌握酒店设备设施最新发展趋势。根据市场需求及酒店自身的经济实力，合理地调整设备的配备和结构，使客房设备的更新既适合客人现时的需求，又有一定的前瞻性，做出特色，以保持和增强酒店的竞争力。另外，还需要考虑改造成本，力求尽快收回投资。

全面改造项目包括：衣柜、写字台、床垫和床架、沙发座椅等家具的更新；灯具、镜子和画框等装饰品的更新；地毯的更新；墙纸或油漆的更新；卫生间设备的更新，包括墙面和地面的材料、灯具以及水暖器件等。

在全面更新改造计划实施前，应做好以下几个方面的工作：

（1）通过对客房设备用品档案及客房使用率表进行分析，提出客房更新改造建议。

（2）审查设计图纸，纠正不合理的装修设计，如对影响工作效率、不易清洁保养、不方便客人使用、有安全隐患的设备及布局予以纠正。

（3）对装修样板间的家具、地毯、壁纸、大理石等进行洗涤、清洁保养测试。

（4）试住样板间，体验客房设备是否方便客人使用，能否满足客人的需求，是否符合环保标准等。

模块 3.6　客房设施设备保养的数字化运用

一、设施设备保养的系统化内容

（一）数据统计

1. 报修统计

工程人员在处理报修的过程中，从过去的客房维修登记表到现在的上传系统报修单，工作过程更加智能化。系统根据录入的报修工单，结合工程人员的任务分配，自动测算员工的工单完成率及平均耗时。系统化流程减少了纸质版报表的使用，避免人为数据记录易发生错漏的情况，使得工作更加方便快捷。

2. 耗材统计

酒店工程部工程人员在进行维修的过程中，通过系统记录消耗的设备数量，以及仓库中材料能耗的出入仓数量，并通过系统自动生成高频出仓耗材 TOP50、耗材进出仓数量的明细，同时按日或按月显示变化趋势（如图 1–20、图 1–21 所示）。这些数据能够更加直观地反映工程材料消耗情况，减少过去以纸质报表为主的统计成本。

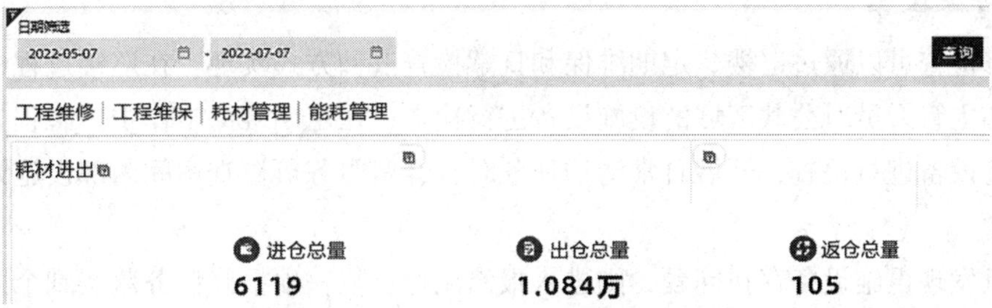

图 6–20　出入仓总量统计

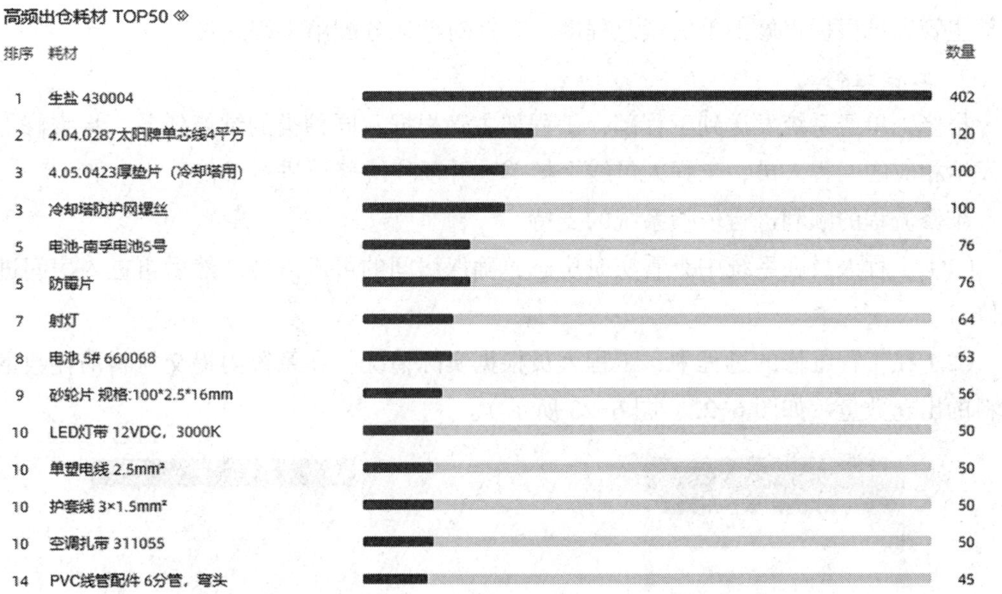

图 6–21　耗材种类统计

（二）数据运用

1. 服务效率

工程人员完成维修工作后，系统自动记录并测算报修完成率、平均耗费时长。这两者可以作为工程人员服务效率的依据，对员工的考核具有一定的参考意义。

2. 成本控制

工程人员在维修过程中，将耗材录入系统，系统根据耗材的数量列出榜单，提供进出仓数量的明细，这为后勤部门的采购提供方便，从而更好地进行成本控制。

二、客房设备的维修与保养操作流程

（一）维修操作流程

1. 维修检查

维修检查可以通过巡楼、定期维保和日常检查三种方式实现。在巡楼过程中，客房服务员和主管人员对公共区域的设施设备进行检查；在定期维保工作中，工程人员对客房内设施设备进行检查；开展日常清洁任务时，客房服务员检查房间内部设施设备是否存在问题。

一旦发现设施设备存在问题，则进入报修流程。每一项报修任务落实到个人，有效避免责任推卸。

2. 提交报修工单

相关人员根据系统程序提交报修工单。其中，如有紧急工单，可拍照加以说明，工程部主管人员根据报修工单的紧急程度，有针对性地分配给工程人员。

3. 工程维修

报修工单经系统发送到工程部；工程部主管根据不同种类的维修任务，将维修工单派发给相应的工程人员；工程人员线上接单，并前往维修点进行维修。

维修流程的顺利进行依赖系统的支持。

（1）工程人员在系统中查看实时房态，确保房间的可进入性，然后再进入房间进行维修。

（2）在工程维修的过程中，工程人员根据实际情况，在系统内提交材料消耗数量和材料的出仓数量（如图 6-22、图 6-23 所示）。

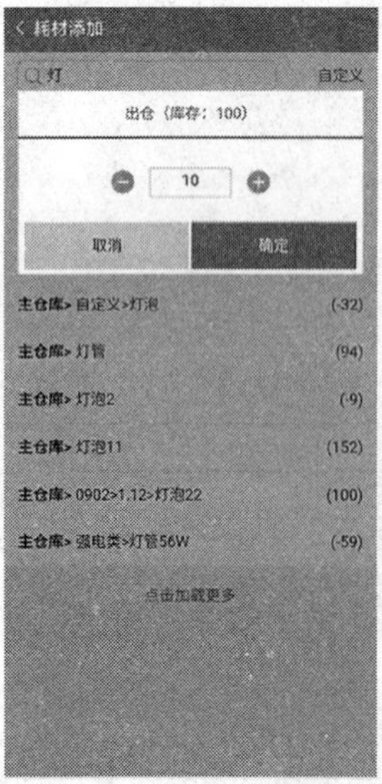

图 6-22　出仓耗材输入

图 6-23　耗材记录

（3）维修结束后，点击完成报修工单，同时向相关主管发送检修工单。

每一项维修任务实现责任到人可以保证维修工作的质量，整体流程的规范化则大大提高了工程维修的效率。

4. 工程验收

客房服务员收到工程人员的检修工单后（如图 6-24 所示），进入客房进行工程验收。完成验收后，可在系统中对维修质量进行线上评价（如图 6-25 所示）。如仍然存在工程问题，则在系统中点击返单，工程人员重新上门进行维修。具体的操作流程如图 6-26 所示。

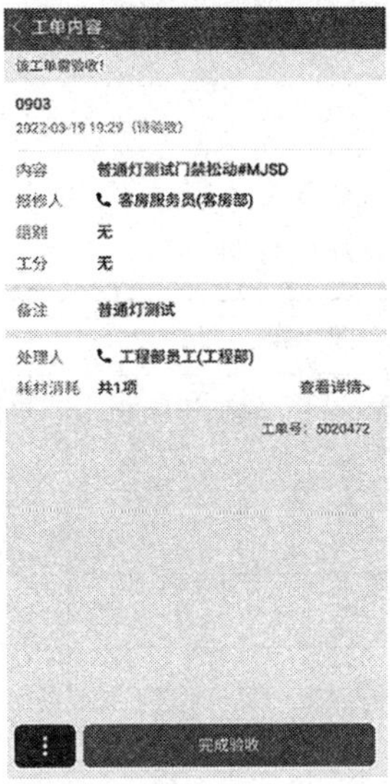

图 6-24　客房服务员工程验收

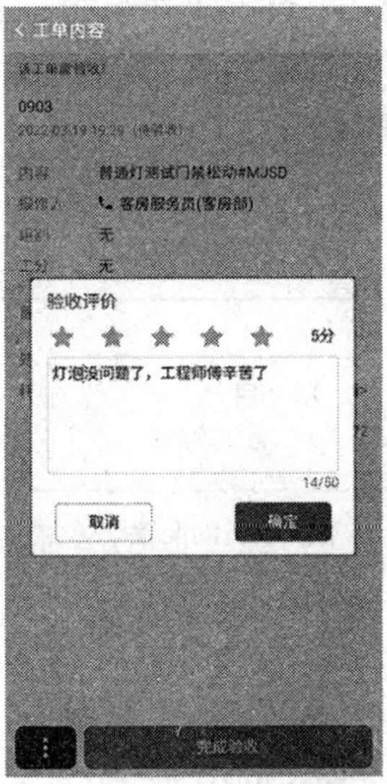

图 6-25　客房服务员验收评价

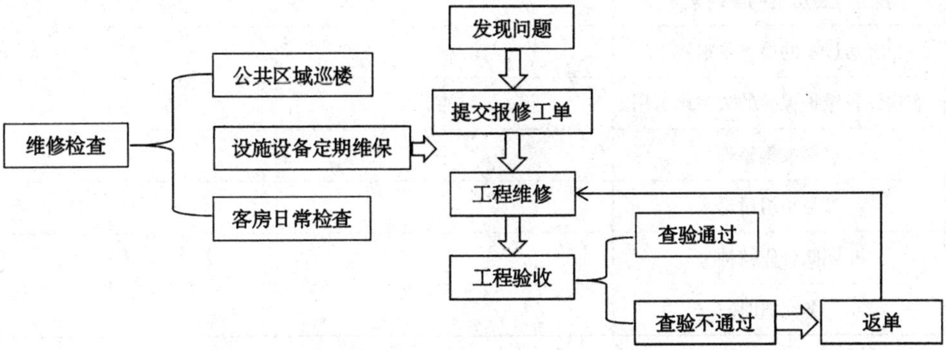

图 6-26　工程维修操作流程图

（二）维修保养任务的组织与实施

周期性设施设备保障计划的制订具有极其重要的意义。工程部主管人员根据设施设备的性质，提前在系统内录入维保周期，以推动设施设备保养任务的顺利开展。维保任务的组织与实施主要依靠万能工和日常维修人员来完成。

1. **万能工**

万能工每天负责固定数量房间的全面检查、维修和保养工作，具有丰富的客房维修和保养经验。其工作任务量由维修部主管人员根据当日客情和实时房态在系统上进行分配，工作内容较为固定，工作流程与上述维修流程大体一致。

拓展知识
万能工制度

2. **日常维修人员**

日常维修人员的工作内容由工程部主管人员根据当日的任务情况进行实时分配。与万能工不同的是，其工作内容具有较强的机动性和灵活性，工作流程与上述维修流程大体一致。

❖工作评估

模块名称__________ 小组__________ 组员__________ 评估日期__________

项目		等第			
		超过标准（A）	达到标准（B）	稍低于标准（C）	与标准差距大（D）
知识掌握	客房设备的配置				
	客房设备的发展趋势				
	客房设备的资产管理				
	客房设备的日常管理				
技能训练	客房设备账卡的建立				
	客房设备历史档案的建立				
	客房设备的检查与报修				
	客房设备维护保养的数字化运用				
团队合作	资料收集整理				
	参与小组讨论				
	团队合作精神				
	任务完成时间				

模块四　客房用品管理

教学设计

1. 发放任务书，要求学生分组收集相关客房用品管理的资料、案例。
2. 走访酒店设备用品商店，调研客房用品的种类、配备情况。
3. 教师讲授必要的知识点，实训宾馆现场授课。
4. 每一小组为实训宾馆客房部制订一套客房用品管理制度，教师点评。
5. 各项目小组形成完整的项目报告，师生共同进行项目总结。

模块 4.1　客房用品的领发

❖实训项目6-5

客房用品的领发程序

一、操作准备

（1）准备小推车。

（2）准备“物品申领单”。

二、操作程序

1. 统计存货

在领发之前，楼层服务员应将楼层工作间的客房用品现存情况统计出来。

2. 提出申领

按照楼层工作间的规定配备标准减去现有存量，提出申领计划。

3. 填表

填好“物品申领单”（见表 6-11），由领班签字。

4. 领取

客房服务中心库房根据申领表发放物品，并凭申领表做账。

5. 统计

领班每天汇总楼层物品的消耗量，每周汇总一周的消耗量，并做分析比较。

表 6-11　物品申领单

楼层________　日期________　领用人________

客用物品							
物品名称		需求量	供应量	物品名称		需求量	供应量
1	信纸			16	便笺		
2	信封（普通）			17	圆珠笔		
3	酒店宣传册			18	针线包		
4	行李贴			19	护理包		
5	服务指南			20	浴帽		
6	明信片			21	洗发液		
7	洗衣单（水洗）			22	沐浴液		
8	干洗及熨衣单			23	护发素		
9	房间酒水单			24	香皂		
10	拖鞋			25	梳子		
11	客房送餐牌			26	面纸		
12	清洁清扫牌			27	厕纸		
13	请勿打扰牌			28	茶包		
14	宾客意见书			29	剃须刀		
15	文具夹			30	牙具		
清洁用物品							
31	擦铜水			43	尼龙刷		
32	地拖			44	玻璃清洁剂		
33	马桶刷			45	橡胶手套		
34	洗衣袋			46	喷水瓶		
35	卫生袋			47	家具蜡		
36	杯袋			48	扫把		
37	浴袍袋			49	空气清新剂		
38	垃圾袋			50	洁厕剂		
39	擦鞋袋			51	房间检查报告表		
40	地毯清洁剂			52	服务员工作表		
41	清洁棉球			53	督导员工作表		
42	垃圾铲			54	工程维修单		

特别提示

（1）客房用品有许多是印刷品及纸盒包装的，还有洗发液、淋浴液等瓶装液体，在领发时要注意小心操作。

（2）规定使用周期和领发时间，一般是一周发放一次，固定在某一天。

（3）小型酒店客房用品的领发和保管一般由楼层领班兼管，大型酒店可设专人负责。

❖相关知识

一、客房用品的分类

1. 按消耗形式划分

（1）一次性消耗品，如茶叶、信笺、信封、牙刷、香皂、梳子等。

（2）多次性消耗品，如布草、衣架、杯具等。

2. 按供应形式划分

（1）客房消耗品。客房消耗品是指客人可以带离酒店的物品，包括香皂、礼品袋、鞋擦、文具、一次性拖鞋、洗浴液、洗发液、牙具、淋浴帽、梳子、面巾纸、茶叶、针线包、圆珠笔、明信片等。

（2）客房固定用品。这类物品是放在客房内供客人使用的，属于多次性消耗品，客人不能带走，如衣架、棉织品、茶水具、酒具、服务夹等。

（3）宾客租借用品。这类物品一般不放在房内，而是存放在客房服务中心，供客人临时需要而借用。有不少客人，特别是女性宾客，常会向酒店借各种用品，如熨斗、熨衣板、枕头等。因此，客房部应准备这类物品，以满足客人的需求。同时要有租借用品的相关制度（参见项目三模块一中相关内容），以保证这些借用物品的归还。

二、客房客用物品的配备

不同星级、档次类型酒店的客房，客用物品配置的种类、规格不同。酒店应根据自身的情况及有关行业标准，合理进行配置。

三、客房用品发展趋势

为了出奇制胜，赢得市场，不少酒店加大了对酒店客房用品的开发和创新设计力度，主要围绕酒店特色，朝美观实用、绿色环保等方面发展。

1. 宣传广告

客房用品不仅具有客人日常生活使用的功能，同时还具有很好的广告宣传作用。酒店可以把客房用品作为一种宣传手段。客房用品的制作突出酒店特色，如用品上印有酒店的名称、标志、地址、电话等。另外，有些设计精美的客房用品可以作为纪念品送给客人留念。

2. 安全可靠

客房一经出租，客人就拥有了使用权。客房用品的设计，除以客人的需求为导向和成本节约为考虑前提外，也需考虑如何便于管理和确保安全。

3. 绿色环保

酒店业发展渐趋成熟，已进入微利阶段。酒店在倡导环保的同时，借机还可以降低经营成本。

综上所述，酒店客房用品设计的优劣是酒店经营管理中不可忽视的一个内容，同时也是酒店竞争之需要。对于每一件用品的设计均应考虑周全，应根据市场的情况、客源的层次、酒店自身的经营方向和文化氛围，以及现代酒店的潮流趋势去进行设计。在酒店客房用品的设计方面，应打破常规思想的束缚，从研究消费需求和传统产品的不足与缺陷中获取创新灵感，以“人无我有，人有我新”的理念除旧布新，从而使酒店在客房用品方面独树一帜。

拓展知识
体验式营销

模块 4.2　客房用品的保管

❖相关知识

良好的库存条件及合理的物流程序是做好客房用品保管工作的两个必要条件。

一、库存条件

（1）库房应保持清洁、整齐、干燥，配有存放货架。

（2）货架应采用开放式，货架与货架之间要有一定的间距，以利通风。

（3）严格验收，分类上架摆放。摆放时要整齐，避免受重压。瓶装液体不能倒置或横摆，以免液体外流，造成不必要的损耗。

（4）进出货物及时填写货卡，做到“有货必有卡，卡货必相符”。

二、物流程序

（1）遵循“先进先出”的原则，经常检查在库物品，发现霉变、破损及时填写报损单，报请部门审批。

（2）定期盘点，对长期滞存积压的物品要主动上报。

（3）加强库房安全管理，做到“四防”，即防火、防盗、防鼠咬虫蛀、防霉烂变质。

（4）严格掌握在库物品的保质期，对即将到期的物品应提前向上级反映，以免造成不必要的损失。

模块 4.3　客房用品的控制

客房用品的日常控制主要需做好以下工作：

一、加强检查与督导

楼层主管通过现场指挥和督导，减少客用品的浪费和损坏。服务员在引领客人进房时，必须按服务规程介绍房间设备用品的性能和使用方法，避免不必要的损坏。主管督导和检查服务员清扫房间的工作流程，杜绝员工的野蛮操作。例如，少数员工在清洁整理房间时图省事，将一些客人未使用过的消耗品当垃圾一扫而光，或者乱扯乱扔客房用品等。发现此类情况，领班应及时进行阻止与批评教育。

二、建立领班责任制

各类客房用品的使用主要是在楼层，使用的好坏和定额标准的掌握，其关键在于领班。大型酒店客房部可设一名兼职的行政领班和一名专业领班。行政领班负责楼层物资用品的领发和保管，同时协助业务领班做好对服务员的清洁、接待工作的管理。小型酒店则不设行政领班，而由楼层主管兼管物资用品的保管和领发工作。

三、重视客用品的控制

客房部楼层客用品的控制，可以从两个方面着手。一是通过客房服务中心库房的领发员负责整个客房部的客房用品的领发、保管、汇总和统计工作。设立客房部中心库房的酒店，可由中心库房的领发员或客房服务中心对客房楼层客房用品耗费的总量进行控制，负责统计各楼层每日、每周和每月的客房用品使用消耗量，结合客房出租率及上月情况，制作每月的客房用品消耗分析对照表。二是楼层主管或客房部经理对客房用品的控制，主要通过制订有关的管理制度和加强对员工的思想教育来实现。

四、防止偷盗行为

客房楼层闲杂人员、住客及员工会有私自拿取客房用品的现象，所以，楼层工作间门要随时上锁；工作车最好能安装门柜，以便上锁，或者用布草将物品罩住；控制闲杂人员及无关人员进入楼层。

五、控制流失

（1）加强管理。楼层主管通过服务员每日清扫房间的数量，分析比较每个服务员每间客房的平均耗用量；要加强现场检查和督导，减少客房用品的浪费和损耗。对违反操作规程、店纪店规的员工要及时批评教育，并做出相应的处理。

（2）客房部要给员工创造不使用客房用品的必要条件。例如，配备足够的抹布，这样可以减少服务员用客人布草来做抹布的现象；再如，在员工工作间、更衣室、浴室等地配备员工足够用的挂衣架、厕纸、香皂等，以免员工拿用客房用品。

六、做好统计分析

楼层主管通过服务员的做房报告控制服务员领用的消耗品。服务员按规定的数量和品种为客房配备添补用品，并在服务员工作表上做好登记。领班根据服务员的工作表对服务员领用客房用品的情况进行核实，防止服务员偷懒或克扣客房用品。

1. 一次性消耗品的消耗定额

客房一次性消耗品的定额一般以标准间作为基础，确定每天的需要量，再根据预测的年平均出租率来制订年度消耗定额。

2. 一次性消耗品的消耗率

以年或月或周作为计算单位，可以算出年消耗率、月消耗率、周消耗率。

消耗率 = 消耗总量 ÷ 配备总量

3. 客房多次性消耗品的损耗率

客房多次性消耗品一般是按套来计算的，如床单、枕套一般是按每个床位 3 套或 3.5 套配备。在使用的过程中，有的多次性消耗品会报废，有的可能会丢失。这里就需要计算出一个多次性消耗品的损耗率。

损耗率 = 报废或丢失的总数 ÷ 配备的总数

按此可计算出年、月、周的多次性消耗品的损耗率。

七、降低消耗，保护环境

在客房客用品消耗控制过程中，要始终高度重视并切实做好降低消耗和环境保护工作。合理降低消耗能够有效地控制成本，减轻酒店负担，提高经济利益；做好环境保护工作，对于酒店乃至全人类的生存和发展，都有非常重要的意义。

客房部应采取多种措施，做好降低消耗和环境保护工作，尤其是要大力推介“4R”的做法。“4R”是指 4 个以“R”开头的英文单词：Reduce、Reuse、Recycle 和 Replace。“4R”是人们对降低消耗和环境保护工作的一些具体做法的高度概括。

1. **减少**（Reduce）

客房部可以从以下几个方面着手：

（1）尽量减少或不用对环境有污染和破坏作用的材料或用品，如塑料用品和塑料包装材料、含氯等的化学清洁剂等。

（2）尽量减少能源和物资的消耗，如水、电、客用品及清洁用料等。

（3）减少包装。例如，客房卫生间尽量采用能够重新灌装的容器，减少消耗品的用量。可将客房卫生间的牙刷、牙膏、香皂、浴液等消耗品采用简装方式，将其盛放在专用盛器内（如图 6-27 所示），一举几得：第一，降低成本；第二，减少包装纸，减少垃圾量；第三，方便客人使用。

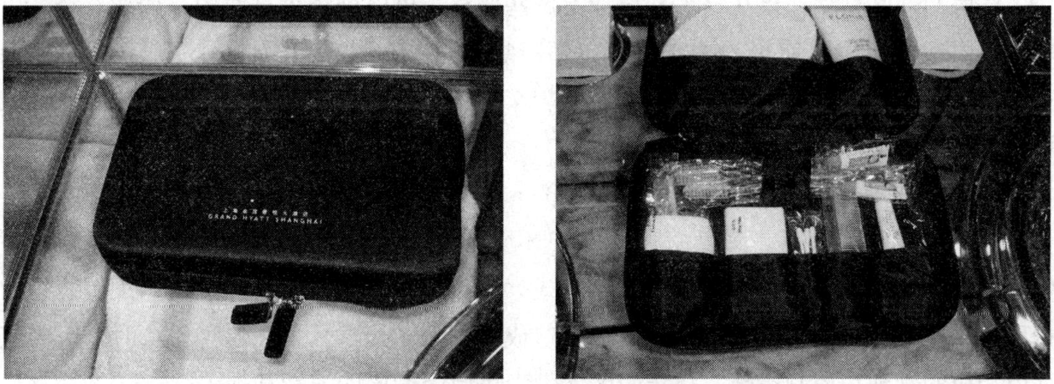

图 6-27　卫生间消耗品盛器

（4）减少客用物品的配置和更换。国内外不少酒店都在客房内设有环保卡，倡议减少床上用品、毛巾的换洗。需要注意的是，环保卡的字应设计得大而醒目（如图 6-28 所示）以方便客人接收信息。有些酒店将环保卡制成书签，是一种很好的创意。

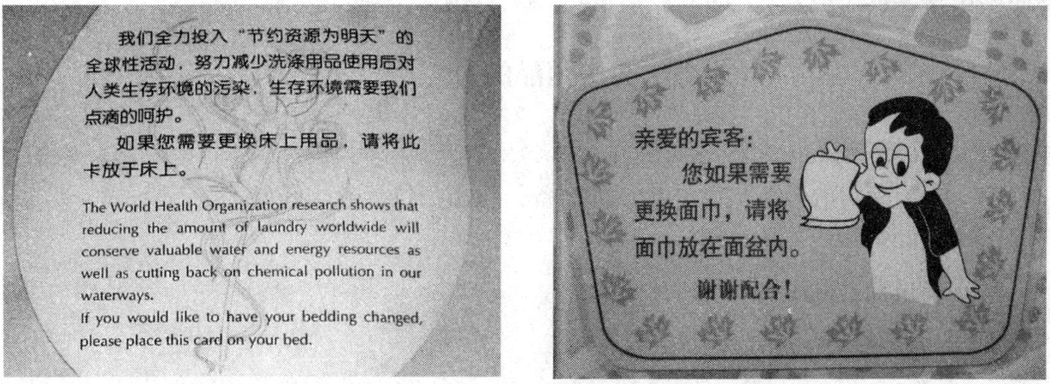

图 6-28　客房环保卡

2. **再利用**（Reuse）

客房可以再利用的物品很多，如肥皂头、牙刷、牙膏、淋浴液、洗发液等，客房部人员对这些物品先是回收，而后合理利用，这样既可以减少物品消耗，又可以避免简单地将其作为垃圾处理而造成的环境污染。

饭店应贯彻物尽其用的原则，在确保不降低饭店的设施和服务标准的前提下，物品要尽可能地反复使用，把一次性使用变为多次反复使用或调剂使用；延长物品的使用期，推迟重置时间，凡能修理的就不要换新的，决不要轻易丢掉。饭店可将有些用品及其包装当作一种日常生活器具来设计，而不是用完之后一扔了之。

3. **循环**（Recycle）

客房的一些物品如果在材料和设计上做些调整，可以循环重复使用，如洗衣袋。以前，很多饭店客房里使用的洗衣袋都是塑料袋，是一次性消耗品，用过即弃，不仅浪费，而且污染环境。现在很多饭店都用布袋作为洗衣袋，且设计和制作比较考究，经久耐用。

4. **替代**（Replace）

为了减少物料消耗、降低费用、保护环境，客房内的一些物品可以用其他物品替代。如小包装的淋浴液、洗发液可以液压式大瓶装替代，这样就可以减少购买包装物的费用，又可避免过多包装物的丢弃对环境造成的污染。当然，采用这种做法时，饭店应采取相应的管理和控制措施，防止因客人带走等原因造成的浪费和损失。

模块 4.4　客房用品的盘点

❖实训项目6-6

客房用品的盘点

一、操作准备

（1）中心库房的服务员做好盘点的准备，物品归位，分类码放。

（2）通知各楼层及相关人员。

（3）核定标准的配备量。

二、操作程序

1. **点数**

各个楼层工作间及中心库房进行清点。

2. 统计

（1）统计“楼层每日消耗用品汇总表”（见表 6-12）。

（2）计算出本月楼层申领客用品的总数。

3. 填写相关报表

（1）填写“每月消耗分析对照表”（见表 6-13）

（2）填写“客房客用品盘存表”（见表 6-14）和“布草盘点统计分析表”（见表 6-15）。

4. 分析

对各种数据进行分析比对，找出原因，发现问题应及时解决。

特别提示

（1）客房用品的盘点，一般每月进行一次。

（2）盘点时，楼层主管应在场。

（3）年终盘点须请财务部协助。

（4）在计算出需要补充的数量后，可订出采购计划。

表 6-12 楼层每日消耗用品汇总表

统计人__________ 日期__________

名称	楼层											
	3F	4F	5F	6F	7F	8F	9F	10F	11F	12F	13F	总数
圆珠笔												
铅 笔												
针线包												
擦鞋纸												
意见书												
明信片												
礼品袋												
洗衣袋												
……												

表 6-13　每月消耗分析对照表

制表人__________　　日期__________

品　名	单　位	单价（元）	上月消耗	金额（元）	本月消耗	金额（元）	与上月相比	
							增 %	减 %
圆珠笔	支							
铅　笔	支							
针线包	个							
擦鞋纸	张							
意见书	张							
明信片	张							
礼品袋	个							
洗衣袋	个							
……								
合计								
上月住客率	本月住客率		与上月相比 增　减		上月每间房消耗率		本月每间房消耗率	

表 6-14　客房客用品盘存表

日期________

物品名称	单位	上月库存	本月领取	本月消耗	本月库存	下月需求	备注
圆珠笔	支						
铅　笔	支						
针线包	个						
擦鞋纸	张						
意见书	张						
明信片	张						
礼品袋	个						
洗衣袋	个						
……							

主管__________　　部门经理__________　　制表人__________

表 6–15　布草盘点统计分析表

品名	额定数	客　房		楼层工作间		洗衣房		中心布草房		盘点总数	报废数	补充	差额数	备注
		定额	实盘	定额	实盘	定额	实盘	定额	实盘					

模块 4.5　客房用品消耗的数字化运用

一、客房用品消耗的数字化内容

1. 消耗物品流水的记录

在酒店客房清扫的过程中，客房服务员使用物品的消耗和补足，从过去的填写纸质报表转换为通过系统加以记录（如图 6–29 所示），这样可以减少纸质报表的使用，从而节约纸质报表的储存成本。同时，记录下来的物品流水消耗数量和出入仓数量会通过系统直接地反馈到后勤部门，便于后续工作的开展和落实。

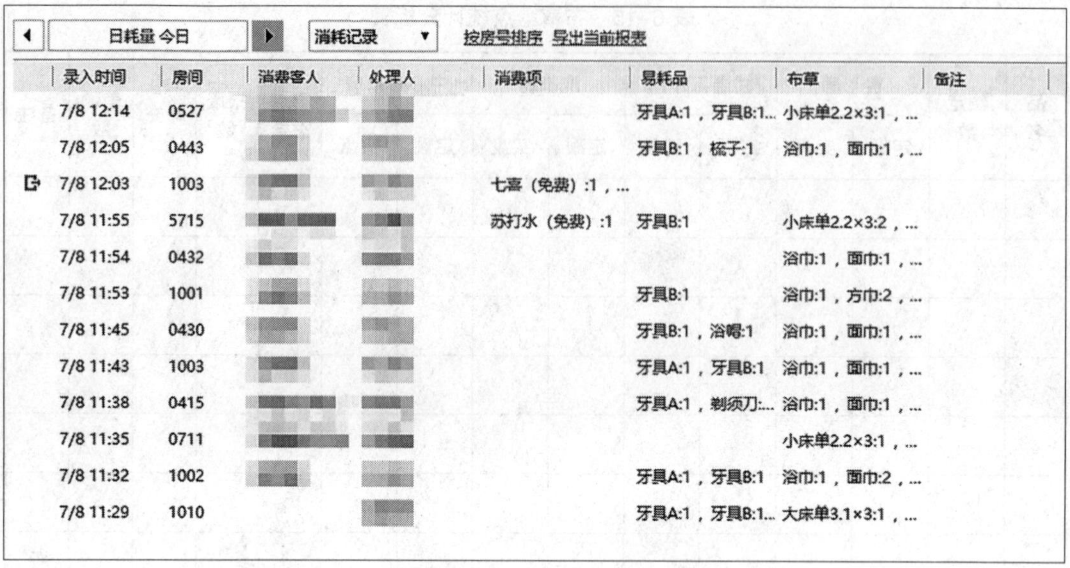

日耗量 今日 | 消耗记录 | 按房号排序 导出当前报表

录入时间	房间	消费客人	处理人	消费项	易耗品	布草	备注
7/8 12:14	0527	[redacted]	[redacted]		牙具A:1，牙具B:1...	小床单2.2×3:1，...	
7/8 12:05	0443	[redacted]	[redacted]		牙具B:1，梳子:1	浴巾:1，面巾:1，...	
7/8 12:03	1003	[redacted]	[redacted]	七喜（免费）:1，...			
7/8 11:55	5715	[redacted]	[redacted]	苏打水（免费）:1	牙具B:1	小床单2.2×3:2，...	
7/8 11:54	0432	[redacted]	[redacted]			浴巾:1，面巾:1，...	
7/8 11:53	1001	[redacted]	[redacted]		牙具B:1	浴巾:1，方巾:2，...	
7/8 11:45	0430	[redacted]	[redacted]		牙具B:1，浴帽:1	浴巾:1，面巾:1，...	
7/8 11:43	1003	[redacted]	[redacted]		牙具A:1，牙具B:1	浴巾:1，面巾:1，...	
7/8 11:38	0415	[redacted]	[redacted]		牙具A:1，剃须刀:...	浴巾:1，面巾:1，...	
7/8 11:35	0711	[redacted]	[redacted]			小床单2.2×3:1，...	
7/8 11:32	1002	[redacted]	[redacted]		牙具A:1，牙具B:1	浴巾:1，面巾:2，...	
7/8 11:29	1010		[redacted]		牙具A:1，牙具B:1...	大床单3.1×3:1，...	

图 6-29　客房用品消耗及布草更换记录

2. 成本测算

客房服务员在清扫客房的过程中，对客房内更换的布草、消耗的酒水和易耗品进行盘点，并在系统中记录消耗的数量以及需要补充的数量（如图 6-30 所示）。这一过程中减少纸质报表的使用，利用系统直接填写，减少疏漏。同时，客房用品消耗的系统化记录，便于后勤部门对申领项目和数量提前进行计划，从而达到酒店有效进行物资盘存和成本管控的目的。

图 6-30　客房用品消耗数量及金额统计

3. 用品选购

客房服务员在系统中记录布草、酒水、易耗品的消耗情况，从而在系统中自动生成相关数据以便于统计分析。其中，将更换的布草以及酒水、易耗品消耗 TOP10 和客房消耗月趋势通过统计图（如图 6-31 所示）直观呈现，后勤部门可以了解到相关数据，并综合考虑宾客的喜好、季节性差异等因素，提高用品选购的准确性和针对性。

注：图 6-30、图 6-31 中的布草消耗量指布草更换数量，金额指布草洗涤费。

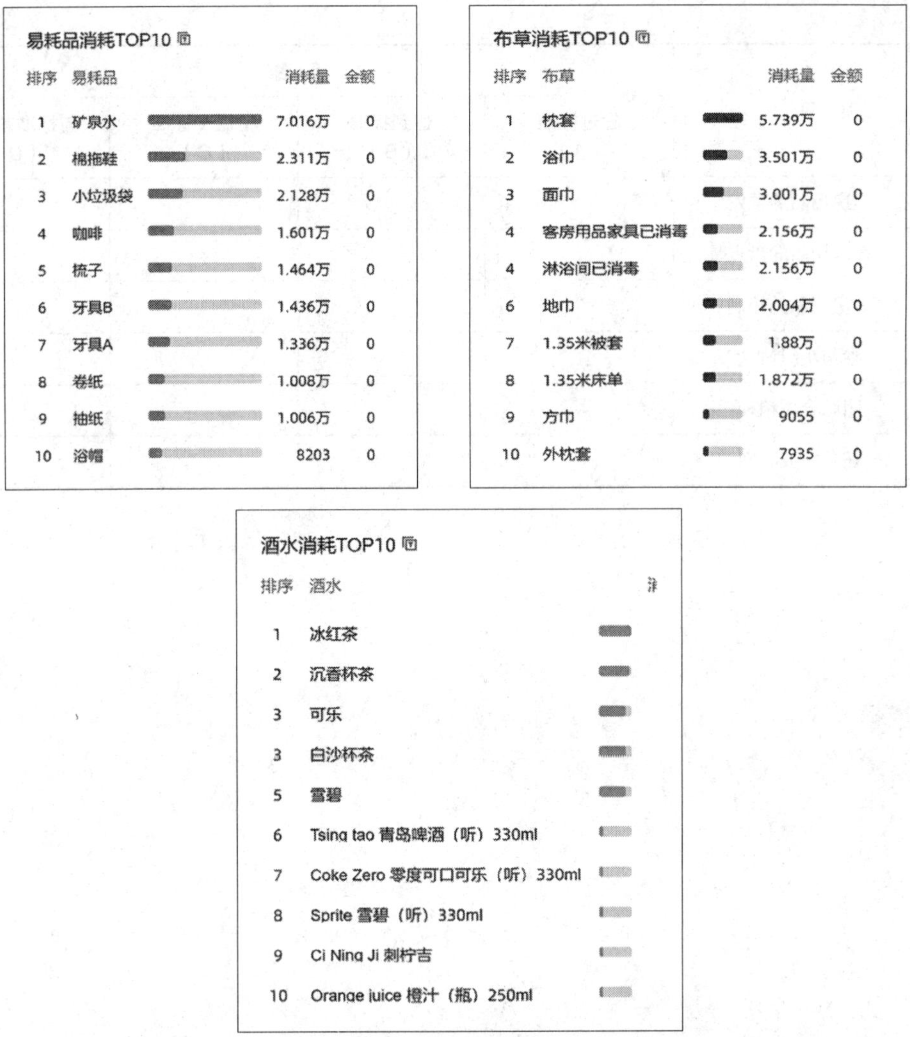

图 6–31　客房用品消耗排名

❖工作评估

模块名称__________　小组__________　组员__________　评估日期__________

项　目		等　第			
		超过标准（A）	达到标准（B）	稍低于标准（C）	与标准差距大（D）
知识掌握	客房用品分类				
	客房用品配置标准				
	客房用品发展趋势				

续表

项目		等第			
		超过标准（A）	达到标准（B）	稍低于标准（C）	与标准差距大（D）
技能训练	客房用品的领发				
	客房用品的盘点				
	客房用品的控制				
团队合作	参与小组讨论				
	团队合作精神				
	任务完成时间				

模块五　安全管理

工作任务

1. 教师下达任务书，要求分组收集客房安全的资料、案例，进行讨论。
2. 组织学生观看客房安全相关的影像资料。
3. 教师在实训宾馆讲解必要的知识点，并指导学生进行客房安全工作演练。
4. 学生分组整理制订一份实训宾馆客房安全管理制度。
5. 各项目小组形成完整的项目报告，师生共同进行项目总结。

模块 5.1　客房楼面的安全

案例导入6-5

烟感器报警了

某天深夜，某酒店23层东侧客房烟感器报警，保安部值班员立即赶到了23层，原来是2313房间有火情。该楼层客房服务员按门铃而房内无人应答，随即用工作钥匙打开了房门。进入房间后发现烟雾很大，服务员迅速将客人唤醒，并保护客人撤离现场。保安人员及时将房间的电闸拉下。

经查冒烟的原因是，住在该房间的客人将洗好的内衣搭在台灯灯罩上烘烤，内衣烤干烤焦、冒烟，引起烟感器报警。幸亏客房服务员及保安部值班员及时赶到并采取应急措施，才避免了一场事故的发生，保证了客人的生命安全。

❖相关知识

安全是优质客房产品的重要组成部分。提高安全意识，加强预防管理，切实落实各项安全制度，是保证客房楼面安全的重要举措。

一、客房安全设备的配备

客房是为客人提供住宿和各项服务的地方，人、财、物比较集中，而犯罪分子的犯罪活动正朝着智能化、科技化、集团化的方向发展。配备必要的客房安全设施可以有效地预防、发现、控制和打击违法犯罪活动，并预防各种灾害事故的发生。

1. **电视监控系统**

电视监控系统是现代管理设施的一个重要组成部分，设置的目的是提高安全效益、优化安全服务、预防安全事故的发生、保障客人的安全。电视监控系统由多台电视屏幕、摄像机、自动或手动图像切换机和录像机组成。安全人员通过屏幕监控酒店各要害部位的情况，如前台收银处、出入口等。电视监控系统主要设置在酒店公共区域、客房走廊和进出口多而又不易控制的地方。

2. **安全报警系统**

安全报警系统是酒店防盗、防火安全网络的一个重要环节。防盗重点是对非法进入者进行监督控制，在出现危害客人安全、偷盗财物等情况时，能够及时报警。酒店常用的报警器有微波报警器、被动红外线报警器、主动红外线报警器、开关报警器、超声波报警器、声控报警器、手动报警器等。

3. **钥匙系统**

周密的钥匙系统是客房最基本的安全设施。电子门锁系统已取代传统的机械门锁，在酒店广泛使用。使用电子门锁的酒店，客人进入房间不需要一般的钥匙，而是一种内置密码的磁卡，开门时将磁卡插入门上的磁卡阅读器，若密码正确就可以打开房门。酒店客房智能门锁的优点主要如下：

（1）便于控制。它可以在酒店需要时令其失败，也可以预设有效使用时间，过了有效使用时间钥匙就无法打开房门。

（2）具有监控功能。客人和有关工作人员虽都有打开房门的磁卡，但号码不同，因此如果某客房发生失窃，管理人员只要检查门锁系统就可以得到一段时间内所有进入该客房的记录。

（3）增设服务功能。如果将装在房门上的门锁微处理器连接到主机上，与酒店其他系统配合，会给酒店管理及客人带来更多的方便。例如，与能源管理系统联网，客人在开门的同时，即可开通室内空调、照明等；与电视、电话系统连接起来，服务人员就不能在客房随意打电话，也不可以收看客人付费的电视，因为其磁卡上的密码不同；与酒店物业管理系统相连，客人手上的门锁磁卡就像一张信用卡，凭卡就可以在酒店消费。

（4）不易仿制。除了已开始采用的电子门锁系统外，目前还有一种更先进的生物门锁系统。这种系统是利用人的生理特征，如指纹、头像、声音等，作为开启门锁的信息。由于这些生理特征比密码更具有独特性，因而给客人和酒店带来更大的方便和安全。

4. **酒店消防控制系统**

该控制系统在酒店客房、走廊等要害部位装置烟感器、温感器等报警器材，由消防控制中心管理。这些地方一旦发生火灾苗头，消防控制柜就会显示火警方位，控制中心值班人员即可采取紧急扑救措施。消防控制系统主要如下：

（1）烟感报警器（如图 6-32 所示）。客房内屋顶上一般安装烟感报警器，一旦发生火灾，烟感报警器会自动发出报警信号。

（2）自动灭火器（如图 6-33 所示）。一旦发生火灾，自动灭火器安全阀门就会自动开启，水从灭火器内自动喷出进行灭火。

（3）走廊上各种灭火器、消火栓等防火设施。

图 6-32　烟感报警器

图 6-33　自动火火器

5. **其他安全设施**

（1）客房门上装有窥镜，门后装有安全防盗链、安全指示图。安全指示图上标明客人的位置和逃生路线，图需涂上荧光剂。有些酒店客房内还配有可视电话。

（2）安全通道门上安装有昼夜明亮的安全指示灯。一旦发生火灾或由于其他原因使通道灯停电，安全指示灯会马上开通。

（3）房内配有防毒面罩、私人保险箱，卫生间内装有紧急呼叫按钮。

二、客房安全规章制度

为了使安全工作落到实处，酒店必须制订一套安全规章制度来制约人们的行为。

1. **客房部安全管理制度**

（1）客房部在日常工作中要贯彻内紧外松、安全第一、搞好服务的原则，做好防火、防盗、防破坏、防自然灾害的工作。

（2）有步骤地、逐级地完善安全岗位责任制，服务员及领班、主管、经理，应熟悉各自工作范围（责任区）内的安全要求。

（3）经常检查本部门各部位的安全保卫设备是否齐全与完好。

（4）库房必须设专人管理，做到库存物资有账目，出入库房有登记，账物相符。

（5）经常对治安、消防隐患进行自查，并及时采取有效措施加以整改。

2. 楼层安全服务制度

（1）客房服务员清扫整理客房时，必须做一间开一间、做完一间锁一间。客人不在房间时，如有工程维修人员、洗衣房客衣服务员等相关员工进入客房，服务员必须记录进出时间、员工姓名、房号，必要时还需在现场陪同作业。

（2）客房服务员在客房区域内发现可疑人员要主动询问，凡是被开除、劝退、辞职和调出的员工，不得进入楼层，其他部门人员不得私自进入楼层区域。客房区域发生治安刑事案件时，客房服务员应认真保护好现场，积极提供线索，配合公安部门做好调查取证工作。

（3）遇到住店客人没带钥匙或丢失钥匙而无法进入房间时，客房服务员应礼貌地请宾客到前台办理进房手续，切不可随意为客人打开房门。

（4）客房服务员发现客人使用电炉、电烤箱及在房间内多种电器同时用电时，应立即通知保安部，以免因超负荷用电而发生意外。

（5）客人的遗留物品及在酒店其他区域捡拾的物品，须按有关规定及时上交客房服务中心，不得以任何理由截留。

（6）发现各种反动、淫秽的书籍、报刊、光盘及封建迷信用品等，一律上交部门经理，由部门经理及时转交保安部。

（7）客房区域内发现易燃、易爆等危险物品时，服务员不得随意翻动，要派人控制，并及时报告保安部处理。

（8）服务员工作用的楼层万能钥匙必须随身携带、妥善保管，严禁转借他人，每天交接万能钥匙须有严格的登记（签名、签时间）手续。

3. 来访客人管理制度

（1）来访人员需要进入客房的，服务员需查验来访者的身份，并填写“来访人员登记表”，征得被访客人同意后，才可准予进入客房会客。

（2）凡住客本人引带的来访客人，服务员应礼貌相待，目送进房，但要在值台本上做好记录，记明访客进出时间、性别、人数。

（3）23:00到次日7:00，来访人员不允许进入客房访客。来访客人因事要在客房留宿的，必须按规定到总台办理入住登记手续；至23:30，来访者不办手续，经提醒仍不愿离房的，服务员要及时报告大堂副理。

4. 突发事件处理制度

（1）遇有突发事故，所有员工必须无条件服从上级领导的指挥调遣。

（2）员工一旦发现可疑情况或各类违法犯罪活动，应立即报告保安部。

（3）发生偷窃、抢劫、凶杀或其他突发事件，应第一时间报告保安部和值班经理，同时保护好现场；除紧急抢救外，无关人员不得进入现场。

（4）保安人员进行安检和处理案件时，客房部有关员工应积极配合，如实提供情况。

（5）发生火灾时，就近的员工除应立即报告消防中心外，还应马上采取有效措施，先行扑救火灾；扑救完毕后保护好现场，待有关部门检查后方可清理现场。

5. 客人物品失窃处理制度

（1）接到客人报失后，立即报告部门经理及保安部。

（2）由部门经理协同保安人员到现场了解情况，不得擅自移动任何东西，并保护好现场，不让外人进入。

（3）请客人填写财物遗失报告，询问住客是否有任何线索、怀疑对象等情况。如需要，在客人同意及在场的情况下，由保安人员检查房间。

（4）如果客人需要报警，可由保安部负责联系，经部门经理同意后报告总经理。

6. 客房部防火制度

（1）经常检查防火通道，保证通道畅通。

（2）经常检查用电线路，如发现电线磨损、接触不良，应立即报告上级主管处理；防范电器漏电或使用不正确而造成的火灾隐患。

（3）发现客人房间有未熄灭的烟头、火种，应立即处理。

（4）酒店员工必须了解火警系统，熟知消火栓、灭火器及其他灭火用具的位置。

（5）当发生火灾及其他紧急事故时，应保持镇定，在确定出事地点的同时，应立即打电话通知消防中心及部门经理或主管。

（6）报告火警时，应清楚说出火警发生的正确位置、火情及报上自己的姓名，同时将灭火器材取出，拿到着火部位进行灭火。

（7）先切断电源、空调，采取一切可能采取的措施将火灾扑灭于初期。

（8）火势无法控制时，应关掉一切电器用具的开关，离开前关闭门窗，切勿乘电梯。

7. 洗衣场、布草房安全操作规范

（1）加强员工安全教育，严格按照操作程序进行作业。

（2）每天下班指定专人做到“三关、二锁、一检查”，即关闭电源、关闭电器、关闭水源；锁好门窗；检查有无安全隐患，发现问题要认真处理并做好记录备查。

（3）室内棉织品的摆放位置要和电源、水泵、机器保持一定的距离。

（4）熨烫后的衣物一定要等散热后再码放成垛，防止热量内蓄自燃。

（5）洗衣房人员到客房取送洗衣时，需在客房服务员协助下办理，不准单人进入客房；要做好收发记录（人员姓名、时间、取送衣物的种类及数量），并存档备查。

三、工作钥匙的种类及管理

为保证客房安全，严格的钥匙控制措施是必不可少的。客房钥匙丢失、随意发放、私自复制或被盗等都会带来各种安全问题。

1. 钥匙的种类

酒店的钥匙分为客房钥匙、楼层或区域万能钥匙、客房万能钥匙、公共区域万能钥匙和酒店总钥匙五种。

（1）客房钥匙（Room key）。只能开启某一个房间，不能互相通用，供住店客人在住宿期间使用，由接待处保管。

（2）楼层或区域万能钥匙（Floor master key）。可以开启某一楼层或某一楼层上的某个区域内的所有客房，供客房部主管、领班及服务员工作之用。

（3）客房万能钥匙（Rooms master key）。可以开启各楼层所有的客房，但不能打开双重锁及实施双重锁的房间，供客房部正、副经理使用。

（4）公共区域万能钥匙（Public areas key）。此钥匙平时应统一保管在前台收银处的专门钥匙箱内，是酒店各营业场所每天使用的工作钥匙，也供公共区域领班、主管安排清洁营业场所时开门之用。通常规定的指定人员才可领用。

（5）酒店总钥匙（King key）。可打开酒店内所有客房的门锁，包括客房双重锁。此钥匙由总经理及值班经理（大堂经理）保管（财务总监保管一把封存备用），便于总经理检查客房及值班经理在紧急情况下使用。

2. 工作钥匙的管理

（1）统一管理。在客房部办公室内或客房服务中心设置一个钥匙箱，集中存放楼层或区域万能钥匙及楼层储物室钥匙、公共区域万能钥匙（如图 6-34 所示）。该箱一般由客房服务中心联络员负责保管。每次交接班都需交接清楚，如发现有遗失，必须立即向客房部报告。

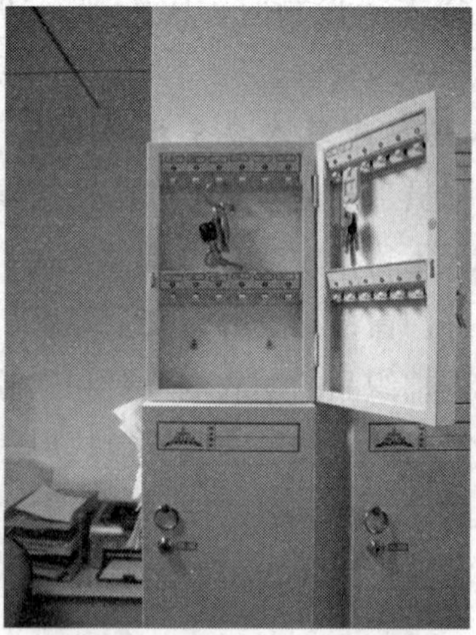

图 6-34　钥匙箱

（2）制订钥匙领用制度。每天上班时，客房主管、领班及服务员领用工作钥匙时，客房服务中心服务员都须记录下钥匙发放及使用的情况，如领用人、发放人、发放及归还时间等，并由领用人签字（见表 6-16）。应要求客房服务员在相关工作记录表上记录进入与离开每间客房的具体时间。

表 6-16　工作钥匙领用表

客房服务中心联络员＿＿＿＿＿　日期＿＿＿＿

钥匙编号	领　用		归　还		接收人
	姓名	时间	姓名	时间	

（3）严格钥匙使用制度。员工领取钥匙时须在钥匙领用表上签名；清洁整理房间时，工作钥匙必须随身携带，严禁私自解下、乱丢乱放或把工作钥匙放在工作车上；下班或离开酒店一定必须将钥匙交回；服务员在楼层工作时，如遇自称忘记带钥匙的客人要求代为打开房间，应请客人去前台领取钥匙，绝不能随意为其打开房门。

（4）如果丢失钥匙或门磁卡，必须第一时间报告上级。有关部门应采取有力的保安措施，保证安全。

案例分享
我就住这间房，快开门

模块 5.2　客房防火工作

☞案例导入6-6

客房着火了

午夜时分，某酒店消防监控室火灾报警器突然报警，报警器显示429房间有火情。监控员立即冲出监控室，手持两只灭火器，会同保安员奔向429房间。客房部夜班服务员也迅速带着房卡来到429房门前。

保安员等人发现房门并无异常情况，随即用手背试门，门表面较热，立即打开房门，发现屋内烟雾浓烈，可见度非常低，只能见到行李柜底部位置有火苗。屋内发生了火灾。保安员立即按照消防预案启动应急措施，用报警装置发出警报，并用通信系统立即报告了酒店消防中心和上级，值班经理迅速拨打“119”报警。与此同时，其他人员进入房间，发现该房间客人李某倒卧于房间的地毯上，立即将其抬出房间。同时，服务员及时疏散楼层客人，并向客人做解释。在值班经理的组织下，火势得到了有效的控制。

事后查明，这次火灾是因为客人李某在喝醉酒以后，卧床吸烟，烟头将床上物品点燃引起的。

❖实训项目6-7

火灾的应急处理

火灾的应急处理程序

1. 报警

（1）保持镇静，不可惊慌失措。

（2）拨打火警内线电话，讲明火警地点（或房号）、火势情况、燃烧物，以及报警者的姓名及工号。

（3）用硬物或鞋跟敲破最近的火警玻璃装置，将火警信号传送至消防监控中心。

（4）呼唤附近同事援助。

2. 灭火

（1）在保证自身安全的情况下，自己或呼唤邻近的同事尽快利用附近的灭火设备将火扑灭。

（2）若火势猛烈、蔓延迅速，应立即使用消火栓灭火；用消火栓内卷盘或帆布水带的水枪灭火时，切记开启水龙头。

（3）关闭楼层分区的防火门或防火卷帘门，以起防火分区的作用。

（4）将所有火警现场的门窗关闭，并切断一切电器设备电源。

（5）切勿用水或泡沫灭火器扑灭因漏电引起的火灾。

（6）电器着火，应先关电源，后灭火；气体着火，先关气后灭火。

3. 疏散

（1）如果火势蔓延，必须协助引导客人撤离火警现场。

（2）迅速检查每间客房，落实人数，协助引导客人撤离火警现场，并将客人带到安全的地方集中。

（3）疏导宾客时应注意：不能使用电梯；客人撤离房间后，要将房门关上；检查和救出醉酒者或熟睡者；特别要照顾老弱病残孕及儿童。

（4）保护现场。火灾扑灭后，服务员要妥善保护好现场，一切无关人员不得进入，以便查明起火原因。

❖相关知识

酒店火灾的发生率虽然很低，但后果极为严重。火灾不仅直接威胁酒店内人员的生命安全和酒店的财产安全，而且会破坏酒店的声誉。客房人员多，一旦发生火灾，扑救和疏散工作都很难进行。因此，酒店必须制订完整的火灾预防措施，防止火灾的发生。

一、常用灭火器的使用

在灭火过程中，经常用水来灭火。因此，在酒店的建筑物内外都配置消火栓和水龙带、水枪等。但是，用消防水龙灭火由于接水龙、放水等需要一定的时间，所以还必须配置必要的灭火剂及灭火器。此外，还有些火灾，如油类、电气类等火灾，不宜用水救。客房部人员须熟悉常用灭火剂及灭火器的功能。

二、防火灭火的基本原理和方法

根据燃烧的基本原理，防火灭火的主要措施是把燃烧三要素（可燃物质、助燃物质和着火源）分隔开来，即把燃烧的化学反应链切断。

1. 防火

（1）减少可燃物质。室内装修应当用非燃或难燃材料，尽可能减少使用可燃材料。

（2）预防着火火源。严格控制明火的使用，维修、施工动用明火，需按有关规定经过批准，并在防火员监督下进行。

（3）建立防火分隔。酒店建筑要按防火要求，用防火墙及防火门等将建筑物分隔成若干防火防烟分区；每层楼之间有防火防烟分隔设施，防止火势蔓延。

2. 灭火

（1）冷却灭火。即将燃烧物的温度降到燃点以下，使燃烧停止。

（2）窒息灭火。指采取隔绝空气或减少空气中的含氧量，使燃烧物得不到足够的氧而停止燃烧。

（3）隔离灭火。指把正燃烧的物质同未燃烧的物质隔开，使燃烧因缺少可燃物而停止。

（4）抑制灭火。指用有抑制作用的化学灭火剂喷射到燃烧物上，并参与燃烧物的化学反应，与燃烧反应中产生的游离基结合形成稳定的不燃烧的分子结构，从而使燃烧停止。

三、客房火灾预防措施

客房部应成立防火组织，由客房部经理担任负责人，在其管辖的客房及公共区域内预防火灾、处理火灾事故。客房部经理应结合本部门的运转特点，制订具体的火灾预防措施及处理程序。客房火灾预防措施主要有以下几点：

（1）客房内安装烟感报警器，地毯、家具、房门等应选用具有阻燃性能的材料制作。房内“安全须知”中应说明预防火灾要点及需要客人配合的具体要求。房门背面应有遇火灾时的安全指示图。客房服务员在房内清扫时，应注意可能引起火灾的隐患。

（2）客房走道上应安装报警及灭火装置，较长的走道中间应有防火隔离门。安全通道应保持畅通，定期打扫检查。安全通道应有抽气机、通气装置，在火灾发生时能自动启动，抽排燃烧引起的大量烟雾，使安全通道真正起到安全的作用。

拓展知识
客房常见的火灾起因

（3）配合保安部定期检查防火、灭火设备及用具，提出维修保养及更换的要求。训练员工掌握消防操作知识和技能。

（4）制订客房各岗位员工在防火、灭火中的职责和任务。

（5）制订火警时的紧急疏散计划，包括如何引导客人疏散、如何保护重要财产等。

模块 5.3　客房防盗工作

☞案例导入6-7

客房被盗了

晚上六点多，某饭店中班客房服务员小张正在210客房开夜床，一个西装革履的男士来到房门口，对小张说他住的221房间电视屏幕不清晰，需要帮忙调试。结束了 210 房间的开夜床服务后，小张到了 221 房间，按照进客房程序进入客房，发现房间无人，小张先收拾了房间垃圾，就开始调试电视机。此时刚才那位男士进了房，对小张说：就看这几个台吧。说完话后转身进了卫生间放自来水。小张感觉客人好像要洗澡了，于是就关门离房。到了晚上七点，221 真正的住客回到房间，发现房间物品被盗。

经查，那位西装革履的男士并非是住客，而是窃贼。

❖相关知识

客房是酒店失窃最多的地方，究其原因，一是客房是一个相对封闭和安静的环境，二是客人在酒店时的安全意识不强，三是罪犯作案具有隐蔽性且容易逃脱。

一、客房偷盗的类型

（1）社会上不法分子混入酒店作案。此类案件占酒店客房失窃的多数。此类案件的做法主要有以下两种：一是窃贼冒充酒店的客人，骗取服务员开房门作案；二是犯罪分子以访客的身份到客房作案。

（2）宾客中一些不良分子作案。住店客人在住店期间，窜入别的房间作案。有时趁客人忘记关门而进房行窃，有时趁客人在卫生间窜入客房作案。

（3）内部员工利用工作之便作案。此类案件在酒店中也不容忽视。

二、客房防盗的措施

防盗工作是客房服务管理工作的重要内容。客房部除了加强员工思想教育，增强员工责任心外，还须完善内部管理制度，防止案件的发生。

（1）设有楼层服务台的酒店，值台服务员要坚守岗位，掌握客人出入情况，熟悉客人特征、国籍、姓名、性别等情况；非住店客人不得无故进入楼层。

（2）服务员对住店情况要保密，不向外泄露，以防不法分子了解住客情况后作案。发现可疑情况，立即报告。

（3）完善来访登记制度。来访者到客房会见客人，须得到被访者允许后方可进入房间；如客人不在房间，来访者不得进入房间。住客的钥匙只能由客人本人领取，他人一律不得代为领取。

（4）严格执行表格登记制度。客房服务员清扫整理客房时，要认真填写进出客房时间。打扫一个房间开一个房间的房门，严禁打开多个房门后再逐一打扫。打扫完毕或暂时离开房间要将房门锁上，以免为行窃者提供方便。清扫客房时严禁非本房间的客人进入。

（5）加强钥匙的管理。宾客凭住房卡取钥匙，必要时提醒客人要将房门锁好；服务员清扫房间时，钥匙要随身携带；实行专人专管收发钥匙工作，履行钥匙领取登记制度；发现钥匙丢失，应迅速采取防范措施。

模块 5.4　突发事件的处理

❖实训项目6-8

突发事件的处理

一、客人死亡事件处理

在日常工作中，如遇客人突然死亡事故，应按如下程序处理：

1. 保护现场并及时报告

客房服务员如发现有住客突然死亡，应立即上报，并保护好现场。保安部接获客人在酒店内死亡的报告后，应有保安部经理在内的保安人员及时赶到现场，并做好现场保护措施，劝阻无关人员靠近，同时报告酒店领导及公安机关。

2. 配合公安机关开展必要的调查访问

在公安人员到达前，应首先向报案人或发现人了解所见所闻，其次向死者家属或同行人了解有关情况，再次从服务员中了解死者在酒店的各种情况，最后把调查访问的情况综合后提供给公安机关有关部门参考。

3. 做好善后工作

配合酒店公关部做好家属接待工作，协助家属做好遗体处理。事件处理结束后，写出详细的书面报告，呈送上级领导并存档。

二、停电的处理

（1）立即通知工程部并询问原因。

（2）通知相关部门并打开应急灯。

（3）加强对重点部位安全巡逻和监控。

（4）客房部当值主管配合大堂副理、值班经理处理有关工作。

（5）封锁营业区域及重点部位出口。

（6）配合有关人员负责向客人做出解释。

（7）督促工程部发电机投入运作。

（8）做好停电事件的记录和报告。

三、客人滞留电梯的处理

（1）发现电梯出故障，应敲打电梯门询问是否有客人滞留于电梯内，并通知工程部紧急维修。

（2）通过对讲机向客人解释，安抚受困客人，使客人保持镇静，等待救援。

（3）配合医务室采取必要的急救措施。

模块 5.5 员工安全作业

❖相关知识

客房部员工在清扫整理客房或进行其他项目的清洁作业过程中，必须严格遵守酒店的安全规定，以杜绝安全事故发生。有资料证明，客房操作 70% 的事故都是由于员工不遵守操作规程，粗心大意、工作不专心、精神不集中造成的。因此，员工无论进行什么工作，都必须提高安全意识，防止事故的发生。

一、安全操作基本要求

（1）具有较强的安全意识，防患于未然。

（2）正确使用电器设备。

（3）有必要的保护措施，如工作手套、衣帽鞋具。

（4）有一系列的应急处理措施，并要求每个员工都掌握。

二、安全操作注意事项

（1）楼层服务员下班后不得着便装上楼层进客房，不得带无关人员上楼层。

（2）楼层当班人员要坚守岗位，掌握客人出入情况，严格管理好楼层钥匙，不得借给外人或乱丢乱放。

（3）在客房工作时如有急事离开，不得将房门虚掩，必须锁好房门。

（4）进入房间，如果光线不够，应先开灯。使用开关或其他电器时，应擦干双手，以免触电。

（5）清理卫生间，勿站在浴缸及洗手台边沿上，必要时要用工作梯。

（6）货架上的物品需摆放整齐，工作车运送物品时不要让物品挡住视线，遇到转弯时应特别小心。

（7）吸尘器、抹布、扫把、水桶等清洁用品，应放在安全的地方，不可留在走道或楼梯口。

（8）如果有物品掉进垃圾袋内，为了确保安全，不要直接将双手伸进垃圾袋里翻捡，可将垃圾袋放平，倒出来检查。

（9）切勿用手捡破碎玻璃皿、刀片及其他锐利物品，应使用扫把簸箕清除，放在指定容器内，以免造成意外。

（10）发现工作区域地板、楼梯破裂或滑溜，冰箱、灯泡烧坏，空调不制冷或漏水等设施问题时应立即报修。

（11）使用电器用品时，勿站在潮湿的地面上，以免触电。

（12）使用化学清洁溶剂时，必要时要戴口罩；使用时，若不小心沾到手或身体时，需立即用水冲洗干净，以免伤害皮肤。

（13）割伤或刮伤时，应立即到医护室就医，以免感染细菌。

（14）在操作所有机械设备时，必须要遵守操作说明标志，确保安全，以免发生意外。

案例分享
手划伤了

（15）发现消防设施设备有损坏或有问题时应立即报告上级，尽快抢修或更换。

（16）发现玻璃和镜面如有破裂，须马上报告，立即更换；未及时更换的，须用强力胶纸贴上以防有划伤的危险。

（17）发现松动的桌椅家具，须尽快报修。

三、自我安全防护

员工在工作中需有自我防护意识，对客人既要彬彬有礼、热情主动，又要保持一定的距离。例如，员工被客人召唤入房时，需将房门打开，对客人关门要保持警惕，客人邀请时不要坐下，更不能坐在床上。当客人纠缠时，服务员不应以任何不耐烦、不礼貌的言行冲撞客人，要想办法摆脱。当班的同事应主动配合，让被纠缠的同事做其他工作，避开客人的纠缠。酒店也要制订相关制度、措施保护员工避免受伤害。

模块 5.6　数字化技术在消防安全中的运用

一、消防维保

消防维保是消防系统正常发挥作用的前提和保障。数字化技术在消防安全中的运用主要体现在以下几个方面。

1. 系统中录入周期消防设施维保计划

系统内录入各个周期需要完成的消防设施维保计划，并根据不同的消防要求制订相应的年、季、月、周和日计划。如消防栓、水泵等的定期安全检查，以及客房内灭火器的更换，这些都要制订严格的周期消防维保计划（见表6-17）。

表6-17　消防维保工作细则（部分）

系　统	设　备	测试/检查方法	测试/检查内容	周期	时限
消防栓系统	主　泵	手动和联动控制	命令执行、信号反馈及水泵动作是否正常	1月	1月
		清　洗	打油保养	1年	1月
	稳压泵	手动和联动控制	命令执行、信号反馈及水泵动作是否正常	1月	1月
		清　洗	打油保养	1年	1月
	启泵按钮	现场触发	反馈信号、启泵是否正常	1年	3月
火灾自动报警系统	火灾探测器清洗	清　洗	清除污垢	1年	6月
	火灾探测器测试	烟雾、加温测试	反馈信号和指示是否正常	1年	6月
	手动报警按钮	现场触发	反馈信号和指示是否正常	1年	3月
	联动柜	现场检查、除尘	开关、仪表、线路是否正常	1年	3月
	备电池	放　电	测试备电池是否正常	1月	1月

2. 系统提醒主管周期任务的安排与实施

消防安全问题无小事，通过系统制订详细的消防维保周期任务细则，并将工作内容细分到具体楼层的具体位置（如图6-35所示）。

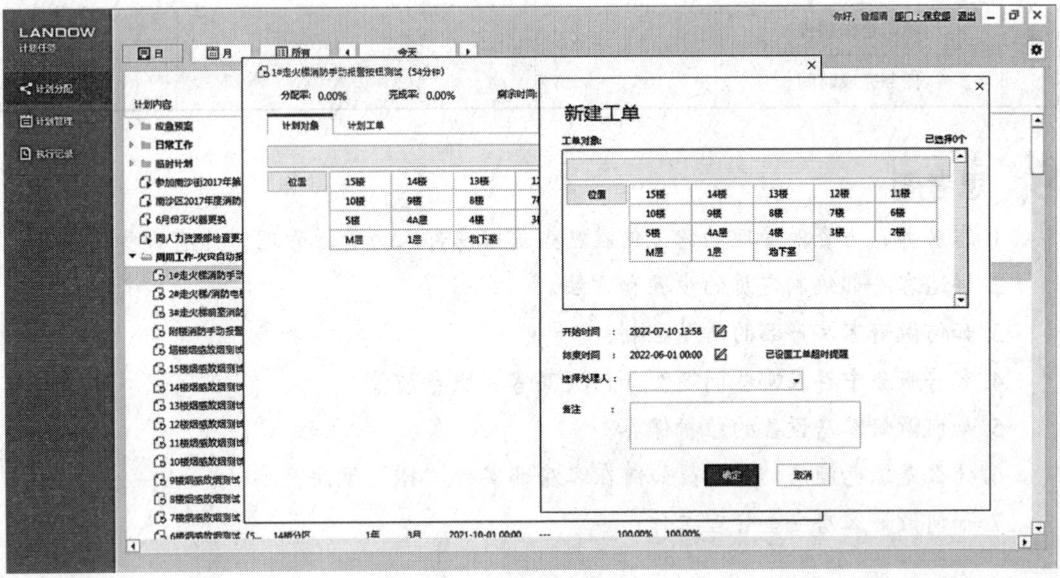

图6-35　系统具体计划分配

系统根据周期计划的时间，提前自动提示主管待完成的计划任务。这样的方式比人工记录的周期时间更加准确，避免了遗漏的情况。这对于客房设施设备的维护和酒店消防安全的保障至关重要。主管根据每天需要进行的消防维保计划，将具体任务下派至每个员工，员工根据酒店消防维保的工作要求来具体实施各项工作任务。

❖工作评估

模块名称＿＿＿＿＿＿　小组＿＿＿＿＿＿　组员＿＿＿＿＿＿　评估日期＿＿＿＿＿＿

项目		等 第			
		超过标准（A）	达到标准（B）	稍低于标准（C）	与标准差距大（D）
知识掌握	客房安全设备的配备				
	客房安全规章制度				
	防火知识				
	防盗知识				
技能训练	工作钥匙的管理				
	火警的报警				
	安全作业				
协同作业	资料收集整理				
	参与小组活动				
	团队合作精神				
	任务完成时间				

思考题

1. 客房部人力资源管理的意义何在？当前客房部人力资源管理工作有哪些困难？
2. 详述客房部编制定员的步骤和方法。
3. 如何做好客房产品的质量控制？
4. 客房服务中存在哪些问题？如何提高客房服务质量？
5. 如何做好客房设备的维护保养？
6. 什么是绿色酒店“4R”？如何在客房部实行“4R”做法？
7. 如何做好客房安全管理工作？

实训练习

1. 分组为实训宾馆或本地某酒店设置组织机构、进行人员的编制。
2. 分组制订客房部新员工岗前培训计划，撰写培训教案，模拟进行培训。
3. 在实训宾馆，在教师指导下，小组比赛查房速度及质量。
4. 为实训宾馆制订一份客房设备管理制度。
5. 对实训宾馆客房用品消耗／损耗情况进行分析研究，找出问题、提出对策。
6. 为实训宾馆整理一套客房安全制度。
7. 在实训教室，进行客房管理数字化仿真练习。

拓展实践

1. 在实训宾馆见习领班或学生公寓见习管理员一周时间。
2. 分组对客房部招工及用工情况进行调研，并撰写调研报告。
3. 走访酒店设备用品商店，了解客房设备用品配备的发展趋势。
4. 收集客房安全案例，进行小组讨论。
5. 在专业人士指导下进行消防演练。
6. 收集绿色酒店、绿色客房相关的资料。

参考文献

［1］汝勇健 . 客房服务与管理实务［M］. 3 版 . 南京：东南大学出版社，2018.

［2］支海成 . 客房部运行与管理［M］. 北京：旅游教育出版社，2003.

［3］汝勇健 . 客房服务员（中级）［M］. 北京：中国劳动社会保障出版社，2021.

［4］陈乃法，吴梅 . 饭店前厅客房服务与管理［M］. 3 版 . 北京：高等教育出版社，2015.

［5］汝勇健 . 沟通技巧［M］. 4 版 . 北京：旅游教育出版社，2022.

［6］胡永辉 . 金陵饭店工作手册［M］. 南京：译林出版社，1991.

［7］黄颖聪 . 白天鹅宾馆管理实务［M］. 5 版 . 广州：广东旅游出版社，2017.

［8］LB/T006—2006 星级酒店访查规范 .

［9］（美）卡帕（Margaret M. Kappa），等 . 饭店客房管理［M］. 潘之东，译 . 北京：中国旅游出版社，2002.

［10］魏洁文，客房服务与管理实训教程［M］. 北京：科学出版社，2008.

［11］邹益民，张世琪 . 现代饭店房务管理与案例［M］. 沈阳：辽宁科学技术出版社，2005.

［12］范运铭 . 客房服务与管理案例选析［M］. 2 版 . 北京：旅游教育出版社，2005.

［13］https：//www.meadin.com/ 迈点旅游及大住宿业门户

［14］http：//www.ctha.com.cn/ 中国旅游饭店业协会

［15］https：//www.landow.cn/ 蓝豆云 LANDOW

［16］http：//www.liwuli.com.cn/ 里屋里酒店资讯

［17］http：//chgyu1968.blog.163.com/ 余昌国的博客

［18］https：//baijiahao.baidu.com/ 百家号